Expedition Vergangenheitsoptimierung, Ihr Abenteuer für mehr Lebensqualität

*Dieses Buch widme ich meinen Eltern,
weil Sie den Grundstock für
mein heutiges Leben gelegt haben.
Ich danke ihnen dafür, dass sie
mir in der Zeit, in der ich verletzlich,
formbar und unwissend war,
Sicherheit, Geborgenheit und Liebe
geschenkt haben.*

*Dass diese Geschenke die wichtigsten
meines Lebens gewesen sind,
bemerke ich daran, dass ich bei
meiner Arbeit als Coach und
Therapeut täglich den Menschen
helfen darf, denen dieses
wunderbare Geschenk verwehrt wurde.*

Heiko Vandeven

Expedition Vergangenheitsoptimierung, Ihr Abenteuer für mehr Lebensqualität

FSC
www.fsc.org
MIX
Papier aus verantwortungsvollen Quellen
Paper from responsible sources
FSC® C105338

Bibliografische Information der Deutschen Nationalbibliothek:
Die Deutsche Nationalbibliothek verzeichnet diese Publikation in der Deutschen Nationalbibliografie; detaillierte bibliografische Daten sind im Internet über http://dnb.dnb.de abrufbar.

Illustration: ***Heiko Vandeven***
Bilder: ***Fotolia***

Herstellung und Verlag: BoD – Books on Demand

ISBN: 978-3-8482-1366-5

Inhaltsverzeichnis

Vorwort

Körper und Geist sind untrennbar miteinander verbunden. Trotzdem kümmern sich die meisten Menschen in der Regel nur um ihre körperliche Fitness. Aus diesem Grund sind Stresskrankheiten wie Burnout, Schlaganfall, Herzinfarkt und Depressionen immer mehr auf dem Vormarsch.

Das wirft natürlich die Frage auf, warum wir unsere seelischen Probleme solange ignorieren, bis sie uns krank machen. Der Grund dafür ist, dass die wenigsten Menschen wissen, wie sie ohne Zigaretten, Alkohol, Tabletten und übermäßiges Essen Einfluss auf ihre Gedanken und Gefühle nehmen können. Wie auch? Es hat uns niemand beigebracht, wie man mit belastenden Erinnerungen umgeht, störende Verhaltensweisen ablegt oder sich Mut und Selbstbewusstsein ins Leben holt. Wäre dieses Thema ein Lehrfach in der Schule, würden die meisten Menschen ein glückliches Leben führen.

Es ist nie zu spät, etwas Neues zu lernen und sich mit dem Element zu beschäftigen, das unser ganzes Leben steuert, nämlich mit unseren Gedanken. Aus diesem Grund habe ich die **Vergangenheitsoptimierung** entwickelt, die Ihnen Einblicke, Selbsterkenntnisse und Veränderungsmöglichkeiten eröffnen wird. Es handelt sich hierbei einerseits um eine Therapie und Coachingform, andererseits ist es aber auch eine Hilfe zur Selbsthilfe. Verschiedene Methoden aus Therapie und Coaching habe ich dabei genauso mit einfließen lassen wie eigene Erkenntnisse und Erfahrungen mit meinen Klienten und Patienten.

Das Buch ist in zwei Teile gegliedert. Die Kapitel 1 bis 11 beinhalten Hintergrundwissen. Hier beschreibe ich die oft noch unbekannten Abläufe unserer Gedankenwelt anhand vieler eigener Erlebnisse. In den Kapiteln 12 bis 22 stelle ich Ihnen einen Workshop vor, mit dessen Hilfe Sie Ihr Leben in die von Ihnen gewünschte Richtung lenken können.

Mein oberstes Ziel beim Schreiben dieses Buches war, dass man ohne Fachbegriffe und Vorkenntnisse in eine für die meisten unbekannte Welt eintauchen kann und beim Auftauchen noch weiß, um was es geht. Ich hoffe, dies ist mir gelungen. Jetzt wünsche ich Ihnen viel Spaß und Veränderung beim Lesen und Umsetzen dieses Buches.

1. Wer ist der Steuermann unseres Lebens?

In diesem Kapitel erfahren Sie,

- wer verantwortlich ist für das, was Sie tun,
- welche vier Verhaltensweisen uns angeboren sind,
- warum wir von Geburt an alle die gleiche Voraussetzungen haben.

Beobachtungen von der Parkbank: die Menschheit in all ihren Facetten

Ich saß in der Kölner Innenstadt auf einer Bank, schleckte ein Eis und beobachtete das bunte Treiben des Kölner Alltags. Die Sonnenstrahlen wärmten meine Haut, die zwischendurch immer wieder von einer leichten Brise gekühlt wurde. Ein Mann hetzte mit finsterem Blick an mir vorbei, so als wollte er mir sagen, ob ich nichts Besseres zu tun hätte, als hier herumzusitzen.

Ein anderer dagegen lächelte mich freundlich an und sein Gesichtsausdruck signalisierte mir, dass er damit einverstanden war, dass ich es mir auf der Parkbank gut gehen ließ. Eine alte türkische Frau ging mit schweren Schritten an meiner Bank vorbei. In jeder Hand trug sie eine Alditüte, die kurz vor dem Zerplatzen war. Sie schwitzte sehr unter den vielen Röcken und dem schwarzen Kopftuch. Auf der anderen Straßenseite entdeckte ich einen schlafenden, verwahrlosten, vollbärtigen Mann, der es sich an einer Kaufhausecke gemütlich gemacht hatte. Hunde benutzen diese Stelle mindestens zehnmal am Tag, um das Bein zu heben. Ich glaube aber, ihm war das völlig egal, er wollte nur etwas Geld für die nächste Flasche Alkohol erbetteln.

Ein scheinbar reicher Mann mit Anzug, Krawatte und Goldkette lief an dem Bettler vorüber, würdigte ihn aber keines Blickes. Gleich darauf hetzte eine gestresste Mutter mit drei Kindern vorbei. Die Kleinen schauten den Bettler mit großen Augen an, während die Mutter ihre Sprösslinge aufforderte, weiterzugehen. Ich hörte noch, wie ein Kind die Mutter fragte: „Warum sitzt der Mann auf dem kalten Boden?“, und sie sagte: „Der ist zu faul zum Arbeiten.“ Als krönender Abschluss kam schließlich noch eine überschminkte, übergewichtige, ältere Dame, die ihren Hund genau an der Ecke des Kaufhauses pinkeln ließ.

Langsam floss der Urin die Kaufhausecke hinunter, bahnte sich den Weg durch die Ritzen zweier Kopfsteinpflaster, um schließlich von der Decke des Bettlers aufgesogen zu werden. Viele Menschen eilten an diesem Nachmittag noch an mir vorbei und präsentierten mir eine bunte Mischung an Charakteren: arm, reich, glücklich, unglücklich, nett, böse, egoistisch, gestresst usw.

Auf der Suche: Wer ist der Steuermann für Glück und Zufriedenheit?

Ich stellte mir die Frage, warum wir Menschen so unterschiedlich sind. Gibt es ein Gen, das darüber entscheidet, ob wir arm oder reich werden, oder eine Erbanlage, die bestimmt, ob wir ein glückliches oder unglückliches Leben führen? Mein Vater pflegte in diesem Fall zu sagen, dass Gott dafür zuständig sei, aber wie macht Gott das? Hat er eine große Lostrommel, die er jeden Samstagabend dreht und aus der Petrus als Lottofee die Schicksalskarte zieht? Der Hauptgewinn bei dieser Ziehung ist dann Reichtum und Zufriedenheit. Als Niete kann man es wohl bezeichnen, wenn man vor einem Kaufhaus sitzt, um Geld bettelt und sich von einem Hund anpinkeln lassen muss. Einige Wochen nach meinem Erlebnis in der Kölner Innenstadt besuchte ich ein Coaching-Seminar in Wiesbaden. Gleich zu Beginn kam eine Dame mittleren Alters auf mich zu. Sie trug einen bunten, wahrscheinlich selbst gestrickten Rock und eine Bluse, die bestimmt schon einige Jahre aus der Mode war. Sie war offensichtlich auf der Suche nach Anschluss, weil sie zielstrebig auf mich zuging. Nachdem sie sich vorgestellt hatte und wir feststellten, dass wir beide am gleichen Seminar teilnahmen, kamen wir nach anfänglichem Smalltalk auch auf tiefgründigere Themen zu sprechen.

Ich erzählte ihr von den Beobachtungen, die ich in Köln gemacht hatte und fragte sie, wer ihrer Meinung nach für unser Glück oder Unglück verantwortlich sei. Die Frage zauberte ein Lächeln auf ihr Gesicht und ich erkannte, dass dies ihr Spezialthema war. Sie erzählte mir etwas über Hinduismus, Wiedergeburt und Karma. Das Karma würde uns zwingen, immer und immer wiedergeboren zu werden, um die Probleme, die wir uns selbst geschaffen hätten, alle zu lösen. Jede neue Inkarnation sei eine neue Möglichkeit des Lernens, denn wir würden immer wieder mit den noch unbewältigten Problemen konfrontiert. Demnach hängt es also mit dem vergangenen Leben zusammen, wenn eine Person etwas Negatives erlebt. Sie muss daraus lernen, um es im nächsten Leben besser zu machen. Vielleicht habe ich auch einiges falsch verstanden, aber die Erläuterungen warfen bei mir nur neue Fragen auf. Woher wissen wir, dass wir wiedergeboren werden? Wer kann sicher sagen, dass wir immer und immer wieder auf die Erde kommen, um die Probleme unseres letzten Lebens zu regeln? Auf diese Fragen konnte meine Seminarbekanntschaft natürlich nicht genau antworten. Letztendlich ging es auch hier – wie bei allen Religionen – um Glauben.

Im Garten der Erkenntnis: Wie frühere Erlebnisse und Erziehung unser Leben bestimmen

Wochen vergingen und ich stellte den Menschen, die mir begegneten, immer wieder die gleiche Frage: Was glaubst du, warum du so bist, wie du bist? Gene, Gott, Zufall, Vorbestimmtheit, Karma – jeder hatte eine andere Antwort parat. Es war sehr unbefriedigend für mich, denn das würde ja heißen, dass wir in unserem eigenen Leben nur ein Spielball sind, der durch andere Mächte oder sogar zufällig über das Feld des Lebens gerollt wird. Ich beschloss, die Antwort auf meine Frage in mir selbst zu finden.

Ich setzte mich in meinen Garten, stellte mir ein Glas Rotwein auf den Tisch, schloss die Augen und versuchte, nur noch den Moment wahrzunehmen. Das Zirpen der Grillen erreichte meine Ohrmuscheln, während sich zwei Spatzen auf meiner Dachrinne in den Federn hatten. Ein Vogelschwarm zog mit einem dumpfen Rauschen über meinen Kopf und der Wind wirbelte mit einem raschelnden Geräusch die Blätter meines Ahornbaums durcheinander. Ich roch frisch geschnittenes Gras, das Aroma des Rotweines, aber auch den typischen Grillgeruch: eine Mischung aus Grillkohle und Steaks. Der Wind berührte sanft meine Haut, und ich konnte sogar die Sonnenstrahlen spüren, die meine Haut wärmten.

Es ist schon beachtlich, wie viele Informationen ständig um einen herumschwirren, von denen man die meisten aber nur wahrnimmt, wenn man es selbst zulässt. In dieser entspannten Situation überlegte ich, welche Dinge ich in meinem Leben gerne verändern würde. Spontan fiel mir ein, dass meine Hände zu zittern begannen und mir die Schweißperlen auf der Stirn standen, wenn ich für meine Tätigkeit als Hypnosetherapeut Geld verlangte. Am liebsten würde ich in solchen Situationen zu meinen Kunden sagen: „Lassen Sie Ihr Geld stecken, ich mache die Behandlung kostenlos."

Es war jedes Mal das Gleiche, ich verlor in Situationen, die mit Geld in Verbindung standen, die Kontrolle über meinen Körper und dessen Handlungen. Aber warum war das so? Hat Gott damit zu tun? Oder … ? Auf einmal wurde ich unsanft aus meinem Tagtraum gerissen. Ich hörte eine Stimme die mich fragte: „Wenn man nur herumsitzt, hat man da auch was geschafft?" Ich öffnete die Augen, war sofort hellwach und erkannte die Silhouette meines Vaters, die sich im Gegenlicht der Sonne vor mir abzeichnete. Sein Garten grenzte genau an meinen, sodass wir uns leicht über die Grundstücksgrenze verständigen konnten. Mit den Worten: „Ich genieße nur die Sonne“, versuchte ich meine Situation zu erklären. Damit konnte mein Vater wenig anfangen und er begann wieder, sein Brennholz von einer Ecke in die andere zu tragen.

Im nächsten Moment schossen mir mehrere Sätze durch den Kopf, die ich als Kind immer wieder zu hören bekommen hatte: „Nur mit schwerer Arbeit wird Geld verdient“, „Bist du verrückt, so viel Geld zu verlangen“, „Eher geht ein Kamel durch ein Nadelöhr, als dass ein Reicher in das Himmelreich kommt.“ Jetzt wurde mir einiges klar: Da ich während meiner Hypnosetherapie „nur“ auf einem Stuhl saß und dabei weder schwitzte noch schmutzig wurde, war dies keine körperlich schwere Arbeit.

Deshalb durfte ich dafür kein Geld verlangen. Dies führte letztendlich bei mir zu einem Gewissenskonflikt, der sich in meinem Körper manifestierte und Unbehagen auslöste. Außerdem passte Reichtum nicht zu den christlichen Werten, die mir als Kind vermittelt worden waren. Mir lief in diesem Moment eine Gänsehaut über den Rücken. Schlagartig wurde mir bewusst: Ja, wir werden fremdgesteuert, aber nicht durch Gott oder eine andere Macht, nein, durch das, was wir aus Erziehung und Erlebnissen aus unserer Vergangenheit mitbringen. Ich hatte in dem Moment den Drang, aufzustehen und meinen Vater etwas zu fragen.

Also ging ich ein paar Schritte über den Rasen und bat meinen Vater, mir eine Frage zu beantworten: „Woher weißt du denn, dass man nur mit schwerer Arbeit Geld verdienen kann? Und warum ist man verrückt, wenn man für seine Leistung gutes Geld verlangt?“ Ich kann Ihnen die Gesichtsmimik meines Vaters schlecht beschreiben, aber so ratlos habe ich ihn selten gesehen. Er wiegelte dann mit den Worten ab: „Frag nicht so ein dummes Zeug, schaff lieber etwas.“

An dieser Stelle möchte ich anmerken, dass ich meinen Vater sehr schätze und ich mir keinen besseren Vater vorstellen kann. Ich habe aber im Laufe der Jahre festgestellt, dass nicht alle seine Lebenseinstellungen mit meinen übereinstimmen. Dieses Erlebnis war für mein weiteres Leben maßgebend, denn es brachte mir die Erkenntnis, dass ich nach Regeln lebte, die weder erklärbar noch sinnvoll für mich waren und vor allem hielten sie mich von dem ab, was ich wirklich wollte. Mir drängte sich die Frage auf, was müssen wir von Geburt an wirklich tun? Welche Verhaltensweisen sind uns angeboren?

Die Geburt: Start unter gleichen Bedingungen

Um diese Frage beantworten zu können, ist ein kleiner Ausflug ins Tierreich sinnvoll. Was haben alle Tiere gemeinsam? Sie wollen überleben und deshalb sind das Verlangen nach Essen, Trinken und Schlaf sowie der Drang nach Fortpflanzung genetisch veranlagt. Außerdem wollen Tiere Gefahren abwehren und Verhaltensweisen, die ihr Überleben sichern, erlernen und beibehalten. Natürlich müssen sie sich auch ausruhen, damit sie wieder Kraft sammeln für den nächsten Tag. Da wir erwiesenermaßen von den Tieren abstammen, ist dieses Verhalten auch auf uns Menschen übertragbar. Kurz gesagt, was wir wirklich zwingend tun müssen ist essen, trinken, schlafen, uns fortpflanzen und Situationen vermeiden, die unser Überleben gefährden könnten. Zu diesem genetisch veranlagten Grundverhalten kommen noch körperliche Eigenschaften, die wir Menschen von Geburt an gemeinsam haben. Wir verfügen in der Regel über Arme und Hände, um etwas anzupacken, über Beine, um dorthin zu gehen, wo es uns gefällt, und über ein Gehirn, das alles umsetzt, was wir denken. So gesehen haben wir alle von Geburt an dieselben Voraussetzungen.

An den vielen verschiedenen Menschen und Kulturen auf unserer Erde sieht man aber, wie unterschiedlich die Entwicklung von dieser Basis aus verlaufen kann. Ich finde es bemerkenswert, dass sich aus dem gleichen Startkapital so unterschiedliche Menschen mit verschiedenen Verhaltensweisen entwickeln können: Reiche und Arme, Glückliche und Unglückliche, Selbstmordattentäter, Religionsführer, Politiker, Altenpfleger, Putzfrauen, Schauspieler, Sozialhilfeempfänger, Ärzte, Fußballprofis … Was würde wohl passieren, wenn ein Baby aus einem afrikanischen Urvolk, das noch nie mit der Zivilisation in Berührung gekommen ist, in einer deutschen Familie aufwachsen würde? Würde es auch an den Donnergott glauben und Flugzeuge für böse Geister halten? Je mehr ich mich mit diesem Thema beschäftigt habe, desto mehr hat es mich fasziniert.

Heute bin ich der Meinung, dass wir unmittelbar nach unserer Geburt einem unbeschriebenen Buch gleichen: alle Seiten sind leer. Ich glaube nicht an irgendwelche Vorbestimmungen für unser Leben. Es würde mein Leben auch extrem einengen und mir jegliche Freiheit rauben, wenn ich wüsste, dass ich mich nicht so verändern kann, wie ich es will, weil ich eine Vorbestimmung erfüllen muss. Es sind meines Erachtens die Erfahrungen unseres Lebens, die uns prägen und unsere Handlungsweisen bestimmen. Vielleicht fragen Sie sich jetzt: „Warum gibt es gute und schlechte Schüler, wenn wir von Geburt an alle gleich sind?“ Ich denke, dass es unterschiedliche Intelligenzquotienten gibt. Diese haben aber nichts damit zu tun, dass unser Gehirn darauf ausgelegt ist, ständig Neues zu lernen. Jedes Gehirn kann lernen, wie sonst hätten wir uns alle das Laufen, Schwimmen, Fahrrad- oder Autofahren aneignen können. Die Menschen unterscheiden sich nur darin, wie sie lernen.

Es gibt Personen, die erwerben Fähigkeiten durch Sehen, andere müssen hören, wieder andere müssen begreifen. Begreifen heißt, sie müssen eine Tätigkeit ausüben, damit ihr Gehirn das Neue verstehen, lernen und abspeichern kann. Man kann diese Menschen auch als Praktiker bezeichnen. Sie haben es sehr schwer, in unserem Schulsystem zurechtzukommen, das auf auditive und visuelle Menschen ausgelegt ist. Das erklärt wohl auch, warum die meisten Hauptschüler später ausschließlich in Handwerksberufen zu finden sind. Leider ist es ein Irrglaube, dass solche Menschen dumm sind, nur weil sie durch die Lernmethoden der Schulen ausgegrenzt worden sind. Wenn solche Personen die Lernmethode wechseln würden, könnten auch sie einfach und schnell lernen. Eine weitere Frage könnte sein: „Woher kommen unsere Begabungen und Leidenschaften?“ Ich glaube, dass diese davon abhängen, womit wir in unserer Kindheit konfrontiert werden. Vielleicht kennen Sie den Stargeiger David Garrett. Natürlich sagen viele, er sei ein Naturtalent. Doch hätte ihm sein Vater keine Geige geschenkt und nicht schon ab dem vierten Lebensjahr täglich mit ihm Geige spielen geübt, würde er vielleicht heute irgendwo als Einzelhandelskaufmann arbeiten. Michael Jackson war jahrzehntelang ein Superstar der Popmusik. Hier könnte man ebenfalls sagen, er habe sein Talent in die Wiege gelegt bekommen. Vielleicht führte aber doch die strenge Erziehung seines Vaters, der aus ihm mit aller Gewalt einen berühmten Sänger machen wollte, zum Erfolg. Was wäre wohl gewesen, wenn Michael Jackson in einer anderen Familie aufgewachsen wäre? Ich bin zwar der Überzeugung, dass wir schon im Mutterleib Leidenschaften oder Interessen entwickeln, wenn z. B. die Mutter singt oder Musik hört.

Diese sind aber nicht genetisch veranlagt. Letztendlich dürfen Sie selbst entscheiden, welche Erklärung Sie bevorzugen. Mehr Lebensqualität bekommen Sie jedoch, wenn Sie daran glauben, dass Sie all das erreichen können, was auch andere vor Ihnen schon erreicht haben. Der wirkliche Steuermann unseres Lebens ist also nicht an einem heiligen Ort oder in unseren Genen zu finden, der wirkliche Steuermann unseres Lebens sind die Verhaltens- und Denkweisen, die unserem Leben seine Richtung geben. Das bedeutet, dass wir nicht darauf warten müssen, was uns eine höhere Macht in Zukunft bescheren wird. Nein, wir können selbst die Initiative ergreifen und unsere Zukunft frei gestalten. Somit bekommt jeder Mensch die Chance, ein Leben zu führen, das seinen Wünschen und Zielen entspricht.

---

kurz & bündig

- Keine höhere Macht bestimmt über Armut oder Reichtum, Zufriedenheit oder Unzufriedenheit. Der Erfolg unseres Lebens hängt von effektiven oder ineffektiven Denk- und Verhaltensweisen ab.
- Dafür zu sorgen, dass wir nicht aussterben, ist das, was wir im Leben wirklich tun müssen. Essen, Trinken, Fortpflanzung und Schlaf sind deshalb Verhaltensweisen, die uns angeboren sind.
- Jeder Mensch kann schnell und einfach lernen, wenn er die richtige Lernmethode verwendet.

---

2. Der Ursprung unserer Verhalten

In diesem Kapitel erfahren Sie,

- wie Erziehung, Religion, Kultur und Erlebnisse unser Verhalten prägen,
- was man bei einer Begegnung an der Hotelbar erfahren kann,
- warum auch erfolgreiche Menschen Ängste haben und wie sie damit umgehen,
- warum es besser ist, Ängste zu durchschreiten als sie zu vermeiden,
- wie viel Prozent unseres Verhaltens wir bewusst steuern können und wie viel unbewusst abläuft.

Kindheit, der Abschnitt unseres Lebens, in dem wir gelebt werden

Mein Weg führte mich nach Köln, weil ich dort die Ausbildung zum NLP-Practitioner absolvieren wollte. Ich war wie immer spät dran und suchte, nachdem ich meinen Koffer im Hotelzimmer abgestellt hatte, den Seminarraum. Dort hatten sie wahrscheinlich schon auf mich gewartet, denn kaum saß ich auf meinem Platz, begann der Trainer mit der Begrüßung der Teilnehmer. Unter den zwölf Kursteilnehmern fiel mir eine junge, selbstbewusste Frau auf, die sich durch ein Merkmal von allen anderen Teilnehmern abhob: Sie trug ein buntes Kopftuch. Normalerweise hätte ich darunter eine eher dunkelhäutige Frau erwartet, aber das Gegenteil war der Fall. Mich blickten zwei blaue Augen an, die aus einem Gesicht mit heller Hautfarbe geradezu herausstachen. Diese Frau konnte unmöglich gebürtige Türkin sein. Ich fragte mich sofort, warum sie dann ein Kopftuch trug. Im Laufe der weiteren Ausbildung hatte ich das Glück, mit dieser Dame ein NLP-Training absolvieren zu können. Mir lag natürlich die Frage auf der Zunge, wo sie denn geboren sei und welcher Nationalität sie angehöre, aber ich wollte auch nicht mit der Tür ins Haus fallen. Ich fragte sie stattdessen, ob sie Lust habe, mit mir zum Abschluss des Tages etwas trinken zu gehen. „Natürlich gerne, ich habe heute Abend nichts mehr vor“, lautete ihre spontane Antwort.

So ergab es sich, dass wir kurze Zeit später an der Hotelbar saßen und uns Geschichten aus unserem Leben erzählten. Ich erfuhr von ihr, dass ihr Vater türkischer und ihre Mutter deutscher Abstammung sei. Sie sei in Deutschland geboren und aufgewachsen. Als ich später auf das Kopftuch zu sprechen kam, erklärte sie mir, dass sie es nicht anders kenne, denn auch ihre Mutter trage eines. Sie fühle sich mit dem Kopftuch sicherer und es wäre ihr eher unangenehm, ohne das Tuch in die Öffentlichkeit zu gehen. Auf meine Frage, ob sie denn Schweinefleisch esse, meinte sie:

„Auf keinen Fall, das ist unreines Fleisch." Wir führten noch länger eine interessante Unterhaltung, und ich dachte die ganze Zeit darüber nach, was mir die junge Frau wohl über das Tragen von Kopftüchern erzählen würde, wenn ihre Eltern beide deutscher Abstammung wären. Vielleicht würde sie sagen, dass sie nie ein Kopftuch tragen würde, da es viel zu warm und eng sei. Eventuell könnte sie auch anführen, dass mit einem Kopftuch niemand ihr schönes Haar sehen würde. Zwei Tage später saß ich wieder in der Hotelbar, dieses Mal aber mit einer bunt zusammengewürfelten Gruppe unseres NLP-Kurses. Ich trank gerade eine Pina Colada, als mich ein schlanker, groß gewachsener Mann mit den Worten ansprach: „Womit verdienen Sie denn Ihr Geld?" Ich wunderte mich zwar etwas über die direkte Frage, stellte aber ein wirkliches Interesse an meiner Person fest. Ich erzählte ihm deshalb einiges über meinen Werdegang und gab gleich darauf dieselbe Frage an ihn zurück.

Sein Vater sei Besitzer eines großen Autohauses, doch habe ihn das nie wirklich interessiert. Nach der Realschule habe er eine Lehre als Kaufmann absolviert und sei dann gleich mit einer neuen Geschäftsidee in die Selbstständigkeit gegangen. „Ganz schön mutig", ließ ich ihn wissen, worauf er lachte und mich fragte, warum ich das mutig fände. „Naja", meinte ich, „es fällt doch jegliche Sicherheit weg, wenn man so früh in die Selbstständigkeit geht und es könnte ja auch sein, dass man versagt und das ganze Geld verliert." Wiederum musste er schmunzeln und wollte wissen: „Von wem haben Sie diese Informationen?" Ich musste kurz schlucken, überlegte und antwortete dann: „Ich denke von meinen Eltern und meinen Freunden." „Und woher haben die diese Informationen?", fragte er. Ich fühlte mich fast ein bisschen in die Enge gedrängt und erwiderte: „Keine Ahnung, aber wahrscheinlich auch von ihren Eltern, Bekannten oder Freunden." Daraufhin wurde sein Tonfall tiefer und er sprach mit langsamer Stimme: „Woher wollen Sie denn wissen, was im Leben gefährlich ist, wenn Sie es selbst noch nie erlebt haben.

Glauben Sie denn alles, was die Menschen erzählen, ohne sich selbst davon zu überzeugen?" Ich war etwas irritiert und fragte ihn, ob er denn noch nie in seinem Leben Ängste verspürt habe. Wieder musste er laut lachen und antwortete: „Natürlich habe ich Ängste, das gehört zum Leben dazu wie das Salz in der Suppe, aber meine Ängste sind nur von kurzer Dauer, weil ich mich ihnen stelle, nach Lösungen suche und sie durchschreite." Ich glaube, er bemerkte meinen verwunderten Blick und erkundigte sich: „Was haben Sie denn für Ängste?" Nach einer kurzen Pause meinte ich: „Angst, meinen Job zu verlieren, Angst zu versagen, Angst, was die Leute über mich denken …" Hier unterbrach er mich und fragte: „Und wann genau haben Sie die Ängste?" Darüber brauchte ich nicht lange nachzudenken und erwiderte: „Immer, außer wenn ich mich durch andere Sachen ablenke." Seine Stimme wurde sehr würdevoll und er wollte wissen: „Welche Angst finden Sie jetzt besser, eine unterschwellige Angst, die immer da ist, oder eine Angst, die Sie steuern und durchgehen können?“ Ich musste schmunzeln und antwortete ihm: „Am liebsten hätte ich nie mehr Angst, aber wenn ich die Wahl hätte, würde ich mich lieber der Angst stellen und sie dann beseitigen.“ „Richtig“, meinte er, „denn nur, wenn wir selbst die Verantwortung für unser Leben übernehmen, werden wir glücklich und zufrieden.“ An diesem Abend lag ich noch lange wach im Bett. Mir gingen tausend Gedanken durch den Kopf und ich wusste, dass dieser Tag wichtig für meine persönliche Entwicklung war. An dieser Stelle möchte ich gerne meine Erlebnisse für Sie zusammenfassen und auf den Punkt bringen. Die beiden beschriebenen Begegnungen machen deutlich, dass unser Verhalten stark von dem geprägt wird, was uns unsere Eltern vorleben. Da wir als Baby nicht wissen können, wie das Leben funktioniert, müssen wir uns an den Menschen orientieren, die uns am nächsten stehen. Das sind an erster Stelle Vater und Mutter, deren Gedanken und Verhaltensweisen wir in der Kindheit täglich in Form von Worten, Gesten und Handlungen mitgeteilt bekommen.

Wir können im Kindesalter nicht einschätzen, welche Informationen brauchbar und welche überflüssig sind und saugen ähnlich wie ein Schwamm alles um uns herum ohne Bewertung auf. Welche Informationen wird wohl ein alkoholkranker Vater seinen Kindern vermitteln? Liebe? Sicherheit? Zuversicht? Wohl kaum! Eher Gewalt, Unberechenbarkeit, Vorsicht, Angst.
Ein Unternehmer wird seinem Sohn wahrscheinlich Mut, Flexibilität, Vertrauen und selbstständiges Denken mitgeben. Ängstliche Eltern erziehen ihre Kinder dagegen zu Vorsicht und Misstrauen. Sprüche wie „Was sagen die Leute?“, „Das kannst du nicht“, „Stell dir das bloß nicht zu leicht vor“ werden zu Leitsätzen des Lebens. Menschen mit anerzogenem Selbstvertrauen werden im Leben viel mutiger und flexibler reagieren als diejenigen, die von Kopf bis Fuß voller Ängste stecken. Die oben genannten Personen werden höchstwahrscheinlich eine unterschiedliche Karriere machen, obwohl sie alle die gleichen Startbedingungen hatten.

Kultur und Religion, machtvolle Werkzeuge, die unser Verhalten und Denken beeinflussen

Aber nicht nur die Gedanken und Verhaltensweisen der Eltern beeinflussen unser weiteres Leben maßgeblich. Das Gespräch mit der türkischen Frau machte mir bewusst, dass auch die Kultur und die Religion Auswirkungen auf unseren persönlichen Werdegang haben. Die Religion bzw. Konfession spielte vor einigen Jahrzehnten in

Deutschland noch eine viel größere Rolle als heute. Damals war es fast unmöglich, dass ein Katholik einen evangelischen Partner heiratete. Angehende evangelische Schwiegersöhne oder Schwiegertöchter wurden, ohne dass sie die Eltern kennengelernt hatten, im Voraus als schlecht verurteilt. In der heutigen Zeit undenkbar, oder?

Wie die Kultur, in der wir aufwachsen, den Ablauf unseres Lebens beeinflusst, zeigt folgendes Beispiel. In südländischen Gebieten kann es vorkommen, dass Sie eine Stunde auf den Bus warten müssen und wenn Sie Pech haben, kommt er überhaupt nicht. Das Interessante daran ist, dass es die Einheimischen nicht stört, denn sie kennen es nicht anders. Die Deutschen dagegen warten nicht gerne. Hierzulande beschweren sich viele schon, wenn an der Supermarktkasse mehr als vier Personen stehen. Warten ist eben nicht Teil der deutschen Kultur. Eine Zeit lang gab es in den Supermärkten sogar die Glocke „Bitte besetzen Sie eine neue Kasse", die inzwischen aber zumindest in den mir bekannten Supermärkten wieder abgeschafft wurde. Ein weiterer Bestandteil der deutschen Kultur ist, dass man sich nach Vorgaben richten muss. Der Bus hat bestimmte Fahrzeiten oder in den Schulen gibt es Lehrpläne, die eingehalten werden sollten. Zwei Wochen vor der Einschulung musste sich mein Sohn einem Test in der Schule unterziehen. Er saß mit zwei anderen Vorschulkindern im Klassenraum und wurde dort von drei Erzieherinnen eine halbe Stunde bei seiner Arbeit beobachtet. Was geht wohl so einem kleinen Kerl im Kopf herum, wenn er in einer für ihn ungewohnten Umgebung von drei ihm unbekannten Personen gemustert wird?

Nach dem Test wurden meine Frau und ich in den Klassenraum gerufen. Eine der Erzieherinnen ergriff das Wort und meinte, unser Sohn würde alles super genau machen, aber er sei zu langsam, wir sollten das zu Hause mit der Stoppuhr üben. Ja, auch das deutsche Schulsystem ist beteiligt an der Entwicklung unserer Verhaltenszüge, entweder wir funktionieren nach Plan oder wir rutschen durch das Raster. Positive, aber natürlich auch negative Erlebnisse in der Schule prägen unser Leben nachhaltig. Leider habe ich schon Kinder und Jugendliche in meiner Praxis, die dem Erfolgsdruck unserer Gesellschaft nicht mehr standhalten können.

Emotionale Erlebnisse sind die Auslöser von unerwünschten Verhaltensweisen

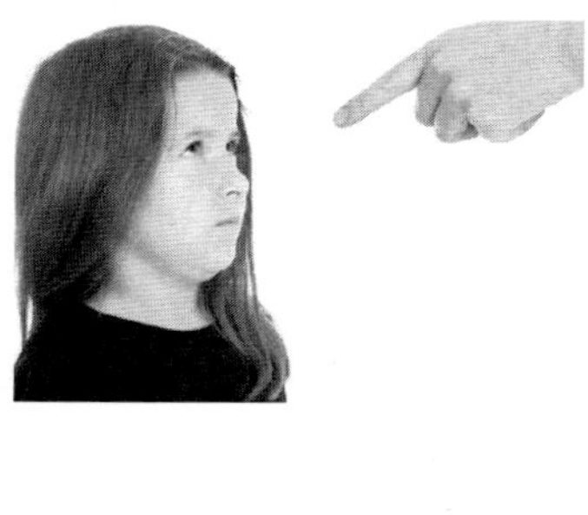

Erziehung, Kultur und Religion sind somit maßgeblich daran beteiligt, wie wir als Erwachsene denken und uns verhalten. Ein weiterer, nicht unwichtiger Aspekt sind oft emotionale, nicht vorhersehbare Ereignisse, aus denen sich spontan neue Verhaltensweisen und Gewohnheiten entwickeln können, die unser Leben oft dauerhaft beeinflussen. Vor ein paar Wochen klingelte spät am Abend mein Telefon. Eigentlich hatte ich keine Sprechzeit mehr, aber da ich im Büro noch Schriftsachen zu erledigen hatte, ging ich an den Apparat. Ich hörte eine sehr verwunderte, fast erschrockene männliche Stimme, die zu mir sagte, dass sie um diese Uhrzeit eigentlich einen Anrufbeantworter erwartet habe. In einem kurzen Gespräch erzählte mir der Mann, dass er schon lange mit dem Gedanken spiele, mich zu kontaktieren, aber das Telefonat immer wieder hinausgeschoben habe. Er schilderte mir, dass er genau bei diesem Problem meine Hilfe benötige. Wichtige Telefongespräche schiebe er immer wieder ohne erkennbaren Grund vor sich her. Er erzählte, dass dies für ihn in der Vergangenheit oft negative geschäftliche Folgen gehabt habe. Aufträge, die eventuell lukrativ für sein Geschäft gewesen wären, waren schon anderweitig vergeben, oder Geschäftspartner äußerten sich abfällig über seine Unzuverlässigkeit.

Wir vereinbarten zwei Wochen später einen Termin in meiner Praxis. Bei diesem Termin stand schließlich ein Mann vor mir, von dem ich nicht erwartet hätte, dass er jemals vor etwas Angst haben könnte. Allein sein Händedruck ließ mich spüren, dass hier ein sehr selbstbewusster Mensch vor mir stand. Nachdem ich ihm einen Platz angeboten und einen Kaffee serviert hatte, kamen wir ins Gespräch. Ich erklärte ihm, dass er nicht aus heiterem Himmel Angst vor dem Telefonieren haben könne, sondern dass ihn sein Unterbewusstsein vor irgendeiner Gefahr schützen wolle. Mit großen Augen schaute er mich an und wollte wissen: „Wer will mich vor was schützen?“ Ja, es ist immer schwierig, Menschen klar zu machen, dass die meisten unserer Verhaltensweisen unbewusst ablaufen. Vor allem, wenn sich die Menschen mit diesem Thema noch nie beschäftigt haben. Also erläuterte ich meinem Kunden, dass wir nur ca. 20 % unseres Verhaltens bewusst steuern können und 80 % unserer Entscheidungen unbewusst ablaufen.

An den hochgezogenen Augenbrauen meines Klienten bemerkte ich gleich, dass er mir diesen Satz nicht ganz abkaufte. Ich stellte ihm deshalb die Frage, wie oft er denn während der Fahrt zu meiner Praxis die Kupplung seines Autos getreten habe. Sein überraschtes Gesicht zeigte mir, dass ich ihn gerade etwas verwirrt hatte. Ich wollte außerdem wissen, wie viele Treppenstufen er gezählt habe, bis er meine Praxis erreicht hatte. Das beiläufige Nicken meines Gegenübers verriet mir, dass der Begriff Unterbewusstsein so langsam eine Bedeutung für meinen Kunden bekam. Ich erklärte ihm weiter, dass sein Unterbewusstsein für alle gewohnten Tätigkeiten zuständig sei und er ohne diese Einrichtung jeden Tag aufs Neue lernen müsste, wie man Auto fährt, Treppen läuft oder sich die Zähne putzt. „Und was hat das mit dem Hinausschieben meiner Telefonanrufe zu tun?", fragte er mich.„Irgendetwas findet Ihr Unterbewusstsein am Telefonieren nicht schön", sagte ich zu ihm. „Deshalb haben Sie ein Vermeidungsverhalten entwickelt", fuhr ich fort. Sein langsames Nicken zeigte mir, dass er es zumindest in Erwägung zog, dass in seinem großen männlichen Körper Dinge abliefen, die sich seiner bewussten Kontrolle entzogen.„Welche Dinge tun sie denn gerne?" wollte ich von ihm wissen und er antwortete spontan: „Golf spielen." Ich sah an seinem Gesicht, dass er gedanklich gerade auf einem frisch gemähten Golfrasen stand und fragte ihn: „Wo liegt nun für Sie der Unterschied zwischen Golf spielen und telefonieren?" Darauf sagte er: „Das eine macht Spaß und das andere nicht. „Bei meiner Frau ist das gerade umgekehrt", erwiderte ich. „Sie telefoniert lieber stundenlang mit ihrer Freundin, als dass sie nur eine Minute Golf spielen würde." „Ja, das ist bei meiner Frau ähnlich", murmelte er in seinen Bart. „Was macht Ihnen denn beim Golfspielen Spaß?", wollte ich wissen. „ Ach, da gibt es vieles", meinte er. „Die frische Luft, die Ruhe, die Spannung und die Geselligkeit nach dem Golfspiel." „Und was macht Ihnen keinen Spaß am Telefonieren?", fragte ich weiter.

Daraufhin schaute er mich an, als wollte er sagen, was das denn für eine blöde Frage sei und meinte: „Darauf habe ich keine Antwort. Es ist nur so, dass ich jedes Mal ein komischen Gefühl bekomme, wenn ich bloß ans Telefonieren denke." „Genau hier liegt das Problem. Solange Sie dieses Gefühl haben, Sie aber nicht wissen, warum Sie es bekommen, werden Sie weiter das Telefonieren vermeiden müssen. Erst wenn das Gefühl ein Gesicht hat, können Sie es verändern." „Und wie mache ich das?", erkundigte er sich. Ich bat ihn, seine Augen zu schließen. „Stellen Sie sich bitte einen schönen Berg vor", sagte ich zu ihm und er erwiderte schmunzelnd: „Mit oder ohne Kühe?", worauf ich meinte: „Wenn Sie bei dieser kleinen Wanderung nicht ständig in einen Kuhfladen treten möchten, lassen Sie bitte die Kühe weg."

Wir mussten beide herzhaft lachen. Ich bat ihn, sich einen schönen Platz auf einer Bergwiese zu suchen, von dem aus er im Tal seinen Lebensweg betrachten konnte. Dieser Einstieg ist Teil der Vergangenheitsoptimierung, die ich später noch genauer beschreiben werde. Es dauerte nicht lange, bis wir ein Bild fanden, in dem das Telefonieren eine für ihn maßgebliche Rolle spielte. Ich sah an seinem Gesichtsausdruck, dass diese Erinnerung nichts Positives beinhaltete und bestärkte ihn, auf dem Berg zu bleiben und sich nicht in das Bild hineinziehen zu lassen. „Was sehen Sie?", fragte ich. Er antwortete mir mit nicht mehr ganz so sicherer Stimme: „Ich sehe, wie ich ein Telefon in der Hand halte und vom plötzlichen Tod meiner Mutter erfahre." Ich hakte nach: „Welche Gefühle haben Sie, wenn Sie dieses Bild betrachten?" Er antwortete: „Es sind dieselben Gefühle, die ich heute bekomme, wenn ich ans Telefonieren denke oder wenn ich ein Telefon sehe." Ich erklärte meinem Kunden, dass seit diesem Ereignis sein Unterbewusstsein alles, was mit Telefon in Verbindung stand, mit Schrecken und Angst gleichsetzte. Die logische Konsequenz für sein Gehirn war, bei allen Telefonsituationen ein negatives Gefühl auszusenden. Er konnte dieses Gefühl nur vermeiden, wenn er nicht telefonierte. Mithilfe der Vergangenheitsoptimierung veränderten wir das Auslöse-Bild so, dass er keine negativen Emotionen mehr damit verknüpfen konnte. Drei Monat später bekam ich ein Dankesschreiben, in dem mir mein Kunde mitteilte, dass er jetzt wieder ohne Angst telefonieren könne und sich deshalb seine Auftragslage deutlich verbessert habe. Mit dieser Geschichte möchte ich Ihnen zum Abschluss dieses Kapitels deutlich machen, dass Verhaltensweisen, egal ob sie durch Erziehung, Kultur, Religion oder emotionale Ereignisse entstanden sind, zu jedem Zeitpunkt des Lebens verändert werden können. Die wichtigste Voraussetzung für eine Veränderung ist jedoch, sich einzugestehen, dass unser Gehirn Abläufe steuert, die sich unserer bewussten Kontrolle entziehen. Das fällt leider noch vielen Menschen schwer, weil sie dieses Geständnis mit Schwäche gleichsetzen und niemand gerne als „Schwächling" dastehen möchte. Aus diesem Grund kämpfen viele Menschen Tag für Tag gegen ihre Verhaltensweisen und bemerken nicht, wie viel Kraft und Energie sie dafür verschwenden. Wenn wir unbrauchbares Verhalten auflösen, wird ein riesiges Potenzial an Energie frei. Wenn wir diese dann dazu verwenden, um unser positiven Verhalten zu stärken, steht dem Erreichen eigener Ziele nichts mehr im Wege. Letztendlich kann man Verhaltensweisen nicht mit bloßem Willen und Gewalt ändern, sondern nur durch Erkennen, Verstehen und das Wissen, wie man wirkliche, dauerhafte Veränderung erreicht.

Genau dabei wird Ihnen dieses Buch helfen.

---

kurz & bündig

- Verhaltensweisen sind uns nicht angeboren, sie haben ihren Ursprung in unserer Erziehung, in der Religion, der Kultur und in Erlebnissen.
- 80 % unserer Verhaltensweisen laufen unbewusst ab.
- Es ist besser, sich seinen Ängsten zu stellen, als sie zu vermeiden.
- Verhaltensweisen können zu jedem Zeitpunkt unseres Lebens verändert werden.

---

3. Verhalten und Ziele – nur im Einklang schaffen sie Zufriedenheit

In diesem Kapitel erfahren Sie,

- wie Erziehung das natürliche Essverhalten beeinflussen kann,
- warum man beginnen sollte, seine Verhaltensweisen zu hinterfragen,
- weshalb Verhaltensweisen selten zu unseren Zielen passen,
- warum unsere Verhaltensweisen nur von einem kleinen Personenkreis geprägt werden.

Verhaltensweisen werden selten hinterfragt und oft einfach übernommen

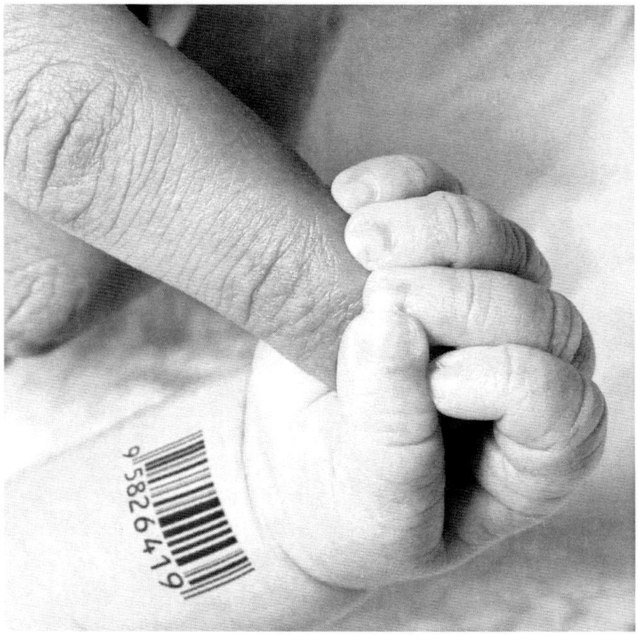

Eine Mischung aus Erziehung, Religion, Kultur und Erlebnissen entscheidet letztendlich über den Verlauf unseres Lebens. Diese vier Einflüsse sind unsere Verhaltensmacher, die uns Anweisung geben, Dinge zu tun oder nicht zu tun – ohne dass wir uns dessen bewusst sind. Wir haben in unserer Entwicklung nur wenige Möglichkeiten, gegen unbrauchbare Verhaltensweisen anzukämpfen, weil wir diese in einem Alter erlernen, in dem wir noch nicht wissen, was gut oder schlecht für uns ist. So sammeln wir in den ersten Jahren unseres Lebens einen Berg ungeordneter Verhaltensweisen an, die andere Menschen für uns ausgesucht haben. Mit diesen Verhaltensweisen versuchen wir dann, Ziele zu erreichen und Probleme aus der Welt zu schaffen. Allerdings käme es schon einem Lottogewinn gleich, wenn diese Verhaltensweisen zu dem passen würden, was wir in unserem Leben erreichen wollen.

Ich kann mich noch erinnern, wie ich als Siebenjähriger vor einem Teller Reisbrei saß und versuchte, ihn hinunterzuwürgen. Vielleicht kennen Sie ja auch die Sätze: „Der Teller wird leer gegessen“, „In anderen Ländern verhungern Kinder“, „Essen wirft man nicht weg“, „Iss, damit du groß und stark wirst.“ Am Anfang fiel es mir schwer, gegen mein Sättigungsgefühl anzukämpfen, aber irgendwann hatte ich die Kombination: „Schule – Teller leer essen – Hausaufgaben machen – Spielen“ verstanden. Ich wusste, je mehr Zeit ich beim Essen verplemperte, desto weniger Zeit hatte ich später beim Spielen mit meinen Freunden. So lernte ich, schnell und alles zu essen und mein Sättigungsgefühl zu ignorieren. Außerdem merkte ich, dass sich alle riesig freuten, wenn ich viel gegessen hatte. Oft wurde ich auch noch mit etwas Süßem belohnt, wenn ich etwas „Gescheites“ zu mir genommen hatte. Vielleicht können Sie sich vorstellen, wie mein Essverhalten als Erwachsener ausgesehen hat. Ich konnte weder etwas auf dem Teller liegen lassen, noch spürte ich, wann ich satt war. Außerdem belohnte ich mich gerne mit etwas Süßem, was meiner Figur nicht gerade guttat. Erst als ich mir über die unbewussten Abläufe im Klaren war, konnte ich diese Verhaltensweisen ablegen. Sicherlich ist es in Zeiten von Krieg und Armut richtig, kein Essen wegzuwerfen oder sich satt zu essen. Leider führen diese alten Verhaltensweisen in Zeiten des Wohlstandes oft zu Übergewicht und damit zu körperlichen Beeinträchtigungen. Verhaltensweisen werden von Generation zu Generation weitergegeben, aber selten hinterfragt. Erst wenn man sich Gedanken über den Sinn von Verhaltensweisen macht, merkt man, dass sie für die heutige Zeit ungeeignet sind, wie folgendes Beispiel zeigt:

Ein Junge fragt seine Mutter: „Mama, warum schneidest du am Braten immer rechts und links ein Stück weg, bevor du ihn in die Pfanne legst?” Mama antwortet: „Frag nicht so blöd, das war schon immer so!” Der Enkel fragt: „Oma, warum schneidest du am Braten immer rechts und links ein Stück weg, bevor du ihn in die Pfanne legst?” Oma antwortet: „Du kannst aber blöde Fragen stellen, das war schon immer so!” Der Urenkel fragt: „Uroma, warum schneidest du am Braten immer rechts und links ein Stück weg, bevor du ihn in die Pfanne legst?” Uroma antwortet: „Früher waren die Pfannen kleiner und da hätte der Braten sonst nicht hineingepasst!”

Wenn wir unsere Ziele erreichen wollen, brauchen wir geeignete Verhaltensweisen

Wenn Sie bestimmte Wünsche oder Träume haben, stellen Sie sich sicher häufiger die Frage, ob sich diese überhaupt erfüllen werden. Viele ziehen Wünsche und Träume erst gar nicht in Betracht, weil sie denken, dass diese nicht realisierbar sind. Andere versuchen vergeblich, Wünsche und Träume zu verwirklichen, bis Sie nach mehreren Fehlversuchen schließlich resignieren. Der Grund für das Scheitern ist, dass die erlernten Verhaltensweisen meist nicht zu den Zielen passen, die wir anstreben. Ein Mensch mit Sicherheitsdenken wird wahrscheinlich nicht

den nötigen Kredit aufnehmen, mit dem er eine Geschäftsidee verwirklichen könnte. Fehlendes Selbstbewusstsein verhindert vielleicht eine Weiterbildung, die einen Berufswechsel möglich machen würde. Wer nicht Nein sagen kann, verbringt viel Zeit damit, andere bei ihren Zielen zu unterstützen und vergisst dabei, sich um sich selbst zu kümmern. Mut, Kreativität und Flexibilität helfen einem Menschen dagegen, trotz Fehlschlägen weiter an seinen Zielen zu arbeiten. Wenn wir es nicht schaffen, unsere Wünsche und Träume umzusetzen, liegt das daran, dass unser Verhalten nicht zu den Zielen passt. Es gibt nur zwei Möglichkeiten, wie wir darauf reagieren können: Entweder streichen wir unsere Ziele oder wir verändern unser Verhalten. Erst wenn sich Verhalten und Ziele im Einklang befinden, werden wir erreichen, was wir uns wünschen. Wenn wir dagegen versuchen, mit ungeeigneten Verhaltensweisen ein Ziel zu erreichen, ist es so, wie wenn wir auf einem riesigen Ozean ohne Kompass, Navigationsgerät und Karte unsere Trauminsel finden wollen.

Nehmen Sie sich erfolgreiche und glückliche Menschen als Vorbild!

Wir müssen uns im Klaren darüber sein, dass unsere Verhaltensweisen durch einen minimalen Personenkreis geprägt wurden. In der Regel waren das Mutter, Vater, Oma, Opa, Lehrer, Mitschüler und Freunde. Wenn wir hoch greifen, sind es im Alter zwischen 0 und 15 Jahren vielleicht 100 Personen, die an der Ausbildung unserer Verhaltensweisen beteiligt waren. Der Planet Erde hat im Jahr 2011 jedoch circa sieben Milliarden Bewohner. Dort finden sich Menschen, die nichts besitzen, aber trotzdem zufrieden sind. Dort leben Menschen, die alles besitzen, aber todunglücklich sind. Menschen, die ihre Ziele erreichen und Menschen, die immer wieder in ein Fettnäpfchen treten. Menschen, die im Beruf und Privatleben ihr Glück gefunden haben und Menschen, die immer wieder den falschen Beruf und Partner an Land ziehen. Sieben Milliarden Menschen bilden ein riesiges Potenzial an Verhaltensweisen, aus dem Sie frei wählen können. Integrieren Sie die Verhaltensweisen, die schon andere Menschen erfolgreich gemacht haben, in Ihr Leben und Sie werden Ihre Ziele und Wünsche erreichen. Vielleicht haben Sie den Namen Daniela Katzenberger schon gehört. Ganz egal, was Sie über diese Frau denken, mit Selbstbewusstsein und Ausdauer hat sie erreicht, dass sie regelmäßig im Fernsehen zu sehen ist und inzwischen ein gut gehendes Café auf Mallorca besitzt. Stefan Raab hat als Metzger seine Karriere im Fernsehen begonnen, heute ist er eine der bekanntesten TV-Größen Deutschlands.

Wie viel Mut hat wohl dazugehört, den Kopf für den Eurovision Song Contest hinzuhalten, um diesen dann mit Lena sogar zu gewinnen. Stefan Raab hätte sich auch mit seiner Idee blamieren können, was ihn aber nicht davon abgehalten hat, dieses Risiko einzugehen. Wie viel Selbstbewusstsein Raab haben muss, sieht man auch an seiner Sendung „Schlag den Raab", in der er sich mit jedem Gegner misst und um eine Million Euro kämpft. Hier hätte er ebenfalls versagen und zur Lachnummer der Nation werden können. Doch Raab hat sein Ziel, ein neues Showkonzept zu entwickeln, konsequent verfolgt und mithilfe von Verhaltensweisen wie Mut, Kreativität und Selbstbewusstsein auch erreicht. Sie werden es ebenfalls schaffen, Ihre Verhaltensweisen auf Ihre Ziele auszurichten, um so die Dinge zu verwirklichen, von denen Sie lange nur geträumt haben.

---

kurz & bündig

- Erlernte Verhaltensweisen passen meist nicht zu den Zielen, die Sie erreichen möchten.
- Wenn Sie Verhalten und Ziele in Einklang bringen, werden Sie das bekommen, was Sie sich wünschen.
- Sie haben die Möglichkeit von sieben Milliarden Menschen zu lernen, wie Sie Ihre Pläne realisieren können.

---

4. Der Gedanke, die unterschätzte Macht

In diesem Kapitel erfahren Sie,

- was es mit der essbaren Kerze auf sich hat,
- wie aus einer Zwiebel ein Apfel wird,
- wie sich negative Gedanken auf Ihren Körper auswirken,
- was hinter der „bezaubernden“ Warze steckt.

Zauberei: Schein ist nicht Sein

Sagt Ihnen das Wort Yps etwas? Yps war ein grün kariertes Känguru, das in den Jahren 1975 bis 2000 im sogenannten Yps-Heft die Comic-Hauptfigur war. Ich glaube, dieses Heft hatte auf meine Generation und vor allem auf mich so einen starken Einfluss wie auf andere Menschen die Kultur oder die Religion. Begleitend zum Comic-Heft gab es immer einen Gimmick, den ich aus heutiger Sicht nach wie vor als sehr kreativ empfinde. Highlights aus der riesigen Palette der Yps-Gimmicks waren z. B. eine Maschine, mit der man viereckige Eier herstellen konnte, der Solarzeppelin, der Eierbaum, das Gerät, mit dem man um die Ecke schauen konnte und die Urzeitkrebse. Wenn ich nur davon erzähle, fühle ich mich schon in die Kindheit zurückversetzt.

Ich muss so um die sieben Jahre alt gewesen sein, als ich wieder einmal an der Bushaltestelle auf meine Oma wartete. Jede Sekunde kam mir vor wie eine Stunde, denn ehrlich gesagt wartete ich nicht auf meine Oma, sondern auf das neue Yps-Heft, das sie jeden Mittwoch mitbrachte, wenn sie uns besuchen kam. Endlich fuhr der Bus vor, die Tür öffnete sich mit einem lauten „Pfffffffff“ und da sah ich sie … die Tasche meiner Oma. Ich spulte das übliche Prozedere ab: Drücken, Küssen, Yps-Heft in Empfang nehmen. Auf dem kurzen Weg zu unserem Haus passte ich mich dem Schritttempo meiner Oma an, obwohl ich am liebsten losgerannt wäre, denn ich konnte es kaum erwarten, mein Yps-Heft anzuschauen. Zu Hause angekommen, verkrümelte ich mich gleich in mein Zimmer, um in Ruhe den neuesten Gimmick auszuprobieren und die Comics zu lesen. Ich schlug den Mittelteil auf und las die Überschrift „Die essbare Kerze“. „Das hört sich ja spannend an“, dachte ich und suchte mir in unserem Haus die Utensilien für diesen Zaubertrick zusammen. Ein Apfel, eine Zitrone, ein Apfelkerngehäuseausstecher und eine Haselnuss – das war es. Mithilfe des Ausstechers stach ich die Kerzenform aus dem Apfel heraus. Das Obststück wurde mit Zitrone eingerieben, was eine braune Färbung des Apfels verhinderte. Aus der Haselnuss schnitzte ich ein kleines, viereckiges Stück, das den Kerzendocht darstellte.

Nachdem die Vorbereitungen abgeschlossen waren, lief ich durch unser Haus, um einen Zuschauer für meine erste Zaubervorstellung zu suchen. Meine Oma ging mit meiner Mutter spazieren, sodass nur noch mein Vater als Zuschauer übrig blieb. Leider schlief er tief und fest auf dem Sofa und ich wusste, dass er es gar nicht gerne hatte, wenn man ihn beim Schlafen störte. Ich dachte aber, dass er zum Wohle der Forschung seinen Mittagsschlaf auch einmal kurz unterbrechen könnte. Ich war fest entschlossen, meinen ersten Zaubertrick zu präsentieren und zündete den vermeintlichen Docht der Kerze an, der zu meiner Überraschung auch sehr gut brannte. „Papa", rief ich, „Papa", wobei ich ständig von einem Bein auf das andere hüpfte. Langsam öffnete mein Vater seine Augen. Um keine Zeit zu verlieren, stopfte ich die komplette brennende Kerze in meinen Mund, um sie gleich darauf hinunterzuschlucken. Stille … auf einmal sprang mein Vater wie von der Tarantel gestochen vom Sofa auf, packte mich am Arm und zog mich Richtung Haustür. Ich hörte nur Wortfetzen wie „Der ist verrückt" und „Krankenhaus". Mit Mühe konnte ich meinem aufgebrachten Vater erklären, dass die Kerze nur aus einem Apfelschnitz gebastelt war. Trotzdem dauerte es etwas, bis er sich wieder beruhigte. Ja, so begann meine Liebe zur Zauberei, der ich es letztendlich zu verdanken habe, dass ich heute als Coach und Therapeut arbeite.

Hypnose: die bekannte Unbekannte

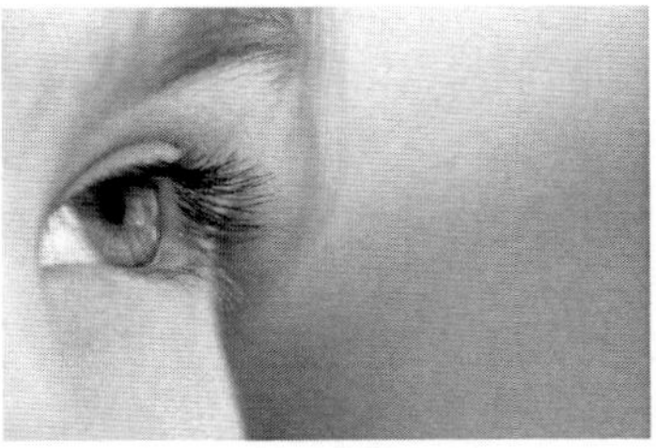

Seit diesem Kerzenauftritt zauberte ich bei vielen Gelegenheiten und mit ungefähr 20 Jahren hatte ich schon regelmäßig Auftritte vor größerem Publikum, die mir auch einiges an Geld einbrachten. Immer auf der Suche nach neuen Zaubertricks fiel mir dann eines Tages ein Heft mit dem Titel „Hypnosetechnik für Zauberkünstler" in die Hände. Darin wurde beschrieben, wie man zum Abschluss einer Zaubershow mithilfe von Hypnose noch zwei, drei Kunststücke zeigen konnte. Zu meiner Überraschung musste ich feststellen, dass man zum Hypnotisieren keine besondere Begabung wie z. B. hypnotische Augen benötigte. Ich studierte das Heft ganz genau und beschloss, meine nächste Zaubershow mit einer kleinen Hypnoseeinlage zu bereichern. Ich wurde für eine Feier zu einem 50. Geburtstag mit circa 80 Gästen als Zauberer engagiert. In unserem Vorgespräch war der Gastgeber hellauf begeistert von meiner Idee, am Ende meiner Darbietung noch eine kleine Hypnoseeinlage zu geben. So kam es, dass ich nach meiner Zaubershow die Zuschauer fragte, ob jemand Lust habe, eine Hypnose zu erleben. Ein junger Mann meldete sich und ich merkte, wie meine Knie leicht zu zittern begannen, denn ich hatte zuvor noch nie einen Menschen hypnotisiert und war mir jetzt nicht mehr sicher, ob es funktionieren würde. Vor dem Publikum und meinem freiwilligen Zuschauer demonstrierte ich jedoch Zuversicht und begann mit meiner Hypnoseeinleitung. Kurze Zeit später kam der große Moment. Ich sagte dem Mann, dass ich ihm gleich einen Apfel reichen würde, es sei der saftigste und süßeste Apfel, den er je in den Händen gehalten habe. Natürlich gab ich ihm keinen echten Apfel, sondern eine große, rohe Zwiebel.

Ohne zu zögern, fing mein Freiwilliger aus dem Publikum an, herzhaft in die Zwiebel zu beißen und aß diese Bissen für Bissen, bis sie komplett in seinem Bauch verschwunden war. Das Kuriose daran war, dass er weder das Gesicht verzog noch seine Augen tränten. Ganz im Gegenteil, er hatte sichtlich Spaß dabei, was die Zuschauer total verblüffte. Ich verhielt mich zwar so, als hätte ich das schon hundert Mal gesehen, war aber innerlich sehr aufgewühlt und mir gingen tausend Fragen durch den Kopf. Nach der Show erkundigte ich mich bei meinem Freiwilligen, wie ihm die Zwiebel geschmeckt habe und er meinte, dass er noch nie so einen saftigen und leckeren Apfel gegessen habe. Wenn ich ehrlich bin, machte mir das Phänomen Hypnose zu diesem Zeitpunkt ein wenig Angst und ich legte das Hypnoseskript ganz weit weg in die letzte Ecke meines Schrankes.

Körper und Geist als Einheit – wie Worte und Gedanken unseren Körper beeinflussen

Es verging ungefähr ein Jahr, bis sich meine damals achtjährige Schwester an mich wandte, ob ich ihr nicht eine Warze wegzaubern könne. Sie habe diese schon mehrere Jahre an ihrer Fußsohle, trotz drei Operationen sei sie immer wieder nachgewachsen. Aus der Laune heraus sagte ich: „Na klar, ich muss nur noch schnell mein Zauberbuch holen." Meine Schwester war begeistert, dass sie endlich jemanden gefunden hatte, der ihr helfen konnte.

Ich öffnete meinen Bücherschrank, um mir mein Zauberbuch zu holen, in dem natürlich nichts von einem Warzenzauber stand. Auf einmal fiel mein Blick auf das Hypnoseskript, das jetzt schon ein Jahr unberührt im Schrank lag. Ich kann bis heute nicht sagen, wer oder was mich veranlasst hat, nach diesem Skript zu greifen, auf alle Fälle saß ich kurze Zeit später mit meinem Zauberstab und dem Hypnoseskript vor meiner Schwester und bat sie, die Augen zu schließen. Ich las ihr die Einleitungstexte für die Hypnose vor, sprach dann die Warze direkt an und forderte sie auf, zu verschwinden.

Zum Schluss tippte ich die Warze kurz mit dem Zauberstab an und sagte mit tiefer Stimme: „Hokus Pokus Fidibus“. Während des Szenarios musste ich schon ein wenig schmunzeln und auch meine Schwester hatte die ganze Zeit ein Lächeln auf ihrem Gesicht. Es vergingen ein paar Tage, bis es an meiner Zimmertür klopfte. Auf mein „Ja, bitte“ öffnete sich die Tür und meine Schwester trat ein.

An ihrem fröhlichen Gesichtsausdruck sah ich gleich, dass etwas Tolles geschehen sein musste. Sie platzte sofort mit der Nachricht heraus: „Du bist ein guter Zauberer, die Warze ist verschwunden!“ Ich konnte es fast nicht glauben und ließ mir den Fuß zeigen. Unglaublich, die Warze war wie vom Erdboden verschluckt. Was war das für eine unbekannte Kraft, die sogar den menschlichen Körper beeinflussen konnte? Zahlreiche Fragen gingen mir im Kopf herum und von diesem Zeitpunkt an ließ mich das Thema Hypnose nicht mehr los.

Seitdem steht für mich fest, dass es möglich ist, durch Worte und Gedanken körperliche Veränderungen herbeizuführen. Wenn man das Ganze gedanklich weiterspinnen würde, müsste es auch möglich sein, das Wachstum eines Tumors mithilfe von Gedanken und Worten zu beeinflussen. Man hört ja ab und zu von Menschen, die nur durch Suggestionen ihren Krebs geheilt haben sollen. Scheinbar gibt es eine unsichtbare Verbindung zwischen Geist und Körper. Ich überlegte, in welchen Bereichen es sich noch bemerkbar machen könnte, dass Gedanken Einfluss auf unseren Körper haben.

Mir fiel mein letzter Albtraum ein, aus dem ich vor Kurzem schweißgebadet mit rasendem Herzen und erhöhtem Puls aufgewacht war. Ich war zwar ruhig in meinem Bett gelegen, hatte aber einen Puls, als wäre ich gerade einen Marathon gelaufen. Außerdem hatte mein Körper jede Menge Schweiß produziert. Auch dies war ein Zeichen, dass man mit Gedanken auf seinen Körper einwirken konnte.

Die Erkenntnis, dass unsere Gedanken Einfluss auf körperliche Funktionen und das Wachstum z. B von Warzen haben können, finde ich bemerkenswert, aber auch erschreckend, denn welcher Mensch achtet schon darauf, was er denkt. Und ist es nicht so, dass sich die meisten Menschen mehr über negative Dinge Gedanken machen als über positive? Wie reagiert wohl ein menschlicher Körper auf dauerhaft negative Gedanken.

Übung

Wie der Körper durch negative Gedanken geschwächt wird

Ich möchte Sie nun zu einem kleinen Versuch einladen, den ich für sehr wichtig halte. Ich möchte Ihnen ans Herz legen, Folgendes auszuprobieren. Die Übung wird Ihnen zeigen, wie Ihr Körper auf negative Gedanken reagiert. Für diesen Test sollten Sie zu zweit sein. Gehen Sie also los und suchen Sie sich einen Partner, der Ihnen hilft. Wenn Sie im Moment keinen Partner haben, holen Sie diesen Versuch auf alle Fälle nach, sobald es Ihnen möglich ist. Dieser Test ist sehr wichtig für alle weiteren Erkenntnisse, die Ihnen dieses Buch liefern soll.

1. Denken Sie bitte an ein schönes Ereignis, bei dem Sie sich wohlgefühlt haben. Warten Sie einen Moment, bis Sie sich ganz in der Erinnerung befinden.
2. Pressen Sie nun ganz fest Ihren Daumen und Ihren Zeigefinger der rechten Hand (bei Linkshänder die linke Hand) zusammen.
3. Ihr Helfer packt jetzt mit Daumen und Zeigefinger seiner rechten Hand Ihren Daumen und mit Daumen und Zeigefinger seiner linken Hand Ihren Zeigefinger. Während Sie weiter an das schöne Ereignis denken und beide Finger fest zusammenpressen, soll er versuchen, Ihren Daumen und Zeigefinger auseinanderzuziehen. Dies sollte jetzt gar nicht oder nur schwer möglich sein.
4. Bitte machen Sie dasselbe nun mit einem negativen Erlebnis. Denken Sie an etwas, was nicht so gut gelaufen ist und drücken Sie wieder Ihren Daumen und Zeigefinger fest zusammen.
5. Ihr Helfer soll jetzt erneut versuchen, den Ring von Daumen und Zeigefinger zu öffnen. Wenn Sie alles richtig gemacht haben, sollte er sich nun viel leichter öffnen lassen.

Dieser Test kommt aus der Kinesiologie. Er zeigt uns deutlich, dass unser Körper durch negative Gedanken geschwächt wird.

Körper und Geist im Einklang – der Weg zu Gesundheit und Zufriedenheit

Was passiert wohl mit einem Menschen, der gezwungen ist, an negative Dinge zu denken, weil er aus seiner Kindheit noch viele negative Erinnerungen mit sich herumschleppt? Wie reagiert ein menschlicher Körper, wenn er aufgrund anerzogener Ängste jeden Tag durch negative Gedanken an die Zukunft geschwächt wird? Wie antwortet wohl der Körper einer Person, die ihre Ziele und Wünsche nicht realisieren kann? Wie wird der menschliche Körper reagieren, wenn ihn sein Besitzer täglich auf eine Arbeit zwingt, bei der er gemobbt wird, oder die ihm keinen Spaß macht? Was passiert mit einem menschlichen Körper, wenn er mit einer Person zusammenleben muss, die ihm nur seelischen Stress bereitet? Ich erlebe jeden Tag in meiner Praxis, dass Menschen mit seelischen Belastungen meist begleitende körperliche Probleme haben. Diese reichen von Rückenschmerzen über Allergien, Asthma, Bluthochdruck, Migräne, Kopfschmerzen, Magen- und Darmbeschwerden bis hin zu Neurodermitis. Ich bin auch fest davon überzeugt, dass schwerwiegendere Krankheiten ihren Auslöser in der Psyche haben können oder diese zumindest durch seelischen Stress begünstigt werden.

Wenn wir seelische Probleme in uns tragen, ist die Situation vergleichbar mit einem Spaziergang in Sommerkleidung bei Minusgraden. Der Körper ist dann einer ständigen Belastung ausgesetzt und Krankheiten können sich leichter ausbreiten. Ich darf aber zum Glück auch täglich in meiner Praxis beobachten, dass körperliche Beschwerden wie von Geisterhand verschwinden, wenn seelischer Ballast wegfällt.

Seelische Belastungen sind:

- Erinnerungen aus der Vergangenheit, die mit negativen Gefühlen verbunden sind.
- Ziele und Wünsche, die wir nicht erreichen.
- Unpassende Lebenssituationen.
- Negative Zukunftsgedanken.

Es gibt zu dem Thema ein wunderschönes Zitat, das ich Ihnen nicht vorenthalten möchte:

„Achte auf deine Gedanken, denn sie werden deine Worte.
Achte auf deine Worte, denn sie werden deine Gefühle.
Achte auf deine Gefühle, denn sie werden dein Verhalten.
Achte auf deine Verhaltensweisen, denn sie werden deine Gewohnheiten.
Achte auf deine Gewohnheiten, denn sie werden dein Charakter.
Achte auf deinen Charakter, denn er wird dein Schicksal.“

Leider habe ich zu diesem Zitat keine eindeutige Quelle gefunden, bin aber der Meinung, dass es sehr viel Wahrheit enthält.

Auf den Punkt gebracht heißt das: Wir können nur ein gesundes und zufriedenes Leben führen, wenn wir Körper und Geist in Einklang bringen. Dazu sind folgende Schritte nötig:

1. Alle emotionalen Erinnerungen vom Mutterleib bis heute dürfen Sie so optimieren, dass Sie in Ihnen nur noch neutrale oder positive Gefühle auslösen. Das hat zur Folge, dass Sie nie mehr von Ihrer Vergangenheit eingeholt werden können. Kurz gesagt, gehen Sie weg von der Verdrängung und hin zur Freiheit.

2. 90 % der Dinge, die Sie tun, sollten Ihren Zielen und Wünschen entsprechen. Anerzogene und unbrauchbare Verhaltensweisen dürfen in Verhaltensweisen umgewandelt werden, die zum Erreichen Ihrer Ziele und Wünsche notwendig sind.

3. Der Blick in Ihre Zukunft soll Ihnen Freude und Motivation bereiten und nicht Angst und Unsicherheit.

Vielleicht denken Sie jetzt, das ist leichter gesagt als getan. Ich versichere Ihnen, dass es möglich ist, diese drei Punkte zu realisieren. Im Workshop dieses Buches werde ich mit Ihnen Schritt für Schritt den Weg gehen, der Ihnen zu einem gesünderen und zufriedeneren Leben verhilft.

---

kurz & bündig

- Körper und Geist sind untrennbar miteinander verbunden.
- Gedanken beeinflussen unseren Körper.
- Negative Gedanken schwächen unsere Muskeln und Abwehrkräfte.
- Das Aufarbeiten von seelischen Problemen steigert Ihre Abwehrkräfte und fördert somit Ihre Gesundheit.
- Wenn Sie dafür sorgen, dass 90 % von dem, was Sie tun und denken Ihren Wünschen entspricht, legen Sie den Grundstein für ein gesundes, erfolgreiches und zufriedenes Leben.

---

5. Das Märchen von Glück und Zufall

In diesem Kapitel erfahren Sie,

- was Bernhard Langer über Glück denkt,
- warum weder Ihr Chef noch die Regierung die Möglichkeit haben, Ihr Leben zu verändern,
- warum Glück und Zufall nicht durch Glück und Zufall entstehen,
- wie eine Frau von einer Sozialhilfeempfängerin zur reichen Buchautorin wurde,
- wie man mit nur 19,90 Euro ein Geschäft gründen kann,
- warum man einen Gartenstuhl nicht vom Sperrmüll holen sollte.

Überlassen Sie Ihr Leben nicht dem Zufall, sondern gestalten Sie selbst Ihre Zukunft!

Vor Kurzem kam mir diese Geschichte zu Ohren. Ich weiß nicht, ob sie sich genau so zugetragen hat, aber sie ist auf jeden Fall erzählenswert. Es war einmal ein Golfspieler namens Bernhard Langer, der schlug einen Ball, der unglücklicherweise genau in der Astgabel eines hohen Baumes hängen blieb. Es ist Ihnen sicherlich bekannt, dass ein Golfspieler seinen Ball immer von da abschlagen muss, wo er nach dem letzten Schlag gelandet ist. Also nahm Bernhard Langer seinen Golfschläger zwischen die Zähne und kletterte den Baum hinauf. Oben angekommen, positionierte er sich auf einem Ast, konzentrierte sich kurz und schlug den Ball von der Astgabel in den Green. Danach benötigte er nur noch einen Versuch, um den Ball ins Zielloch zu schlagen. Nach dem Spiel sprach ihn ein Reporter auf das Geschehene an und meinte: „Da haben Sie aber ganz schön Glück gehabt“, worauf Langer antwortete: „Ja, ich kann das auch nicht verstehen, je mehr ich übe und trainiere, desto mehr Glück habe ich.“

Ich finde diese Geschichte und vor allem die Antwort genial, denn auch ich glaube nicht an Glück oder Zufall. Beides hört sich für mich an, als müsste man nur dasitzen und warten, bis einem etwas zufällt oder das Glück einem den Hauptgewinn beschert. Die Worte Glück und Zufall machen für mich die Zukunft unberechenbar. Man wartet auf einen Moment, der schlagartig alles verändern soll. Viele Menschen denken deshalb, dass sie keinen oder nur wenig Einfluss auf ihre Zukunft haben. Ich glaube jedoch, dass wir in jeder Sekunde unsere Zukunft gestalten, auch wenn wir uns dessen nicht bewusst sind. Selbst wenn jemand die meiste Zeit auf dem Sofa verbringt und bei jeder Nachricht über die Regierung schimpft, gestaltet er seine Zukunft selbst. Er schiebt die Verantwortung für sein Leben auf andere Personen. Was wird sich durch solch ein Verhalten für diesen Menschen ändern? Nichts, er wird am nächsten Tag wieder auf dem Sofa sitzen. Anstatt zu schimpfen, könnte er sich z. B. damit beschäftigen, was er wirklich gut kann, wo seine Leidenschaften liegen und wie er mit diesen Fähigkeiten sich und seinen Mitmenschen Zufriedenheit geben kann. Stattdessen erwartet er, dass Angela Merkel direkt bei ihm vorbeischaut und ihn bittet, endlich vom Sofa aufzustehen, um sein Leben selbst in die Hand zu nehmen. Ich bin mir allerdings sicher, dass solch ein Mensch selbst für die Bundeskanzlerin die Tür nicht öffnen würde. Alles, was Sie in der Gegenwart tun oder nicht tun, hat Auswirkungen auf Ihre Zukunft. Wenn Sie Ihren Partner nicht angesprochen hätten, wäre Ihr Leben ganz anders verlaufen. Sie hätten andere Kinder und würden wahrscheinlich an einem anderen Ort wohnen. Dabei war es vielleicht nur eine Sekundenentscheidung, Ihren jetzigen Partner zum Tanzen aufzufordern. Eine Entscheidung für eine Weiterbildung kann womöglich Ihr ganzes Leben verändern. Sie können dadurch vielleicht einen Beruf ausüben, der Ihnen endlich Spaß macht. Sie können sich eventuell finanziell besserstellen. Sie lernen dadurch vielleicht interessante Menschen kennen, die Sie im Leben weiterbringen. Allein Ihre Entscheidungen sind verantwortlich für den Verlauf Ihrer Zukunft.

Die Engländerin Joanne K. Rowling lebte vor knapp 16 Jahren noch als alleinerziehende Mutter von Sozialhilfe. Sie begann während dieser Zeit mit dem Schreiben des ersten Buchs „Harry Potter und der Stein der Weisen“. Dieses erschien 1997 – sechs weitere Bände sowie Kinoverfilmungen folgten. Joanne K. Rowling ist bis heute vermutlich die reichste Buchautorin aller Zeiten. Hätte diese Frau nicht mit dem Schreiben begonnen, würde Sie vielleicht immer noch von Sozialhilfe leben.

Am 15. Februar 2005 gründeten Chad Hurley und Steve Chen das Internet-Videoportal „YouTube“. Zuvor hatten Sie erfolglos im Netz nach einem Programm gesucht, mit dem man Partyvideos online stellen kann. Ein Jahr später übernahm Google für umgerechnet 1,31 Milliarden Euro „YouTube“ und machte die beiden Männer reich.

Auf einem Bauernhof in der südschwedischen Provinz Småland gründete der gelernte Tischler Ingvar Kamprad 1943 einen Versandhandel. Anfang der Fünfzigerjahre stieg er von Kugelschreibern und Gemüsesamen auf Möbel um. 1958 eröffnete er schließlich sein erstes Möbelhaus. Sein Unternehmen beschäftigt heute rund 127.000 Mitarbeiter in über 260 Möbelhäusern, verteilt in 40 Ländern. Sicherlich wissen Sie schon, wie sich diese Häuser nennen … IKEA. Alles Glück? Alles Zufall? Oder Mut, Kreativität, Selbstbewusstsein.

Wer nicht wagt, der nicht gewinnt

Sicherlich wird nicht jeder, der etwas unternimmt, gleich einen solchen Erfolg haben, aber die Wahrscheinlichkeit, dass Sie Ihre Zukunft positiv gestalten, wird höher, wenn Sie selbst aktiv werden. Ein gutes Gespräch, ein interessantes Buch, ein Seminarbesuch, ein Telefonanruf: All das sind Dinge, mit denen Sie Einfluss auf Ihre Zukunft nehmen können. Jeder neue Gedanke, jede neue Idee verändert etwas an Ihrem nächsten Tag. Nach der Scheidung meiner ersten Ehe durchlebte ich eine finanziell schwierige Zeit. Die Schulden für mein Haus machten mir schwer zu schaffen.

Ich musste etwas tun, um mehr Geld zu verdienen. Ich versuchte, ein Produkt zum Abnehmen für horrende Preise an meine Freunde zu verkaufen und arbeitete kurzfristig als Versicherungsvertreter. Ich merkte aber bei allem, was ich tat, dass ich mich dabei nicht wohlfühlte. Eines Tages erinnerte ich mich daran, wie ich erfolgreich die Warze meiner Schwester entfernt hatte und überlegte, ob ich vielleicht im Bereich Hypnose tätig werden könnte. Meine damalige Freundin und jetzige Frau schlug die Hände über dem Kopf zusammen, als ich ihr von meinem Vorhaben erzählte. Sie sagte zu mir: „Was willst du denn noch alles ausprobieren und wo willst du das Geld für die Ausbildung hernehmen?“ Natürlich hatte sie recht, ich hatte schon viel ausprobiert und Geld für eventuelle Weiterbildungen war nicht vorhanden, trotzdem musste ich irgendetwas versuchen, um meinen Lebensunterhalt bezahlen zu können. Ich begann, im Internet zu googeln, wie ich mir mehr Fachwissen über Hypnose aneignen konnte.

Bei meinen Recherchen fand ich einen Shop, der für 19,90 Euro eine Hypnose-CD anbot. Mithilfe dieser CD sollte man zum Nichtraucher werden. Ich bestellte die CD, konnte sie aber schlecht an mir testen, da ich Nichtraucher war. Außerdem lief mir die Zeit davon, denn die nächsten Raten für mein Haus waren bald fällig. Ich denke, es war eine Kurzschlussreaktion, als ich in unserer örtlichen Zeitung inserierte: „Mit Hypnose zum Nichtraucher in drei Sitzungen, mit Geld-zurück-Garantie.“ Meine Frau hielt mich für total verrückt. Wenn es ihr zu diesem Zeitpunkt möglich gewesen wäre, hätte sie mich am liebsten mit Handschellen an den Küchentisch gekettet. Mein Herz pochte, als zum ersten Mal das Telefon klingelte und ein potenzieller Kunde anrief.

Das Wichtigste für mich war, dass er auf keinen Fall merken durfte, dass er mein erster Kunde war und ich noch nie zuvor jemandem das Rauchen abgewöhnt hatte. Er sagte mir, dass er gemeinsam mit vier Kollegen kommen wolle und ich vereinbarte einen Termin mit ihm. Eigentlich hatte ich in diesem Moment nur drei Dinge: eine Hypnose-CD, einen Termin und die Hosen gestrichen voll. Ich schrieb die Texte der Hypnose-CD ab und lernte diese bis zu der Stelle auswendig, an der es hieß: „Eure Augen schließen sich jetzt ganz von alleine.“ Als Nächstes stellte sich die Frage, wo ich die Hypnose durchführen sollte und wo meine Kunden liegen, stehen oder sitzen konnten. Zufällig war vor dem ausgemachten Termin noch Sperrmüll und ich fuhr an jenem Abend von Haus zu Haus, um mir mehr oder weniger stabile Gartenstühle zu besorgen. Zusammen mit einem Campingtisch, über den ich ein rotes Tuch warf, bildeten sie das Inventar meines Hypnosestudios, das ich in meinem Keller eingerichtet hatte. So gesehen war die Investition für meine neue Geschäftsidee sehr gering.

Außer meinem Ruf hatte ich quasi nichts zu verlieren. Der Tag X kam schneller als erwartet und gewünscht. Im Nachhinein war es einer der aufregendsten Tage meines Lebens. Ich habe heute noch das Läuten der Türglocke im Ohr und sehe, wie meine Frau sich ins Wohnzimmer verkrümelt. Ihr Gesichtsausdruck dabei sprach Bände. Ich öffnete die Tür und merkte, wie kalter Rauch in mein Gesicht wehte. Jetzt hatte ich das, was ich wollte: Fünf Raucher, die gerade noch gierig ihre letzte Zigarette verschlungen hatten und von mir erwarteten, dass ich sie von diesem Verlangen befreite. Ich setzte mein „Alles in Ordnung-Gesicht“ auf, um meinen Kunden vom ersten Moment jegliche Zweifel an meinen Fähigkeiten zu nehmen. Auf dem Weg in den Keller merkte ich bei jeder Stufe, wie weich meine Knie trotz meiner scheinbaren äußeren Ruhe waren. Was ich Ihnen jetzt erzähle, glauben Sie mir vielleicht nicht, aber es hat sich genau so zugetragen. Als ich die Herren bat, Platz zu nehmen, sagte einer zu mir: „So einen Stuhl habe ich vor zwei Tagen zum Sperrmüll gestellt.“ Äußerlich abgeklärt sagte ich: „Ja, ich habe mir auch schon überlegt, die alten Stühle gegen neue einzutauschen.“ Währenddessen dachte ich: „Was hat du dir da für eine Sache eingebrockt“, und wollte nur noch, dass alles schnell vorbeigeht. Ich erzählte meinen Kunden von meinem großen Erfolg im Bereich Warzenbehandlung und war selbst überrascht, was ich alles über Hypnose berichten konnte, auch wenn ich nicht wusste, ob es richtig war, was ich erzählte. Kurz darauf blickten meine Gäste in eine blaue, grelle Lampe, die ich aufgestellt hatte, um die Augen meiner Kunden schnell zu ermüden. „Entspannt jetzt euren ganzen Körper“: Mit diesen Worten begann ich, meinen einstudierten Text abzuspulen. Ich beobachtete dabei die Gesichter der fünf Personen, die bei meiner Aufforderung „Eure Augen schließen sich jetzt ganz von alleine“ alle brav ihre Augen zumachten.

Nur einer starrte weiter hartnäckig mit geöffneten Augen in das blaue Licht. Damals dachte ich noch, dass Hypnose eine Art Kampf zwischen Hypnotiseur und Patient sei und wiederholte einfach mit Nachdruck die Suggestionen: „Eure Augenlider werden noch schwerer, wie Blei so schwer, noch viel, viel schwerer.“ Als ich selbst schon Probleme hatte, die Augen offen zu halten, fielen schließlich auch meinem letzten Kunden die Augen zu. Mein Etappenziel war erreicht. Keiner konnte mich mehr beobachten oder mir Fragen stellen, auf die ich keine Antwort wusste. Ganz leise holte ich nun meinen Spickzettel mit den weiteren Texten aus der Hosentasche und faltete ihn äußerst vorsichtig auf. Niemand sollte merken, dass ich die Texte ablese.

Ich gab also die Worte, die ich mir zuvor von der CD notiert hatte, an meine Kunden weiter und dachte währenddessen darüber nach, was wohl passieren würde, wenn meine Kunden nicht mehr aus der Hypnose aufwachten. Andererseits hatte ich noch nie gehört, dass einer irgendwo zu Hause hypnotisiert im Bett lag und darauf wartete, geweckt zu werden. Zu diesem Zeitpunkt wusste ich noch nicht, dass Hypnose ein natürlicher Zustand ist, aus dem man wie aus dem Schlaf automatisch aufwacht. Am Ende zählte ich dann von eins bis drei und war erleichtert, dass alle Anwesenden wieder ihre Augen öffneten. Alle waren hellauf begeistert von der Entspannung, hatten aber trotzdem Zweifel, ob sie richtig in Hypnose gewesen waren.

Kommentare wie „Ich habe deine Stimme zu jedem Zeitpunkt gehört“ und „Ich dachte, in der Hypnose bin ich wie weggebeamt“ ließen mich selbst zweifeln, ob meine Behandlung den gewünschten Erfolg bringen würde. Nachdem ich selbst nicht wusste, wie sich eine Hypnose anfühlte, sagte ich: „Genau so ist Hypnose“, und vereinbarte mit den fünf Personen eine Woche später den nächsten Termin. Sie können sich vorstellen, dass dies für mich eine spannende Woche war, voller Zweifel, aber auch Erwartungen. Als es eine Woche später wieder an der Tür klingelte, wusste ich, dass jetzt die Entscheidung fallen würde über meine weitere Karriere als Hypnotiseur. Ich öffnete die Tür und Gott sei Dank wehte dieses Mal kein Schwall von kaltem Zigarettenrauch in mein Gesicht. Zu meiner Verwunderung sah ich aber nur vier Personen vor mir stehen. Auf meine Frage, wo ihr Kollege sei, antworteten sie mir: „Der möchte lieber weiter rauchen.“ Ich bemerkte in meiner Magengegend ein ungutes Gefühl, weil ich dachte, ich hätte versagt. Als mir die anderen jedoch erzählten, dass es ihnen gut gehe und sie noch keine Zigarette geraucht hätten, verwandelte sich das Druckgefühl in Erleichterung. Ich wurde für meine Ängste, Zweifel, aber auch für meinen Mut belohnt. Ich weiß, dass vier von den fünf Personen heute immer noch rauchfrei leben, was für das erste Mal und unter diesen Umständen eine gute Quote ist.

Wenn Sie Ihren Beruf mit Leidenschaft ausüben, werden Sie erfolgreich sein!

Zwei Jahre lang arbeitete ich auf der Grundlage von Büchern, aber auch nach Gefühl als Hypnotiseur, ohne eine Hypnoseausbildung genossen zu haben. Das Feedback meiner Kunden zeigte mir, dass ich auf dem richtigen Weg war. Erst als ich mir ein finanzielles Polster geschaffen hatte, besuchte ich weiterbildende Seminare zum Thema Hypnose und machte die Ausbildung zum Heilpraktiker für Psychotherapie. Das Interessante dabei war, dass ich vieles, was ich dort lernte, schon wusste und mit einigem sogar nicht einverstanden war, weil ich es durch meine zweijährige Selbsterfahrung anders kennenlernen durfte. Ich bin heute sehr dankbar dafür, dass mein Weg ein ungewohnter war, denn so konnte ich aus eigener Erfahrung lernen, wo meine Fähigkeiten liegen. Letztendlich habe ich durch die Liebe zu Menschen, das Interesse an ihnen und das Ziel, sie glücklich zu machen, meinen heutigen Beruf gefunden. Interessant ist, dass ich das Ganze begonnen habe, um Geld zu verdienen, dann aber bald bemerkte, dass aus meinem Beruf eine Berufung wurde. Heute ist es meine Leidenschaft, Menschen zu helfen. Das Geld, das ich dafür bekomme, ist ein schöner Nebeneffekt. Wenn ich heute zurückblicke, schüttle ich manchmal selbst noch den Kopf über den spektakulären Beginn meiner Therapeutenkarriere. Wenn ich dann die Klappstühle vom Sperrmüll im Geiste vor mir sehe und meiner Frau davon erzähle, müssen wir immer noch herzhaft darüber lachen. Ich weiß aber auch, dass ich durch diese Aktion maßgeblich in meine Zukunft eingegriffen habe und wüsste nicht, wo ich heute wäre, wenn ich diesen Weg nicht gewählt hätte. Ich möchte es Ihnen hier noch einmal ans Herz legen, warten Sie nicht darauf, dass Glück oder Zufall Ihr Leben verändern, sondern gestalten Sie bewusst durch Ihre Entscheidungen von heute Ihre Erlebnisse von morgen. Am Schönsten ist aber, dass Sie keine Angst mehr vor der Zukunft haben müssen. Sie müssen nicht darauf hoffen, dass Glück oder Zufall Ihre Zukunftsangst beseitigen, sondern Sie schreiben das Drehbuch und führen Regie in Ihrem eigenen Film.

---

kurz & bündig

- Zukunft ist weder Glück noch Zufall.
- Alles, was Sie in der Gegenwart tun oder nicht tun, hat Auswirkungen auf Ihre Zukunft.
- Unsere Entscheidungen von heute erschaffen die Zukunft von morgen.
- Auch wenn wir nichts tun, beeinflussen wir damit unsere Zukunft.
- Führen Sie Regie in Ihrem eigenen Film, anstatt auf Angela Merkel zu warten. ☺

---

6. Von Programmen, die Ihr Leben schreibt und Gefühlen, die Ihre Verhaltensweisen steuern

In diesem Kapitel erfahren Sie,

- welche Abläufe eine Verhaltensweise auslöst,
- was es mit dem Ikea-Phänomen auf sich hat,
- warum Sie Ihren Gefühlen mehr Beachtung schenken sollten,
- warum allein der gute Wille nicht ausreicht, wenn Sie ein Geschäft eröffnen möchten,
- warum für unser Gehirn Vergangenheit und Zukunft Realität sind.

Unbewusste Programme veranlassen uns zu ungewollten Handlungen

Wie Sie bereits im letzten Kapitel erfahren haben, sind Sie der Produzent Ihrer eigenen Zukunft. Vielleicht denken Sie jetzt: „Schön und gut, aber es ist gar nicht so einfach, vom Sofa aufzustehen“, oder Sie denken: „Ich bin schon oft von der Couch aufgestanden, habe mich aber aus Resignation immer wieder hingesetzt.“ Diese Gedanken sind normal und man kann sie auch logisch erklären. Ich möchte es mit folgendem Beispiel veranschaulichen: Ein Buchautor schreibt mit einem Textbearbeitungsprogramm jahrelang seine Bücher. Eines Tages hat er die Idee, seine Texte mit ein paar Bildern zu bereichern. Er kopiert deshalb passende Bilder zwischen seine Texte.

Beim zweiten Betrachten bemerkt er, dass ein Bild viel zu dunkel und ein anderes unscharf ist. „Kein Problem“, denkt er und versucht, mit dem Textprogramm diese Bilder zu bearbeiten. Er verbringt unzählige Stunden damit, den richtigen Weg zu finden, wie er mit dem Textbearbeitungsprogramm die Bilder verändern kann. Er macht die Nächte zum Tag und opfert auch seine Freizeit, um das Unmögliche möglich zu machen. Nach unzähligen Fehlschlägen wird er jedoch zunehmend ratlos. Er verliert den Glauben an seine Idee und geht genervt zurück zu seinen alten Gewohnheiten. Tief in ihm bleibt jedoch ein unerfüllter Wunsch, der ihn von nun an sein Leben lang begleitet. So ähnlich funktioniert das auch bei uns Menschen. In unserem Gehirn laufen unbewusst Programme ab, die uns zu einer Handlung veranlassen. Wenn die Programme einmal installiert sind, versuchen wir, mit ihnen alle Herausforderungen unseres Lebens zu meistern. So wie Sie allerdings mit einem Textprogramm keine Bilder bearbeiten können, können Sie z. B. mit einem „Angstprogramm" im Leben auch keine neuen Herausforderungen angehen. Ich habe schon in Kapitel 3 erwähnt, dass Verhaltensweisen letztendlich die Auslöser für Zufriedenheit oder Unzufriedenheit sind. In diesem Kapitel möchte ich Ihnen erklären, welche Mechanismen hinter Ihren Entscheidungen und den daraus resultierenden Verhaltensweisen stehen.

Ikea-Besuch: im Wechselbad der Gefühle

Es war wieder einmal soweit: Ikea-Tag. Wir fuhren zweimal im Jahr in dieses Möbelhaus. Meine Frau wollte sich nach Neuem für die Wohnungseinrichtung umsehen, ich interessierte mich für das günstige Mittagessen (Köttbullar) und unsere zwei Söhne …? Ihnen blieb nichts anderes übrig, sie mussten mit! Vielleicht kennen Sie das Ikea-Phänomen: Sie benötigen eigentlich nichts, trotzdem füllt sich der Einkaufswagen wie von selbst. Dort türmt sich bereits die Bettwäsche neben dem Schwedengebäck und der Wandhängevitrine mit einem schwedischen Namen, der sich wie alle anderen Ikea-Bezeichnungen anhört. Obwohl der Wagen schon übervoll war, erreichten immer noch folgende Sätze meinen Gehörgang: „Ach, Teelichter brauche ich ja auch“, „Schau mal Schatz, das kostet nur neun Euro“, „Was meinst du, bekommen wir das noch ins Auto?“ In meinem Fall gibt es ein zweites Ikea-Phänomen: Sobald ich mich mit dem Einkaufswagen der Kasse nähere, baut sich in mir eine negative Spannung auf. Diese steigert sich, während die Dame im gelben T-Shirt die Ware mit einem „Piep“ am Scanner vorbeizieht. „180 Euro, bitte“, sagte die Verkäuferin an jenem Tag. Ich merkte, wie es mir die Luft abschnürte und sich das Spannungsgefühl in Angst verwandelte.

Mit Widerwillen bezahlte ich unseren Einkauf und sagte zu meiner Frau mit patziger Stimme: „Eigentlich wollten wir maximal 80 Euro ausgeben!“ Schnell rechnete ich noch unser Essen, die Getränke sowie Kaffee und Kuchen dazu und meinte zu meiner Frau: „Das war ja heute wieder ein teurer Spaß!“ Sie antwortete: „Schau mich nicht so an, du wolltest ja auch nicht auf deine Köttbullar verzichten“, worauf ich sagte: „Die Köttbullar waren wohl nicht so teuer wie das fünfteilige Glasset!“ Nur mit großer Mühe konnten wir alles in unserem Kofferraum unterbringen und sprachen auf der Fahrt nach Hause kein Wort miteinander.

Meine miese Laune hielt so lange an, bis ich mich einen Tag später bei meiner Frau für meine Überreaktion entschuldigte. Kennen Sie so ein Phänomen? Gibt es bei Ihnen auch Situationen, in denen Sie sich schlagartig anders fühlen? Situationen, in denen die Gefühle von gerade noch gut gelaunt plötzlich in den Keller stürzen und Sie sich selbst nicht mehr verstehen. Was war bei Ikea mit mir passiert? Warum schwenkte meine Laune innerhalb von Sekunden von Zufriedenheit in Unzufriedenheit um? Der Gefühlswechsel ging in der Situation so schnell, dass es mir unmöglich war nachzuvollziehen, was gerade mit mir passierte. Ich fühlte mich wie ein Flugkapitän, dessen Flugzeug auf Autopilot geschaltet wurde, weil er selbst nicht fliegen kann. Irgendetwas in mir hatte kurzfristig die Steuerung übernommen, sodass ich keine Kontrolle mehr über die Lage besaß. Ich nahm zwar das negative Gefühl wahr, die tatsächlichen Gründe, die dieses Gefühl auslösten, blieben mir aber verborgen.

So begann ich in der Gegenwart nach dem Schuldigen für dieses Gefühl zu suchen und wurde schnell bei meiner Frau fündig. Sie war diejenige, die zu viel in den Einkaufswagen geladen hatte und musste deshalb als Ventil für meine negativen Gefühle herhalten. Wie konnte ich lernen, in Zukunft mein Flugzeug in solch einer Situation selbst zu steuern? Wahrscheinlich müsste ich wissen, wie man ein Flugzeug bedient. Dann könnte ich dahin fliegen, wo ich hin möchte. Das Problem ist, dass ich das Fliegen nicht erst dann lernen kann, wenn mein Flugzeug bereits am Abstürzen ist. Am besten wäre es, wenn ich zunächst in einem Flugsimulator das Fliegen ohne Stress und Anspannung trainieren könnte. So würde ich Stück für Stück die Hintergründe und die Abläufe des Fliegens kennenlernen und wäre später in der Realität auch in Stresssituationen in der Lage, mein Flugzeug in die Richtung zu steuern, in die ich möchte.

Im Flugsimulator: Vorbereitung auf den Ernstfall

Da ich beim nächsten Ikea-Besuch nicht erneut einen Absturz erleben wollte, entschied ich mich, in meinen Gedanken, also quasi im Simulator, noch einmal bei Ikea einzukaufen. Ich nahm in einem bequemen Sessel Platz und stellte mir das gelbe Möbelhaus vor. Gedanklich ging ich auch wieder Köttbullar essen und hoffte, dass die virtuellen Fleischklöße nicht an meinen Hüften zur Realität wurden. Nach dem Essen und dem Einkauf machte ich mich auf den Weg zur Kasse. Interessanterweise bekam ich erneut dieses Spannungsgefühl in meinem Bauch. Dann ließ ich mein Kopfkino weiterlaufen und betrachtete die Situation, in der mir die Kassiererin sagte, wie viel die Ware kostete.

Die gleiche Angst, die ich vor zwei Tagen erlebt hatte, breitete sich in meinem Körper aus. Ich konnte diese Angst noch nicht ganz einordnen und fragte mich deshalb: „Wo habe ich diese Gefühl zum ersten Mal erlebt?“ Es dauerte einen Moment, bis ein virtuelles Bild vor meinen inneren Augen erschien, aus dem mein Vater zu mir sprach: „Spar dein Geld!“ Sogleich tauchte ein weiteres Bild von meinem Vater auf und beim Betrachten spürte ich förmlich die Angst meines Vaters, dass sein Geld nicht reichen könnte. Gleich darauf sah ich noch ein Bild: Es zeigte eine Auseinandersetzung meiner Eltern, in der es natürlich um das Thema Geld ging. Gleich darauf konnte ich fast eine Kopie von dieser Situation beobachten: Meine Frau und ich diskutierten bei Ikea an der Kasse. Doch was passierte jetzt? Auf einmal bemerkte ich, dass Bilder von Ereignissen erschienen, die ich nie erlebt hatte. Ich sah mich, wie ich Rechnungen nicht mehr bezahlen konnte und wie ich mittellos mit meiner Familie auf der Straße stand. Ich war scheinbar mit meinen Gedanken gerade in der Zukunft gelandet, hatte aber immer noch dasselbe Angstgefühl wie bei Ikea. Ich bemerkte erst jetzt, dass ich mich in einer Art Trance befunden hatte. Ich schaute mich in meiner Wohnung um und versuchte, wieder ins Hier und Jetzt zurückzukommen.

Vergangenheit, Gegenwart und Zukunft: unbekannte Worte für unser Unterbewusstsein

Was war passiert? Ich hatte mir die sekundenschnellen Gedankengänge meines realen Ikea-Erlebnisses in der Zeitlupenversion betrachtet. Ich bekam Einblick in ein bisher für mich unbewusst ablaufendes Programm. Genau genommen heißt das, dass sich mein Gehirn durch den teuren Einkauf bei Ikea an die früheren Situationen meiner Kindheit erinnerte. In Sekundenschnelle schickte es mir dann die dazugehörigen alten Gefühle erneut in meinen Körper. Der Ablauf blieb für mich natürlich im Verborgenen, weil ich mich mit meinen Gedanken in der Außenwelt befand und das Programm in Sekundenbruchteilen ablief.

Am Ende bemerkte ich nur noch das ungute Gefühl, was leider nicht so schnell verschwand wie das unsichtbare Programm, welches es hervorgerufen hatte. Mein gedanklicher Ausflug bescherte mir seine sehr wichtige Erkenntnis. Meine Angst war nicht bei Ikea an der Kasse entstanden, sondern hatte ihren Ursprung in längst vergangenen Zeiten. Außerdem waren meine Gedanken wahllos von der Gegenwart in die Vergangenheit und gleich darauf wieder in die Zukunft gesprungen, ohne dass sich mein Angstgefühl verändert hatte. Dies warf in mir die Frage auf: „Kennt unser Gehirn wirklich den Unterschied zwischen Vergangenheit, Gegenwart und Zukunft?“

Meine Gefühle blieben gleich, egal, ob ich sie real bei Ikea erlebte oder mir später Gedanken darüber machte. Ich bin heute davon überzeugt, dass Vergangenheit, Gegenwart und Zukunft nur Worte sind, die wir Menschen zum besseren Verständnis erfunden haben, und dass unserem Gehirn diese Unterscheidungen fremd sind (zumindest dem unbewussten Teil unseres Gehirns, der immerhin 80 % ausmacht). Unser Gehirn sitzt in unserem Kopf im Dunkeln und sichert von dort aus unser Überleben. Ihm ist es egal, ob wir etwas real erleben oder uns nur Gedanken darüber machen. Vielleicht fragen Sie sich jetzt, was nützt mir die Erkenntnis, dass unser Gehirn keinen Unterschied zwischen Vergangenheit, Gegenwart und Zukunft kennt und ich sage Ihnen, es ist die wichtigste Erkenntnis überhaupt in diesem Buch. Wenn jeder Gedanke für unser Gehirn Wirklichkeit ist, dann können Sie Ihre Vergangenheit zu jedem Zeitpunkt Ihres Lebens ganz nach Belieben verändern. Wenn Sie gedanklich in eine Situation Ihrer Vergangenheit gehen, die Sie heute noch traurig macht, Sie ärgert oder Sie ängstigt, können Sie dort all das nachholen, was Sie früher gern gemacht hätten und mit Ihrer heutigen Reife auch tun können. Sie können sich wehren, verstehen, verzeihen, loslassen und Ihr Gehirn wird es für eine reale Handlung halten. Danach wird Ihr Gehirn die längst vergangene ungelöste Situation als erledigt abspeichern und Sie werden niemals mehr damit konfrontiert. Dies ist eine wunderbare Möglichkeit, mit der Vergangenheit abzuschließen und neue Programme sowie daraus resultierende Handlungen zuzulassen. Dieses Vorgehen ist auch der Grundstock für die Therapie und Coachingform Vergangenheitsoptimierung, die Sie später noch näher kennenlernen werden.

Ungelöste Emotionen werden in neue Situationen übertragen

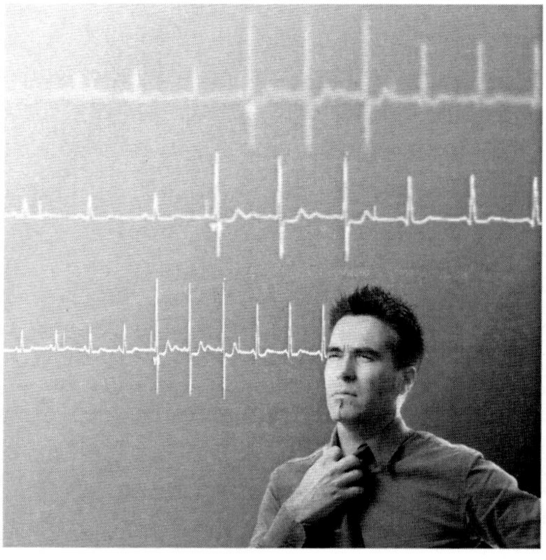

Jetzt aber zurück zu meinem Ikea-Erlebnis. Meine negativen Emotionen, die ich auf meine Frau projiziert hatte, löste ich einen Tage später auf, indem ich mich bei meiner Frau für meinen Gefühlsausbruch entschuldigte. Hätte ich das nicht getan, wäre dieses Ikea-Erlebnis in mein Repertoire für unaufgelöste Ereignisse gerutscht. Meine bewusste Schlussfolgerung hätte dann lauten können, dass allein meine Frau schuld ist, wenn unser Geld knapp werden würde. Die eigentlichen Ursachen wären nicht zum Vorschein gekommen, hätten aber in meinem Unterbewusstsein weiter Macht über mich gehabt. Das ist ein typisches Muster für die Entstehung unserer Probleme. Wir benutzen die Emotionen von alten, ungelösten Bildern und „verfrachten" die Gefühle mit unserem Bewusstsein in neue Ereignisse. Wir verfälschen damit die Realität und vermeiden, dass wir uns mit den wirklichen Problemen unserer Vergangenheit auseinandersetzen müssen. Solche unbewussten Programme laufen in jedem von uns täglich ab, dabei verknüpfen wir das eigentliche Problem mit immer neuen Erlebnissen. Dadurch gerät das auslösende Erlebnis immer mehr in den Hintergrund, bis es schließlich vollkommen in der Versenkung verschwindet. Diesen Prozess nennt man in der Fachsprache „Verdrängung". Diese ist die Hauptursache für negative Gefühle und unkontrollierte Handlungen.

Unsere Programme müssen zu unseren Zielen passen, wenn wir Erfolg haben wollen

Kehren wir kurz an den Anfang des Kapitels und das Bild vom Sofa zurück. Ich möchte also vom Sofa aufstehen, um eine Geschäftsidee zu verwirklichen, und bekomme von einem unbewussten Programm mit dem Namen „die Angst, Geld zu verlieren" ein ungutes Gefühl vermittelt. Ich bemerke das Gefühl und suche nach Lösungen, um es wieder loszuwerden. Mein Gehirn schickt mir Lösungsvorschläge in Form bestimmter Verhaltensweisen. Natürlich zeigt es mir zuerst die Möglichkeiten, von denen es aus Erfahrung weiß, dass diese gut funktionieren. In diesem Fall könnte mein Gehirn sagen:

„Setz dich wieder zurück auf das Sofa." Wenn ich sitze, lässt das ungute Gefühl nach und mein Gehirn registriert, dass dies die beste Möglichkeit ist, um meine Angst zu beseitigen. Aus Begeisterung über den positiven Effekt wird mein Gehirn dieses Verhalten zur Gewohnheit machen. Fazit: Mit dem Programm „die Angst, Geld zu verlieren" fiele es mir schwer, wichtige Investitionen in Bücher, Seminare, Ausbildungen oder Arbeitsmaterialien vorzunehmen. Ohne solche Verhaltensweisen ist jedoch eine erfolgreiche Selbstständigkeit nicht möglich. Welche Auswirkungen ein solches Programm in der Realität haben kann, möchte ich Ihnen an folgendem Beispiel zeigen. Vor circa einem Jahr wurde in unserem Nachbarort ein kleines Computergeschäft eröffnet. Ich freute mich, dass wieder jemand den Mut gefunden hatte, von seinem Sofa aufzustehen und seine Zukunft selbst in die Hand zu nehmen. Als ich jedoch erfuhr, wer der Besitzer des neuen Ladens war, wurde ich sehr skeptisch. Ich kannte ihn aus meiner Schulzeit und wusste daher, dass er in sehr armen Verhältnissen aufgewachsen war. Ich zweifelte nicht an seiner Kompetenz im Bereich Computer, war mir aber sicher, dass durch seine Erziehung bei ihm einige Programme installiert waren, die absolut im Gegensatz zu dem standen, was er jetzt vorhatte. Wie es der Zufall so wollte, wurde meine Druckerpatrone genau an dem Tag leer, an dem ich wichtige Dokumente auszudrucken hatte. Ach so, es gibt keine Zufälle☺. Ich hatte mir das ja selbst eingebrockt. Hätte ich mir angewöhnt, immer eine Patrone auf Vorrat zu Hause zu haben, wäre es nicht zu dem Engpass gekommen. Sie sehen, auch hier habe ich meine Zukunft selbst gestaltet, allerdings im negativen Sinn. Aber egal, ich wusste ja, dass es jetzt ein Computergeschäft um die Ecke gab, bei dem ich mir Nachschub holen konnte. Ich machte mich also mit meiner verbrauchten Patrone auf den Weg zu dem neuen Geschäft. Ich öffnete die Tür und war sehr überrascht, was ich zu sehen bekam. Uralte Holzregale stachen mir ins Auge, es mussten die Regale vom Vor-/ Vor-/ Vormieter dieses Geschäfts gewesen sein. Auf den Regalen befanden sich nur wenige Computerprodukte, was den ganzen Laden recht leer aussehen ließ. Gut gelaunt bog der mir bekannte Verkäufer um die Ecke und fragte mich nach meinem Wunsch. Ich teilte ihm mit, dass ich dringend eine neue Druckerpatrone benötigte. Er schaute sich meine leere Patrone kurz an und sagte, dass er diese erst bestellen müsse und ich sie in zwei Tagen bei ihm abholen könne. Mir schoss in dem Moment sofort ein Gedanke durch den Kopf, den ich nicht für mich behalten konnte: „Da kann ich sie mir ja auch selbst im Internet bestellen." Er schaute mich sehr verwundert an, wusste aber nicht, was er darauf erwidern sollte. Trotzdem gab ich ihm eine Chance und sagte zu ihm: „Bestellen Sie mir die Patrone und ich hole sie in zwei Tagen ab!" Als ich das Geschäft verließ, dachte ich: „Der Laden überlebt kein Jahr mehr." So kam es dann auch, ein Vierteljahr später erloschen für immer die Lichter in diesem Computergeschäft. Was war passiert? Der Besitzer hatte versucht, mit seinen alten Gedankenprogrammen etwas Neues zu erreichen. Bestimmt hatte er im Vorfeld Zweifel am Erfolg seiner Geschäftsidee. Aus diesem Grund investierte er nur wenig, um bei einem Fehlschlag nicht viel zu verlieren. Niemand möchte jedoch in einem Computergeschäft altbackene Dinge sehen, wie in diesem Fall die Holzregale. Im Gegenteil, die Einrichtung sollte modern und auf dem neuesten Stand der Technik sein. Ja, und natürlich muss man Artikel auf Lager haben, die Kunden dringend benötigen, damit man sich vom Internetgeschäft abheben kann. Man könnte jetzt behaupten, dass ein Computergeschäft im Zeitalter von Internet keine Überlebenschance hat, dass dies aber nicht so ist, beweist ein anderer Geschäftsmann. Vor circa zehn Jahren hat er ein kleines Computergeschäft bei uns im Ort eröffnet und mittlerweile ist er einer der größten Computeranbieter im Umkreis. Ganz wichtig, das Scheitern des ersten Geschäftsmannes lag nicht an seiner Kompetenz im Bereich Computer. Schuld waren seine Gedankenprogramme, die bestimmt älter waren als seine Holzregale und nicht zu seinen Zielen passten. Ich möchte dieses Kapitel mit einem kurzen Fazit abschließen. Wenn Sie auf Ihrem (Lebens-) Weg da ankommen wollen, wo Sie hin möchten, sollten Sie lernen, Ihr Flugzeug selbst zu steuern. Schalten Sie den Autopilot ab und übernehmen Sie Verantwortung für Ihr Leben. Im Klartext heißt das, nehmen Sie sich Zeit und werden Sie sich Ihrer inneren Programme bewusst. Sollten diese nicht für das Erreichen Ihrer Ziele geeignet sein, führen Sie Veränderungen durch.

---

kurz & bündig

- Programme laufen in Sekunden ab, sodass wir sie nicht bewusst wahrnehmen können.
- Gefühle sind die Auslöser unserer Verhaltensweisen.
- Verhaltensweisen müssen nicht logisch sein, sie wollen nur unsere unguten Gefühle beseitigen.
- Alte negative Gefühle werden im Laufe des Lebens mit neuen Ereignissen verknüpft.
- Die neuen Ereignisse werden dann als Ursache für die negativen Gefühle gesehen und verwischen das eigentliche Problem.
- Unser Unterbewusstsein kennt keinen Unterschied zwischen Vergangenheit, Realität und Zukunft.

---

7. Glaubenssätze: Navigationssytem für unser Leben

In diesem Kapitel erfahren Sie,

- wie sich Steine in Luft auflösen können,
- was hinter dem Wort „Glaube“ wirklich steckt,
- warum Hypnose die reinste Form von Glauben ist,
- wie der Satz einer Wahrsagerin ein ganzes Leben beeinflussen kann,
- was es mit dem Placebo-Effekt auf sich hat,
- wie ein Traumfänger den Glauben eines Kindes beeinflussen kann,
- wie eine Bratwurst die verschiedensten Glaubenssätze auslösen kann.

Unterwegs auf dem Lebensweg: von Glauben, Angst und Freiheit

Ein Junge stand erwartungsvoll am Beginn seines Lebenswegs. Er traf gerade die letzten Vorbereitungen für seine Wanderung in die Zukunft. Er verließ sich dabei ganz auf sein Gefühl, das ihn spüren ließ, welcher Weg für ihn der beste war. Als Proviant packte er in seinen Rucksack leckere Brote und schmackhafte Getränke. Karte und Kompass steckte er in die Seitentaschen seines Rucksackes, sie sollten ihm in schwierigen Situationen den richtigen Weg weisen. Ein Mann, der gerade des Weges kam, sprach den Jungen an und meinte zu ihm: „Das ist Blödsinn, was du da vorhast, mach lieber erst einmal XY, das ist viel besser für dich." Während der Mann noch mit dem Jungen sprach, nahm er ohne zu fragen einen Teil des Proviants aus dem Rucksack und legte dem Kind stattdessen Steine hinein. Der Junge bedankte sich für die Information und war froh, dass er so einen hilfsbereiten Menschen kennengelernt hatte. Beim Aufstehen bemerkte er aber, dass er nicht mehr die Leichtigkeit und Frische hatte wie zuvor. Er machte sich jedoch keine Gedanken darüber und folgte wieder seinem Gefühl, das ihn auf eine neue Idee brachte. Frohen Mutes lief er los und kam an einem Baum vorbei, an dem saftige, rote Äpfel hingen. Damit wollte er seinen Rucksack befüllen, musste aber feststellen, dass er durch die Steine weniger Platz darin hatte. „Karte und Kompass sind unentbehrlich, um das Ziel zu erreichen“, dachte er bei sich und verzichtete lieber auf etwas Proviant. Der Junge musste sich jetzt Essen und Trinken einteilen und hatte dadurch nicht mehr so viel Energie wie zu Beginn seiner Reise. Auch die Steine im Rucksack machten ihm schwer zu schaffen. Seine Beine wurden immer müder und er musste öfter eine Rast einlegen. Nach einigen Tagen kam dem Jungen wieder ein Mann entgegen, der zu ihm sagte: „Dieser Weg ist nicht gut für dich, ich zeige dir einen besseren Weg.“ Auch diese Person nahm ohne zu fragen Proviant aus dem Rucksack und legte stattdessen Steine hinein.

Das Kind bedankte sich wieder für die Hilfe und bemerkte erst beim Aufstehen, dass es jetzt noch mehr Ballast auf den Schultern tragen musste. „Es wird schon alles seinen Sinn haben“, dachte er bei sich. Der Junge war jetzt sehr verwirrt und wusste nicht mehr genau, welcher Weg der richtige für ihn war. Er benutzte zwar Karte und Kompass, konnte diesen aber auch nicht mehr glauben. Der Junge hatte zwar kaum noch Proviant im Rucksack, aber er wollte sein Ziel unbedingt erreichen. Also lief er wieder los, kam jedoch wesentlich langsamer voran als zuvor. Jeder Schritt tat ihm in den Knien weh und sein Rücken schmerzte, weil die Steine auf ihn drückten. Eines Tages kam wieder ein Mann des Weges und der Junge hoffte, dass er ihm vielleicht ein wenig Proviant abgeben würde. Doch es kam ganz anders, der Mann gab ihm nicht einmal einen Ratschlag – ganz im Gegenteil, er raubte dem Jungen den letzten Proviant und sogar die Ausrüstung.

Auch er füllte den Rucksack bis oben mit Steinen auf. Der Junge war jetzt völlig mittellos, er hatte weder Proviant noch Karte und Kompass. Am schlimmsten war aber, dass er nicht einmal mehr seinen Gefühlen trauen konnte. Ziellos und mit einer noch größeren Last im Gepäck ging er nun seinen Lebensweg weiter. Die meiste Zeit saß er auf dem Bordstein und grübelte darüber nach, was eigentlich der Sinn seines Lebens sei. Die Tage vergingen und jeder Tag glich dem anderen. Der Junge magerte ab, wurde krank und kauerte jetzt nur noch an seinem Lebensweg, um seine Zeit abzusitzen. Es war wohl ein halbes Jahr später, als wieder ein Wanderer auf den Jungen zukam. Der Junge wollte sich eigentlich schnell im Straßengraben verstecken, hatte aber nicht mehr die Kraft aufzustehen. So steckte er einfach den Kopf in seinen Schoß in der Hoffnung, dass der Wanderer an ihm vorbeilaufe. Es vergingen fünf Minuten, zehn Minuten, zwanzig Minuten, erst dann traute sich der Junge langsam, den Kopf zu heben. Er öffnete die Augen und erkannte, dass vor ihm ein älterer Herr auf dem Boden saß und ihn erwartungsvoll anlächelte. Der Junge sprach zu ihm: „Ziehen Sie weiter, gehen Sie weg von mir, ich habe nichts mehr, was ich Ihnen geben kann, denn mir wurde schon alles genommen." Kurze Stille … Dann erwiderte eine ruhige Stimme: „Wie kommst du darauf, dass ich etwas von dir haben möchte?" Der Junge antwortete: „Ach so einer sind Sie, Sie wollen nur Ballast bei mir abladen, aber ich muss Sie enttäuschen, mein Rucksack ist schon randvoll damit." Wieder ließ sich der alte Mann viel Zeit und sagte dann: „Ballast abladen? Ich habe keinen Ballast bei mir, der würde ja mein wunderbares Leben erschweren." „Was wollen Sie denn dann von mir?", fragte der Junge.

Nach einer kurzen Stille sprach der Alte mit tiefer Stimme: „Ich frage mich gerade, warum du den Rucksack nicht absetzt, wenn er dir dein Leben so erschwert?" Der Junge wurde jetzt still und nachdenklich und meinte: „Ja, geht das denn?", worauf der alte Mann sagte: „Hast du es schon einmal probiert?" „Nein, auf die Idee bin ich noch gar nicht gekommen!", sagte der Junge und meinte gleich darauf: „Kannst du mir dabei helfen?" „Ja, aber natürlich", antwortete der Alte, holte ein Messer aus der Tasche und zerschnitt damit die Lederriemen des Rucksacks. Mit einem gewaltigen Rums landete der Rucksack hinter dem Jungen auf dem Boden. „Und wie fühlst du dich jetzt?", fragte der alte Herr. „Das ist ja unvorstellbar, so leicht habe ich mich seit meiner Geburt nicht mehr gefühlt", rief der Junge laut in den Himmel. „Setz dich zu mir", sagte der alte Herr und der Junge platzierte sich neben ihm auf den Boden. Ohne ein Wort zu sprechen, starrten nun beide auf den Rucksack.

Es vergingen ein paar Minuten, bis der alte Mann die Stille mit den Worten unterbrach: „Was würde wohl passieren, wenn du jetzt weiterläufst und den Rucksack hier zurücklässt?" „Dann wäre ich endlich frei, so frei wie ein Vogel!", rief der Junge und streckte beide Arme in die Höhe. „Bis du dir da ganz sicher?", meinte der alte Herr. Der Junge stutzte kurz und sagte dann: „Na klar, 100 % sicher." Wieder kehrte eine kurze Stille ein und der alte Mann sprach: „Willst du es ausprobieren?", worauf der Junge ausrief: „Nichts lieber als das, was soll ich tun?" „Das, was du dir gewünscht hast, einfach deines Weges gehen und den Rucksack hier zurücklassen", meinte der alte Mann. „Ja, das ist mein großer Wunsch, endlich frei zu sein", sagte der Junge und bedankte sich bei dem alten Herrn für seine Hilfe. „Ich werde dich nie vergessen", sprach der Junge und breitete beide Arme aus, als wollte er in den Himmel fliegen. Vor Freude hüpfend und voller Lebensmut ließ er seinen Rucksack und den alten Mann hinter sich. Da stand der Rucksack nun ganz alleine. Die Sonne ging auf und wieder unter. Der Herbst kam, Blätter bedeckten den Rucksack und wurden kurz darauf vom Wind wieder weggeweht. Der Winter legte seine weiße Pracht über den Rucksack und im Frühjahr bildete sich vom Schmelzwasser eine kleine Pfütze auf demselben. Vögel benutzten den Rucksack als Schwimmbecken, aber auch als Tränke, an der sie ihren Durst löschen konnten. Die Farbe des Rucksacks verblasste etwas und das Material wurde spröde. Ungefähr vier Jahre später tauchte am Horizont ein kleiner Schatten auf. Der Schatten wurde immer größer und näherte sich dem Rucksack. Langsam konnte man erkennen, dass es der Junge war. Er war nicht älter geworden und sah noch genauso aus wie früher. Vor dem Rucksack setzte er sich auf den Boden und starrte ihn genervt an. „Ich habe gewusst, dass du wieder kommst!", waren die Worte, die den Jungen aus seinen Gedanken rissen. Es drehte sich um und sah, dass der alte Mann lächelnd hinter ihm stand. „Hast du etwa hier auf mich gewartet?", fragte der Junge, worauf der Alte erwiderte: „Nein, ich habe nur auf deinen Rucksack aufgepasst."

Ich glaube kaum, dass diesen Ballast jemand mitgenommen hätte", erwiderte der Junge und starrte weiter auf den Rucksack. „Warum bist du denn wieder zurückgekommen?", fragte der alte Mann und der Junge erwiderte: „Tagsüber denke ich ständig an den Rucksack und nachts träume ich von ihm. Ganz egal, ob ich singe, tanze oder lese, immer habe ich den Rucksack vor meinen Augen. Das ist nicht die Freiheit, die ich mir gewünscht habe!" „Und was hast du jetzt vor?", fragte der Alte und der Junge meinte: „Ich möchte einen Blick in den Rucksack werfen, ich muss wissen, was sich in ihm befindet!" Der Alte nickte und fragte: „Warum hast du das damals nicht gemacht?" Nach kurzem Überlegen sagte der Junge: „Ich glaube, ich hatte wahnsinnige Angst davor." Der alte Mann kam noch einen Schritt näher und meinte: „Hast du immer noch Angst?", der Junge seufzte und sagte: „Die letzten vier Jahre war diese Angst in mir und ich möchte jetzt endlich wissen, wovor ich Angst habe." Der Junge drehte seinen Kopf in die Richtung des alten Mannes und fragte ihn: „Hilfst du mir dabei?" Dieser erwiderte: „Es ist mir eine Ehre, deine Vergangenheit mit dir teilen zu dürfen. Im Übrigen sitze ich hier schon vier Jahre und bewache deine Erinnerungen.

Ich möchte zu gerne wissen, ob es sich gelohnt hat." Der Alte legte seine beiden Hände auf die Schultern des Jungen, während dieser behutsam die Schnallen des Rucksacks öffnete. Er klappte den Deckel nach oben und fasste mit zitternden Händen hinein. Verwundert rollte der Junge die Augen und tastete hastig mit seinen Händen den ganzen Innenraum ab. Doch was war das, der Rucksack war komplett leer. Jetzt erst riskierte der Junge einen Blick in den Rucksack und starrte mit offenem Mund hinein: „Nichts! Da sind keine Steine mehr drin", rief er laut und schaute den alten Mann mit großen Augen an. „Hast du das gewusst?", fragte der Junge den alten Herrn, der darauf mit dem Kopf nickte und antwortete: „Schon bei unserem ersten Treffen." Leicht verwirrt und kopfschüttelnd sagte der Junge: „Und warum hast du es mir dann nicht gesagt?" Nach einer kurzen Pause entgegnete der alte Mann: „Hättest du es mir denn geglaubt?" Jetzt wurde der Junge ganz still und sagte nachdenklich:

„Zu diesem Zeitpunkt hättest du mir erzählen können, was du gewollt hättest, ich hätte niemandem vertraut, geschweige denn geglaubt. Aber wo sind jetzt meine Steine?“ Der alte Mann nahm den Jungen in den Arm und sagte ihm: „Die Steine haben noch nie wirklich existiert, sie waren nur in deinen Gedanken Realität. Nur weil du fest an sie geglaubt hast, gab es die Steine in deinem Leben.“ „Aber ich habe sie doch bei jedem Schritt und in jeder Sekunde meines Lebens gespürt!“, erwiderte der Junge und der alte Mann sprach weiter: „Du gibst allen Dingen, an die du ganz fest glaubst, Energie und Macht über dich. Menschen, die Hass, Wut, Neid und Angst spüren, glauben fest an deren Existenz. Sie glauben, dass sie Opfer sind und geben deshalb diesen negativen Gefühlen immer wieder neue Energie, sodass sie oft ein Leben lang davon verfolgt werden.

Wir formen mit unserem Glauben unsere Realität!“ Interessiert hörte der Junge zu und fragte dann den Mann: „Und was habe ich getan, um meine Steine loszuwerden?“ Der alte Mann antwortete: „In dem Moment, wo du aufgehört hast, vor deiner Vergangenheit davonzulaufen und du dich deinen Ängsten gestellt hast, begannen sich die Steine aufzulösen.“ „Das war alles?“, fragte der Junge. Der Alte schüttelte den Kopf und sagte: „Nicht ganz, du hast auch aufgehört zu glauben, dass die Schuld für dein schlechtes Leben bei anderen Menschen liegt. Außerdem hast du wieder begonnen, an dich und deine Stärken zu glauben. „Und was soll ich jetzt tun?“, fragte der Junge. „Geh und lebe dein Leben, glaube weiterhin an dich und deine Stärken. Hol dir Ratschläge, aber bilde dir deine eigene Meinung. Sage ‚Ja‘ wenn du ‚Ja‘ meinst und ‚Nein‘ wenn du ‚Nein‘ meinst. Folge immer deinem Gefühl, auch wenn andere Menschen meinen, sie wüssten es besser.“

Der Junge hörte aufmerksam zu und der Alte sprach weiter: „Und vor allem sei dankbar, dankbar für alles, was dir in deinem Leben begegnet.“ Der Junge nahm den alten Mann ganz fest in den Arm und flüsterte ihm ins Ohr: „Wer bist du?“ Als er die Worte ausgesprochen hatte, bemerkte er, dass plötzlich Sonnenstrahlen durch den alten Mann hindurchschienen und dieser sich langsam in Luft auflöste. „Ich bin der, an den du geglaubt hast, als es dir schlecht ging“, waren die letzten Worte des alten Mannes, bis er schließlich ganz verschwunden war. Der Junge schaute jetzt ins grelle Sonnenlicht und als er seinen Kopf etwas senkte, um diesem auszuweichen, bemerkte er eine kleine Pfütze vor sich auf dem Boden. Er beugte sich leicht vor und sah, dass sich sein Gesicht darin spiegelte. Er war sehr überrascht, denn er erblickte nicht mehr den kleinen Jungen, für den er sich immer gehalten hatte, sondern einen erwachsenen Mann, der ihn zufrieden aus der Pfütze anlächelte.

Glaubenssätze: die unbekannte Macht aus der Vergangenheit

Den Spruch „Glaube versetzt Berge“ hat wohl jeder von uns schon einmal gehört, doch dessen wirkliche Bedeutung ist vielen von uns unbekannt. Sogenannte Glaubenssätze benötigt jeder als Orientierung für sein Leben. Glaubenssätze sind Überzeugungen oder Lebensregeln, an denen wir unser Denken und Handeln ausrichten. Viele Menschen sind der Meinung, dass sich Glaubenssätze nur auf spirituelle Ebenen beziehen, doch sie existieren in allen Bereichen unseres Lebens. Ich gebe Ihnen einige Beispiel aus dem Alltag, in denen Sie sich vielleicht wiedererkennen:

- **Die Regierung ist an allem schuld.**
- **Das ist der beste Kaffee, den es gibt, andere schmecken mir nicht.**
- **Ich hasse Sport.**
- **Ich bin dumm.**
- **Ich muss hart arbeiten für mein Geld.**
- **Das Leben ist kein Spaßprogramm.**
- **Ich werde es nie zu etwas bringen.**
- **Das Leben ist schwer.**
- **Immer muss ich mich anstrengen.**
- **Von nichts kommt nichts.**

Mit solchen festen Überzeugungen schränken wir unser Leben stark ein. So wird der Besitzer des Glaubenssatzes „Das Leben ist kein Spaßprogramm“ in Gewissenskonflikte kommen, wenn er etwas tut, was ihm Spaß macht.

Von der Wahrsagerin und dem rosaroten Elefanten

Ich hatte vor Kurzem eine Patientin, die sich körperlich und seelisch sehr schlecht fühlte. Sie klagte, dass sie keine Ziele mehr habe, sodass ihr Leben eine einzige Baustelle sei. Während der Vergangenheitsoptimierung versuchte ich, ihr immer wieder die Vorstellung zu vermitteln, dass sie glücklich und zufrieden auf einer Wiese liege und sich entspanne. An ihrem unbewussten Kopfschütteln und ihren Aussagen „Ich kann nicht, es geht nicht, ich kann mich nicht konzentrieren“ bemerkte ich, dass irgendetwas in ihr gegen sie arbeitete. Obwohl ich mich sehr bemühte, schaffte ich es nicht, der Patientin ein entspanntes Gefühl zu vermitteln. Ich wollte die Sitzung schon abbrechen, als es aus der Frau plötzlich herausbrach: „Wenn diese blöde Wahrsagerin nicht gewesen wäre!“ Ich wurde stutzig und fragte sie: „Von welcher Wahrsagerin sprechen Sie und was hat Sie Ihnen prophezeit?“

Daraufhin erzählte sie mir, dass sie sich mit 16 Jahren von einer Wahrsagerin die Zukunft aus ihrer Hand hatte lesen lassen. Diese sagte ihr voraus: „Du wirst immer gesund sein und alt werden, aber dir wird es dabei nie gut gehen.“ Damit wurde mir einiges klar: Immer wenn es ihr gerade etwas besser ging, kam sie in Konflikt mit ihrem Glaubenssatz: „Mir darf es nicht gut gehen.“ Obwohl der Auslöser lediglich einige Minuten gedauert und nur aus einem Satz bestanden hatte, war das Leben meiner Klientin seit dem Erlebnis mit der Wahrsagerin voller Schwierigkeiten. Ich persönlich glaube nicht an Hellsehen oder Wahrsagen, trotzdem würde ich mir nie aus der Hand lesen lassen, weil ich weiß, welche Macht Worte auf Menschen haben können. Vielleicht kennen Sie den Satz: „Denken Sie bitte nicht an einen rosaroten Elefanten.“ Was passiert mit Ihnen, wenn Sie diesen Satz hören? Sie müssen sich erst den rosaroten Elefanten vorstellen, um ihn dann wieder wegzudenken. Doch sobald er einmal in Ihren Gedanken existiert, beeinflusst er Sie und Sie bekommen ihn nicht mehr los. Auch wenn derjenige, der sich auf einen Wahrsager einlässt, nicht daran glaubt, wird sein Gehirn die Prophezeiung bildlich rekonstruieren. Somit hat die Weissagung schon Macht, bevor wir entscheiden können, ob wir sie für Blödsinn halten oder nicht. Sicherlich ist uns bewusst, dass es einen rosaroten Elefanten nicht gibt, sodass uns dieser nicht sonderlich beeinflussen wird. Wenn es sich bei einer Prophezeiung aber um einen angekündigten Schicksalsschlag handelt, kann das zu einer schweren Belastung für das Leben werden. Der Frau im oben genannten Beispiel konnte ich übrigens helfen, indem wir mit viel Abstand die alte Erinnerung betrachteten und anschließend die Wahrsagerin für immer aus ihren Gedanken löschten. Die Kraft von Glauben und Glaubenssätzen werde ich im Folgenden noch an einigen Beispielen verdeutlichen.

Unsere Realität ist nur einen Steinwurf von einer Hypnose entfernt

Zuerst einmal möchte ich auf die Hypnose zu sprechen kommen. Wenn eine Person in einem Trancezustand eine Zwiebel wie einen saftigen Apfel essen kann, ohne dass ihr dabei die Augen tränen, fragt man sich, wie das möglich ist. Die Kraft dieses Phänomens liegt aber nicht – wie viele denken – an den besonderen Augen des Hypnotiseurs, sondern einzig und allein an den Gedanken der sich in Trance befindenden Person. Das kleine Wunder entsteht dadurch, dass die betreffende Person im Zustand der Hypnose zu 100 % glaubt, sie habe einen Apfel in der Hand. Vielleicht kennen Sie die kataleptische Brücke, sie ist oft Bestandteil von diversen Hypnoseshows. Einer Frau wird in einem hypnotischen Zustand suggeriert, sie sei ein Brett. Sie wird dann am Kopf und an den Füßen auf zwei Stühle gelegt. Anschließend nimmt ein schwerer Mann auf dem Körper der Dame Platz. Ich heiße diese Attraktion der Showhypnose zwar nicht für gut, sie zeigt aber anschaulich, wie Hypnose funktioniert. Im Zustand der tiefen Hypnose hat der Mensch kaum noch Zweifel, weshalb die Frau bei der kataleptischen Brücke alle Muskeln so anspannt, dass sie erstarrt wie ein Brett. Die Person glaubt zu 100 % an das, was sie denkt und sich vorstellt.

Viele Menschen sind der Meinung, dass Hypnose etwas mit Esoterik oder Zauberei zu tun hat. Das ist aber nicht der Fall, denn es handelt sich um einen natürlichen Zustand, den jeder Mensch beim Einschlafen und Aufwachen durchläuft. Hypnose ist eine Trance, die unser Körper benutzt, um sich täglich zu regenerieren, mit dem einzigen Unterschied, dass uns dabei niemand beeinflusst. Ich bin der Meinung, dass wir ständig in Hypnose sind, die Suggestionen kommen dabei allerdings nicht direkt vom Hypnotiseur, sondern aus unserer Vergangenheit. Menschen, die als Kind gespürt und gehört haben, dass sie wertlos und minderwertig sind, fühlen sich meist auch als Erwachsene zu 100 % wertlos und minderwertig.

Sie werden dann Personen in ihr Leben ziehen, die diese Eigenschaften ausnutzen. Menschen, die zu 100 % davon überzeugt sind, arm zu sein oder ihr Geld zu verlieren, werden ständig unter Geldmangel leiden oder in der Angst leben, nicht genug Geld zu haben. Menschen, die zu 100 % glauben, etwas nicht zu können, werden keine neuen Wege gehen, da sie Angst haben zu versagen. Umgekehrt haben Sie Dinge schon erreicht, weil Sie zu 100 % an sich geglaubt haben. Glaubenssätze sind kaum zu beweisen und haben selten einen logischen Hintergrund. Meist erkennt man Glaubenssätze an folgenden Satzkonstruktionen: „Ich muss …“, „Ich kann doch nicht …“ oder „Ich bin …“. Wenn Sie zu 100 % an etwas glauben, ganz egal, ob positiv oder negativ, befinden Sie sich in einer tiefen Selbsthypnose. Sie bekommen dann das, was sie bestellt haben, ganz egal, ob es gut oder schlecht für sie ist.

Der Placebo-Effekt: sichtbar gewordener Glaube

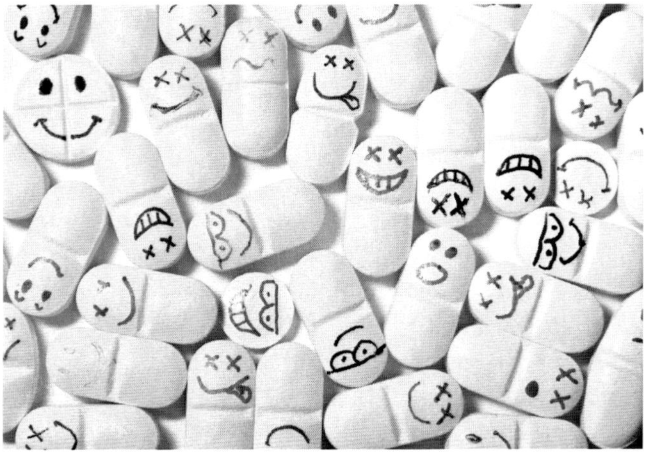

Bei einer Studie führten Chirurgen 100 Knieoperationen durch, tatsächlich wurden aber nur 50 Personen operiert. Bei den anderen machten die Ärzte lediglich kleine Schnitte in die Haut, sodass die Probanden glaubten, sie seien operiert worden. Ein Jahr später wurden die Testpersonen dann getrennt voneinander befragt, wie ihnen die Knieoperation geholfen habe. Es wird Sie sicher nicht wundern, dass die meisten von einer Besserung berichteten. Ja, auch der bekannte Placebo-Effekt basiert auf unserem Glauben. Beim Testen von Medikamenten, bei dem ein Teil der Probanden Placebo einnimmt und der andere Teil das wirkliche Medikament, kommt es ebenfalls oft und regelmäßig zu Heilungen der Patienten, die das Placebo einnehmen. Ärzte nutzen leider oft den Glauben ihrer Patienten an die Schulmedizin im negativen Sinn, z. B mit den Worten: „Tut mir leid, Ihre Krankheit ist unheilbar, Sie haben nur noch drei Monate zu leben." Wenn man weiß, wie der Placebo-Effekt wirkt, dürfte man allein die Aussage solcher Mediziner schon als grob fahrlässig bezeichnen. Es wäre in solch einer Situation angebracht, wenn der Arzt den Patienten darauf hinweisen würde, dass es außerhalb der Schulmedizin noch andere Therapiemethoden gibt, von denen andere Betroffene sehr profitiert haben oder manche sogar geheilt wurden. Denn die Hoffnung auf Genesung sollte man einem Kranken nicht nehmen. Sie kann Wunder bewirken oder zumindest Trost sein.

Der Traumfänger: kleine Aktion mit großer Wirkung

Meine Söhne sind sechs und acht Jahre alt. Beide haben in der Regel einen tiefen Schlaf. Eines Nachts jedoch schreckte mein jüngster Sohn mit einem lauten Schrei aus einem Albtraum auf. Er war völlig aufgelöst und ließ sich nur schwer beruhigen. In dieser Nacht war ich noch ein paar Mal an seinem Bett, bis er schließlich vor Müdigkeit einschlief. Am nächsten Abend bemerkte ich, dass mein Sohn immer ängstlicher wurde, je näher die Schlafenszeit rückte. Die folgende Nacht war dann noch schlimmer als die letzte, ständiges Rufen und seine Angst, wieder einen Albtraum zu erleben, raubten ihm und mir in dieser Nacht den Schlaf. Mit stecknadelkopfgroßen Augen stiegen wir beide früh aus dem Bett. Ich wusste, dass ich diesen Kreislauf unterbrechen musste, bevor die Nachtschichten zu einer Gewohnheit wurden.

Natürlich hätte ich meinen Sohn zu meiner Frau und mir ins Bett holen können, aber damit hätten wir uns nur ein neues Problem geschaffen. Also sagte ich zu meinem Sohn: „Wir bauen dir zusammen einen Traumfänger.“ Er schaute mich ungläubig an und meinte: „Was ist ein Traumfänger, Papa?“ Ich erklärte ihm, dass sich darin alle schlechten Träume verfangen und der Traumfänger nur die positiven Träume durchlassen würde. Mein Sohn war hellauf begeistert, endlich gab es für ihn eine Möglichkeit, schlechte Träume fernzuhalten.

Ich besorgte mir im Garten eine Weiderute und bog beide Enden zu einem Kreis zusammen. Ein Stück Klebeband reichte, um beide Enden zusammenzuhalten. Gemeinsam bastelten wir dann aus Geschenkpapier kleine Gebilde, die wir anschließend mit Bindfäden an den Weidering hängten. Zugegeben, das Ganze war kein Kunstwerk, aber wir wollten damit ja keinen Preis gewinnen, sondern Albträume fangen. Kurz vor dem Zu-Bett-Gehen hängten wir das Gebilde über dem Kopfteil seines Bettes auf. An dem Blick meines Sohns erkannte ich, dass er sich an diesem Abend wesentlich sicherer fühlte als die Tage zuvor.

Vielleicht ahnen Sie es schon, ab diesem Tag schlief mein Sohn wieder tief und fest. Auch hier hat der Glaube gesiegt. Am Anfang glaubte mein Sohn, dass er jede Nacht einen Albtraum haben würde und reagierte mit Angst und Schlafproblemen darauf. Nach dem Bau des Traumfängers war er dagegen zu 100 % davon überzeugt, dass er nichts Negatives mehr träumen würde. Sowohl positiver als auch negativer Glaube sowie positive und negative Glaubenssätze sind der Treibstoff unseres Lebens.

Sie geben uns einerseits Sicherheit und Zuversicht, andererseits können sie uns blockieren oder uns sogar Schaden zufügen. Das Tückische daran ist, dass sie uns selten bewusst sind, sondern unterschwellig Einfluss auf unser Leben nehmen. Um wirklich frei handeln zu können, dürfen wir uns unserer Glaubenssätze bewusst werden, sie auf ihre Zweckmäßigkeit überprüfen und sie gegebenenfalls an unsere Ziele anpassen.

Erleuchtung im Zugabteil: Veränderung eines Glaubenssatzes in nur einer Minute

Ab und zu kommt es auch vor, dass gewisse Glaubenssätze durch bestimmte Ereignisse gelöscht werden, wie folgendes Beispiel zeigt. In meiner Jugendzeit musste ich täglich zur Berufsschule mit dem Zug fahren. Die Abläufe waren jeden Tag gleich: Aufstehen, zum Bahnhof radeln, in den Zug einsteigen, dieselben Menschen treffen. Doch an einem Tag war etwas anders. In den Zug stieg ein circa 20-jähriger Mann, muskelbepackt, mit Glatze und Springerstiefeln. Alle Fahrgäste erstarrten, als dieser Neuling mit seinem finsteren Gesicht das Abteil betrat. Sein Blick war starr, er sah gewaltbereit aus und ich entschloss mich, ihn lieber nicht anzuschauen. Ich dachte: "Dieser Skinhead hat bestimmt unter seinem T-Shirt ein Hakenkreuz und in seiner Tasche ein Messer."

Das Zugfahren war jetzt nicht mehr so entspannt wie sonst, denn ich spürte die ganze Zeit eine Angst in mir. Man weiß ja, wie Skinheads sind, vielleicht würde er im Abteil ausrasten und jemanden zusammenschlagen. So vergingen ein paar Wochen und ich bemühte mich, immer einen Platz fernab von diesem „schlechten" Menschen zu bekommen. Eines Tages verletzte ich mich beim Sportunterricht so am Bein, dass ich mich nur noch mit Krücken fortbewegen konnte. Es war eine Umstellung für mich, alles ging etwas langsamer und den Bahnhof erreichte ich jetzt nur noch durch eine Mitfahrgelegenheit. So begab es sich, dass ich früh wieder in den Zug stieg und wie so oft im überfüllten Abteil keinen Sitzplatz mehr fand. Mit zwei gesunden Beinen wäre das kein Problem gewesen. Jetzt aber hatte ich in jeder Hand eine Krücke und musste mich noch an einer Stange festhalten. So stand ich nun und wartete auf den Ruck, der mich beim Anfahren des Zuges regelmäßig aus dem Gleichgewicht brachte. Doch nun passierte das Unglaubliche, der Skinhead stand auf und bot mir seinen Platz an. Das brachte alles durcheinander, was ich bis dahin von diesem Menschen geglaubt hatte. Natürlich war ich dankbar dafür, dachte aber im ersten Moment, das dies bestimmt nur ein Trick sei, um mich als neues Mitglied zu werben. Doch dann kam alles ganz anders. Er fragte mich, was denn mit meinem Bein passiert sei und wir kamen dadurch in ein nettes Gespräch.

Er erzählte mir, dass er auch krank gewesen sei und durch die Chemotherapie seine langen Haare verloren habe. Nachdem er eine Weile mit der Glatze gelebt habe und sein Haar nicht so üppig gewesen sei, beschloss er, seine Haare nun immer zu rasieren. Außerdem mache er Bodybuilding, um seine Rückenmuskulatur zu stärken, da er Schwierigkeiten mit seiner Wirbelsäule habe. An seiner Sprache merkte ich, dass er nicht aus der Umgebung sein konnte und sprach ihn auf seine Herkunft an. Er sagte, dass er eigentlich aus Hamburg komme und hier Medizin studiere.

Weiter erzählte er mir, dass er alle seine Freunde in Hamburg zurückgelassen habe und sich im Moment noch etwas verlassen vorkomme. Seit diesem Tag saßen wir häufiger zusammen im Zug und unterhielten uns. Im Nachhinein schämte ich mich fast für meine oberflächliche Bewertung eines Menschen, ohne ihn kennengelernt zu haben. Bestimmt ist es Ihnen auch schon passiert, dass Sie fest an etwas geglaubt haben und durch irgendwelche Umstände Ihren Glauben nicht mehr aufrechterhalten konnten.

Wenn mir dieser junge Mann nicht einen Platz angeboten hätte, wäre ich bestimmt heute noch überzeugt davon, dass damals ein gewaltbereiter Skinhead in meinem Abteil saß. Ich bin sehr dankbar für diese Erfahrung, denn ich habe daraus gelernt und beurteile oder bewerte Menschen nicht mehr nach ihrer Kleidung oder ihren Besitztümern. Glaubenssätze sind ein weiterer Baustein des Gehirns, die Regeln und Verhaltensweisen nach sich ziehen. Die Veränderung dieser Bausteine birgt ein riesiges Potenzial an Lebensqualität und Freiheit in sich.

Die verschwundene Bratwurst: Wie ein Ereignis verschiedene Glaubenssätze auslösen kann

Am Ende dieses Kapitels möchte ich Ihnen noch eine kleine Geschichte erzählen, die zeigt, wie verschiedene Menschen in der gleichen Situation unterschiedliche Glaubenssätze entwickeln. Vielleicht kennen Sie Michelstadt, eine kleine Ortschaft im schönen Odenwald. Sie ist bekannt für ihren bezaubernden Weihnachtsmarkt, den ich mit meiner Familie immer wieder gerne besuche. Ich erinnere mich an eine Begebenheit, über die ich heute noch sehr schmunzeln muss. Ich stand mit zwei Glühweintassen in der Hand mitten im Gedränge des Weihnachtsmarktes. Sie kennen das vielleicht, man ist nur damit beschäftigt, darauf zu achten, die Rempler der vorbeilaufenden Marktbesucher auszugleichen und die Glühweintasse gerade zu halten. Denn es gibt nichts Schlimmeres, als wenn einem der heiße Glühwein über die Handschuhe läuft. Während meine Frau auf dem Weg zur Toilette war, konnte ich folgende Episode beobachten. An der Wurstbude sah ich einen Vater, der gerade für seine drei Töchter Essen besorgte. Das jüngste Kind saß noch im Kinderwagen, das zweite war so um die drei Jahre und das dritte um die sechs Jahre alt. Ich sah, wie der Verkäufer dem Vater ein Brötchen mit einer Bratwurst über die Theke reichte. Der gab es weiter an seine dreijährige Tochter, die schon ungeduldig von einem Bein auf das andere hüpfte. Während der Vater an der Theke auf die nächste Wurst wartete, beobachtete ich, wie die dreijährige Tochter versuchte, ihren Schal, ihre langen Haare und ihre bis ins Gesicht zugeknöpfte Jacke von ihrem Mund wegzubekommen. Sie war so damit beschäftigt, dass sie nicht bemerkte, dass ihr während dieser Befreiungsaktion die Wurst aus dem Brötchen rollte und neben ihr auf der gepflasterten Straße landete. Ich musste ein wenig schmunzeln und schaute mich kurz um, ob dies außer mir noch jemand mitbekommen hatte. Das Kind im Kinderwagen hatte offenbar den Flug der Wurst beobachtet und starrte interessiert auf den Boden. Während der Vater immer noch auf die zweite Wurst wartete, seine sechsjährige Tochter vor Hunger schon hinter ihm ein Tänzchen vollführte, die dreijährige Tochter noch mit ihrer Kleidung und den Haaren kämpfte, tauchte plötzlich ein Hund aus der Menschenmasse auf. Er hatte die Wurst gerochen, schnappte sie sich im Vorbeilaufen und verschlang sie mit wenigen Bissen. Nicht einmal die Hundebesitzerin hatte etwas von dem willkommenen Snack für ihr Tier mitbekommen, sie zog nur kurz an der Leine und auf die Worte „Komm, Jimmy“ setzte der Hund sich wieder in Bewegung. Das Kind im Kinderwagen hatte wie ich alles beobachtet, freute sich riesig über den Hund und auch darüber, dass ihm die Wurst so gut geschmeckt hatte.

Leider konnte es die Freude mit niemandem teilen, denn es konnte außer „dada“ und „lala“ noch nichts sagen. Mittlerweile war die nächste Bratwurst fertig, die der Vater seiner zweiten Tochter überreichte und die diese strahlend in Empfang nahm. Inzwischen hatte die dreijährige Tochter ihren Mund frei geschaufelt und wollte beherzt in das Brötchen beißen, bemerkte aber gleich, dass etwas fehlte. Schnell schaute sie um sich auf den Boden, konnte aber die Wurst nirgends finden. Während das Kind im Kinderwagen immer noch Spaß hatte und in die Hände klatschte, zog die dreijährige Tochter ihren Vater an seinem langen Mantel. Der war gerade dabei, die Wurstbrötchen zu bezahlen, als ihm die Tochter das leere Brötchen unter die Nase hielt und zu ihm sagte: „Da ist keine Wurst drin!“Ich kam mir vor, wie in einer Slapstickkomödie und es war urkomisch, als der Vater anfing, die Wurst zu suchen, bis er schließlich selbst zweifelte, ob überhaupt eine Wurst in dem Brötchen gewesen war. Wütend beschloss er, sich über die nicht gelieferte Wurst beim Verkäufer zu beschweren und die einzigen, denen die ganze Szene Spaß machte, waren wohl ich und das Kind im Kinderwagen. Mit Händen, Füßen und Gebrabbel versuchte es zu erklären, dass der Hund gerade die Wurst gefressen hatte. Der Verkäufer, der sowieso überfordert war mit dem Ansturm an seiner Bude, reagierte natürlich gereizt auf die Beschuldigung des Vaters. Wahrscheinlich erinnerte er sich aber an den Spruch „Der Kunde ist König“ und legte dem sichtlich genervten Vater eine neue Wurst in das Brötchen. So kam es schließlich im „Gewurstel“ doch noch zu einem Happy End. Ich denke, die Beteiligten dieser Episode gingen abends mit folgenden Glaubenssätzen nach Hause:

1. Verkäufer: Es gibt nur noch Kunden, die uns Verkäufer betrügen wollen.
2. Vater: Die Verkäufer werden auch immer unverschämter.
3. Dreijährige Tochter: Ich finde den noch, der meine Wurst weggezaubert hat.
4. Kind im Kinderwagen: „Dada“, „lala“ was übersetzt heißt: Ich bin die einzige, die alle kapiert hat, aber mich fragt ja keiner.
5. Hund: Die geilste Party seit Langem.
6. Ich: Mein Glühwein ist kalt. ☺
7. Die Wurst: Dumm gelaufen.

---

kurz & bündig

- Glaubenssätze haben große Macht über uns.
- Glaubenssätze beeinflussen unser Verhalten, was uns allerdings selten bewusst ist.
- Hypnose hat nichts mit Esoterik oder Zauberei zu tun, sondern ist ein natürlicher Zustand.
- Wenn der Glaube eine Zwiebel in einen Apfel verwandeln und eine Krankheit mit einem Medikament ohne Wirkstoff heilen kann, wissen Sie, welche Macht in Ihren Gedanken schlummert.
- Durch die Glaubenssätze aus unserer Vergangenheit befinden wir uns täglich in einer Art Selbsthypnose.
- Glaubenssätze ändern sich oft auch spontan durch neue Situationen und Einsichten.
- Glaubenssätze kann man ergründen und verändern.
- Das Verändern von Glaubenssätzen führt oft zu anderen Verhaltensweisen und damit auch zu mehr persönlicher Freiheit.
- Die Meinung über andere Menschen ist letztendlich nur eine Interpretation von dem, was wir schon in unserem Gehirn an Erfahrungen abgespeichert haben.

---

8. Werte: Magneten mit großer Anziehungskraft

In diesem Kapitel erfahren Sie,

- was der Begriff „Werte“ bedeutet,
- wie Werte Ihr Leben steuern,
- weshalb es wichtig ist, seine Werte zu kennen,
- warum eine unterschiedliche Gewichtung von Werten einer Beziehung schaden kann.

Die Wertehierarchie

Ich besuchte im Rahmen einer Weiterbildung ein Seminar in Frankfurt. Es ging dabei um Selbstanalyse und ich hoffte, mehr Erkenntnisse über die Abläufe meines Lebens zu bekommen. Zum damaligen Zeitpunkt wusste ich wenig über mich und die unbewussten Vorgänge, die mein Leben steuerten. Am Morgen des dritten Seminartages forderte der Trainer die Teilnehmer auf, ihre zehn wichtigsten Werte aufzuschreiben. Über dieses Thema hatte ich zuvor noch nie nachgedacht. Ich musste mir eingestehen, dass mir die genaue Bedeutung des Wortes „Werte“ fremd war. Ich bat deshalb den Seminarleiter, mir den Begriff zu erklären. Er antwortete: „Werte sind die Dinge, die für uns wesentlich und bedeutend sind, und die Eigenschaften, die uns motivieren und antreiben.“ Einer der Seminarteilnehmer wollte daraufhin wissen: „Können Sie uns ein paar Beispiele für Werte nennen?“ Es beruhigte mich, dass auch meinen Seminarkollegen nicht auf Anhieb klar war, um was es in der Übung ging.

Ich hörte genau zu, als unser Trainer erläuterte: „Werte sind z. B. Liebe, Freiheit, Erfolg, Familie, Vermögen, Ehrlichkeit, Geld, Sicherheit, Weiterbildung, Entspannung, Reisen usw.“ Nun war mir und den anderen Teilnehmern klar, was mit dem Wort Werte gemeint war und wir begannen damit, die zehn für uns bedeutendsten aufzuschreiben. Nach circa 30 Minuten unterbrach der Trainer die Übung und bat uns, die Werte nach einem bestimmten System zu ordnen, das Sie im zweiten Teil dieses Buchs ebenfalls kennenlernen werden. Das Ergebnis war eine Liste mit meinen wichtigsten Werten, geordnet auf einer Skala von eins bis zehn.

Zwei Dinge wunderten mich sehr: Erstens, dass Geld in meiner Werteliste nicht auftauchte und zweitens, dass an erster Stelle der Wert Ehrlichkeit und nicht der Wert Familie stand. Mein Kopf sagte mir nämlich, dass die Familie in meinem Leben oberste Priorität hat, meine Auswertungen ergaben aber etwas anderes. Unzufrieden über das Ergebnis sprach ich darüber mit dem Seminarleiter. Dieser erläuterte mir: „Du hast die Liste nach deinem Gefühl erstellt und nicht mit logischem Denken. Du kannst deshalb durchaus logische Zweifel an der Anordnung der Werte haben, aber meistens gibt es einen emotionalen Hintergrund, der die Reihenfolge der Werte rechtfertigt.“ Trotz der Aussage meines Seminarleiters war ich unzufrieden damit, dass Ehrlichkeit scheinbar der wichtigste Wert meines Lebens war und Familie erst an zweiter Stelle auftauchte. Fest entschlossen, die Wertehierarchie am nächsten Tag noch einmal neu zu erstellen, verließ ich am Abend das Seminar. Selbst als ich im Bett lag, verfolgte mich noch der Gedanke an die falsch angeordneten Werte. Ich schlief zwar ein, erwachte aber gegen zwei Uhr wieder aus einem Traum. Ich suchte den Lichtschalter an meinem Bett, betätigte ihn und versuchte, meine Gedanken zu ordnen. Dabei erschien ein Bild vor meinem inneren Auge. Ich erinnerte mich an eine Situation, in der ich als Jugendlicher von einer sehr nahe stehenden Person in punkto Ehrlichkeit enorm enttäuscht worden war. Die Erinnerung war schon mehrere Jahre alt, ich fühlte aber immer noch die Enttäuschung und Fassungslosigkeit in mir. Während ich das damalige Erlebnis vor meinem inneren Auge Revue passieren ließ, fielen mir weitere Erlebnisse aus meiner Vergangenheit ein, die alle mit dem Wert Ehrlichkeit zu tun hatten. Mir wurde jetzt erst bewusst, wie konsequent ich auf das Thema Ehrlichkeit reagierte und dabei Schwarz-Weiß-Denken praktizierte.

Einem langjährigen Freund kündigte ich aufgrund einer Lüge rigoros und ohne mit der Wimper zu zucken die Freundschaft. Ich erkannte in den Episoden den roten Faden, den der Wert Ehrlichkeit durch mein Leben zog. Ich bin nach wie vor der Meinung, dass Ehrlichkeit ein sehr wertvolles Gut ist. Trotzdem muss ich zugeben, dass ich bei Kleinigkeiten in der Vergangenheit oft überreagiert hatte. Der Grund für dieses Verhalten war wohl, dass ich mich vor neuen Enttäuschungen schützen wollte. Jetzt erst bemerkte ich, welchen immensen Einfluss Werte auf mein Leben hatten. Auch bei diesem Thema konnte ich wieder Verbindungen in die Vergangenheit entdecken. Ein wenig aufgewühlt, aber voller Freude, wieder etwas Neues herausgefunden zu haben, betätigte ich den Lichtschalter und schlief zufrieden ein.

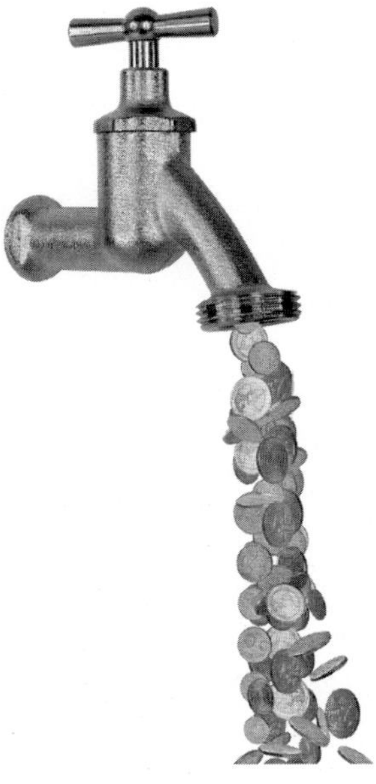

Geld: wie viel ist es uns wert?

Die Werteliste bekam ich auch am nächsten Tag nicht aus dem Kopf. Mich beschäftigte die Frage, warum Geld nicht auf meiner Werteliste auftauchte. Mir war Geld doch wichtig. Warum aber führte ich es dann in meiner Werteliste nicht auf? Je länger ich darüber nachdachte, desto mehr wurde mir bewusst, dass ich zwar viel Geld besitzen wollte, aber Geld trotzdem für mich einen negativen Aspekt hatte. Geld war – wie schon erwähnt – in meiner Kindheit immer mit etwas Negativem verknüpft gewesen. Letztendlich wollte ich zwar als Erwachsener viel Geld besitzen, lehnte es aber innerlich ab, weil mein Unterbewusstsein negative Erfahrungen damit gemacht hatte. Genau aus diesem Grund stand Geld nicht auf meiner Werteliste. Was passiert jetzt mit einem Menschen, dessen innere Stimme ständig sagt: „Geld ist nicht gut für dich, damit hast du schlechte Erfahrungen gemacht!“ In meinem Fall lebte ich ständig in einem inneren Konflikt. Wenn ich etwas für andere erledigte, tat ich es meist umsonst oder für ganz wenig Geld, denn es war mir unangenehm, Geld zu bekommen. Wenn ich Rechnungen bezahlen musste, war das Geld knapp, weil ich vorher keines verlangt hatte. Dann war wieder das blöde Geld an allem schuld. Hatte ich einmal mehr Geld, als ich gerade benötigte, brachte ich es schnell wieder unter die Leute. Es sollte schließlich keiner denken, ich sei ein reicher Schnösel. Meine Gedankengänge liefen aber nicht auf der bewussten Ebene ab, denn da sagte ich mir immer, dass ich viel Geld haben möchte. Auf den Punkt gebracht: Bis zu diesem Zeitpunkt hatte ich nie Geld, obwohl ich ständig dafür arbeitete. Mir wurde langsam bewusst, dass ich nur dann viel Geld besitzen konnte, wenn ich es schätzen und lieben lernte. Solange ich Geld als ein notwendiges Übel betrachtete, würde ich immer nur so viel davon haben, dass es mir gerade zum Überleben reichte. Ich möchte, dass Sie an dieser Stelle verstehen, wie aussagekräftig Werte sind, und wie diese unser Verhalten unbewusst steuern. Erst bei der Erstellung meiner Werteliste wurde ich auf mein Problem aufmerksam. Geld tauchte nicht darauf auf, weil es mir zu unwichtig war. Mithilfe bestimmter Gedankentechniken, die Sie auch noch kennenlernen werden, hat Geld heute einen Platz in meiner Werteliste eingenommen. Und siehe da, seit diesem Tag hat sich mein Kontostand verändert. Nach der Erkenntnis beim Thema Geld änderte ich auch beim Thema Ehrlichkeit meine Prioritäten etwas. Der Wert Ehrlichkeit sollte hinter dem Wert Familie stehen, damit ich in Zukunft nicht mehr so übertrieben auf kleine Unehrlichkeiten reagierte. Heute hat mein Unterbewusstsein nichts mehr dagegen, dass ich Geld besitze, und über kleine Unehrlichkeiten kann ich mit einem leichten Schmunzeln hinwegsehen. Geld ist in unserer zivilisierten Welt wohl eines der wichtigsten Themen überhaupt, deshalb ist es von Vorteil, wenn Sie eine gesunde Einstellung dazu haben. Sie sollten nicht für Geld über Leichen gehen, aber auch nicht am Hungertuch nagen.

Geld oder Liebe: verschiedene Werte mit verschiedenen Konsequenzen

Werte sind wie Magnete in unserem Leben, sie ziehen uns magisch an. Erst wenn sie erfüllt werden, sind wir zufrieden. Ich bin ein Familienmensch und wenn ich beruflich ein paar Tage von meiner Familie getrennt bin, signalisiert mir mein Inneres, das mir etwas fehlt. Wenn ich dann wieder zu

Hause bin, muss ich erst einmal Zeit mit meiner Frau und meinen Kindern verbringen, damit meine Werte wieder ins Gleichgewicht kommen. Meiner Frau geht es übrigens genauso – aus diesem Grund passen wir auch so gut zusammen. Bei uns beiden hat der Wert Familie oberste Priorität, und deshalb sind wir beide sehr zufrieden mit unserem Leben. Nicht immer stimmt die Wertegewichtung beider Partner so überein wie bei mir und meiner Frau. Ein Kollege, der mich zu diesem Seminar begleitete, zeigte mir etwas verwirrt seine Werteliste. Geld stand bei ihm an erster Stelle, dann kamen der Erfolg und schließlich die Partnerschaft. Er erklärte mir, dass der Besitz von ausreichend Geld für ihn so wichtig sei, weil er nur dann alles andere haben könne, was noch in seiner Werteliste vorkomme. Trotzdem meinte er: „Was wird wohl meine Freundin dazu sagen, dass sie erst an dritter Stelle steht?“ Ich kannte die Werteliste seiner Freundin nicht, aber es hatte wohl schon öfter Streit gegeben, weil er ständig arbeitete, auf Weiterbildungen war und nur wenig Zeit in seine Partnerschaft investierte. Ein paar Monate nach dem Seminarbesuch trennten sich die beiden schließlich voneinander. Ihre Begründung: „Er hat seinen Job lieber als mich.“

Dieses Beispiel zeigt, welche unbewusste Macht und Anziehung Werte auf uns ausüben können. In dem Fall meines Kollegen war Geld und Erfolg so wichtig, dass er dafür seine Freundin vernachlässigte. Für seinen inneren Konflikt gibt es zwei Lösungen: Eine neue Partnerin, die eine ähnliche Konstellation der Werte besitzt oder die Anpassung seiner Werteliste an die seiner Ex-Freundin. Dies ist mithilfe bestimmter Gedankenarbeit möglich.

Wertekonflikte: Duell ohne Sieger

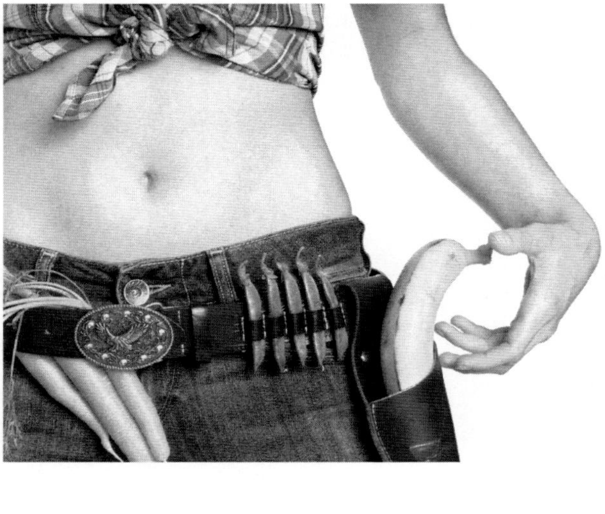

Auch bei mir kam es vor Kurzem zu Konflikten zwischen zwei wichtigen Werten in meinem System. Als ich begann, dieses Buch zu schreiben, wurde mein Zeitplan für die Praxisarbeit, für Vorträge, Ausbildungen usw. noch straffer und für die Familie blieb immer weniger Zeit übrig. Wenn ich arbeitete, hatte ich ein schlechtes Gewissen, weil ich mich nicht um meine Familie kümmern konnte, und wenn ich bei meiner Familie war, hatte ich ein schlechtes Gefühl, weil ich die Arbeit vernachlässigte. Egal, was ich tat, es fühlte sich immer schlecht an. Außerdem bremste es natürlich meine Kreativität bei der Arbeit und meine gute Laune, wenn ich mit den Kindern spielte. Ich befand mich quasi in einem Wertekonflikt – Beruf und Familie konkurrierten miteinander. Auch für solche Fälle gibt es Lösungen. Es gibt Möglichkeiten, wie man beide Werte auf eine Ebene bringt. Diese werden Sie auch noch im zweiten Teil dieses Buches kennenlernen. Nachdem ich meine Werteliste verändert hatte, war die Situation viel entspannter für mich. Ich konnte sowohl Arbeit als auch Freizeit gleichermaßen und ohne schlechtes Gewissen genießen. Wie für alles in unserem Leben ist auch für die Entwicklung unserer Werte die Vergangenheit entscheidend. Werte basieren auf Erziehung, Erlebnissen, Kultur und Religion und können so heftige Einflüsse auf Menschen ausüben, dass diese z. B. durch religiösen Fanatismus viel Schaden anrichten. Werte üben – ähnlich wie Glaubenssätze – eine unterschwellige Macht auf unser Denken und Handeln aus. Wenn Sie im Einklang mit sich selbst leben möchten, ist es unumgänglich, sich dieser Mechanismen bewusst zu werden und dort eventuell Veränderungen vorzunehmen.

kurz & bündig

- Werte besitzen eine große Anziehungskraft.
- Werte möchten regelmäßig erfüllt werden, sonst kommt man aus dem inneren Gleichgewicht.
- Zwei Werte, die miteinander in Konflikt stehen, wie z. B. Sicherheit und Abenteuer, können ein Leben lang Schwierigkeiten bereiten.
- Werte sind veränderbar.
- Seine Werteliste zu kennen und dort bei Bedarf Veränderungen vorzunehmen, bringt Erkenntnis und neue Lebensqualität.

9. Von Bewertungssystemen und dem Sinn unserer Sinne

In diesem Kapitel erfahren Sie,

- was der Unterschied zwischen einem Hund und einem Hund ist,
- warum jeder Mensch mit seiner Denkweise recht hat,
- welche Erfahrung man mit einer unbekannten Südfrucht machen kann.

Zwei Auslegungen zum Thema Hund

Ich war mit einem guten Freund auf einem Seminar in Köln. Dieser animierte mich, mit ihm zum Abschluss des Tages Joggen zu gehen. Da ich sowieso vorgehabt hatte, etwas für meine körperliche Fitness zu tun, willigte ich ein und wir trafen uns kurze Zeit später am Rheinufer. Ich merkte schon am ersten Abend, dass Joggen nicht meine Lieblingsbeschäftigung werden würde, aber mit jedem Tag wurde es ein wenig erträglicher. Ich bekam mehr Luft, meine Beine taten nicht mehr so weh und ich konnte mich immer besser auf die schöne Landschaft konzentrieren. Nach einer Woche Jogging kam ich zwar meinem Freund immer noch nicht hinterher, aber ich musste mir zumindest nicht ständig Steine, Bänke oder sonstige Sitzgelegenheiten suchen, um mich auszuruhen, weil meine Lunge zu zerplatzen drohte.

In der zweiten Woche setzten wir uns nach dem Joggen noch zusammen auf eine Parkbank und unterhielten uns über die Erlebnisse des Tages. Als ein Mann mit einem Schäferhund an uns vorbeilief, unterbrach mein Freund unser Gespräch, sprang von der Bank auf und kniete sich vor dem Hund nieder. Er fing einen Dialog mit dem Hundebesitzer an, streichelte dabei das Tier und war sichtlich erfreut über diese Begegnung. Ich betrachtete die Szene aus sicherer Entfernung und wartete darauf, dass mein Freund wieder zu mir auf die Parkbank zurückkehrte. „Toller Hund“, sagte er zu mir, und mein erster Gedanken war: „Bestimmt stinkt seine Hand jetzt nach Hund.“ Ich konnte es schon förmlich riechen, obwohl seine Hand noch weit von mir entfernt war.

Anscheinend erkannte mein Freund an meinem Gesicht, dass mir die Situation nicht so behagte und fragte mich: „Du magst wohl keine Hunde?“ Nach kurzer Pause sagte ich zu ihm: „Naja, ich hatte zumindest noch nie positive Erfahrungen mit diesen Tieren.“ Ich überlegte kurz und sagte dann zu ihm: „Im Grund ist der Hund ja neutral, so wie alles, was wir wahrnehmen, erst in unseren Gedanken geben wir den Dingen eine Bedeutung.“ Mein Freund wollte schon mit einer Lobeshymne auf den Hund beginnen, hielt aber aufgrund meiner Worte kurz inne. Ich sprach weiter: „Was hast du denn bisher alles mit einem Hund erlebt?“ Ich sah an seinen strahlenden Augen, dass er mir gleich etwas Positives berichten würde: „Ich wuchs mit einem Hund auf, weil ich mit drei Jahren einen von meinen Eltern geschenkt bekommen hatte.

Als dieser nach zehn Jahren starb, wollte ich nie mehr einen Hund haben, doch nachdem ich seinen Tod verdaut hatte, kaufte ich mir einen Schäferhund. Er war damals mein bester Freund in einer Zeit, in der mich meine Eltern nicht mehr verstanden. Später arbeitete ich fünf Jahre ehrenamtlich in einem Tierheim und hatte so täglich Kontakt mit Hunden. Ich hatte mein ganzes bisheriges Leben mit Hunden zu tun. Allerdings kaufte ich mir nach dem Tod meines letzten keinen mehr, weil ich nicht genug Zeit für ihn hätte. Wenn ich aber diesen Hund hier vorbeilaufen sehe, würde ich schon gerne wieder einen Hund besitzen." Aufmerksam hatte ich meinem Freund zugehört. Seine Leidenschaft für Hunde sah man ihm deutlich an. „Willst du meine Hundeversion hören?", fragte ich meinen Freund. Durch sein Nicken signalisierte er mir, dass er daran interessiert war.

So begann ich zu erzählen: „Ich wurde mit fünf Jahren von einem Dackel ins Bein gebissen. Außerdem musste ich, als ich in die Schule kam, jeden Tag an einem Haus vorbeilaufen, in dessen Vorgarten ein Hund frei herumlief. Ich wusste zwar, dass dort ein großer Bernhardiner wohnte, aber ich wusste nie, wann er angeschossen kommen und mich anbellen würde. Jeden Morgen erschrak ich, obwohl ich eigentlich darauf vorbereitet war. Im Erwachsenenalter wurde ich oft von einem befreundeten Ehepaar zum Essen eingeladen. Sie hatten einen Hund, der schrecklich roch. Ich habe den Geruch gerade wieder in der Nase.

Scheinbar wusste der Hund, dass ich ihn und seinesgleichen nicht mochte, weil er während des Essens immer neben meinen Füßen lag. Einmal saß ich auch direkt neben einer Dogge, während diese sich kräftig schüttelte. Ich glaube, du kannst dir vorstellen, wie viel Sabber an meiner Hose hängen blieb. Ja, und zu guter Letzt bin ich schon oft in Hundekot getreten. Weißt du, wie das stinkt, wenn sich die Fußheizung im Auto mit dem Geruch frischen Hundekots vermischt und der Duft langsam deine Nase erreicht? Nach dieser Beschreibung rümpfte sogar mein Freund die Nase und meinte zu mir: „Da hast du ja ganz andere Erfahrungen gemacht als ich!" „Richtig", sagte ich zu ihm und fügte hinzu: „Und wer von uns beiden hat jetzt recht?", worauf er nach kurzem Überlegen sagte: „Keiner oder beide". „Jeder hat recht mit dem, was er denkt", sprach ich weiter.

„Darum müssen wir hier auch nicht darüber diskutieren, ob Hunde gut oder schlecht sind, sondern wir dürfen akzeptieren, dass jeder Mensch die Welt mit anderen Augen sieht. Wenn wir mit einer solchen Einstellung durchs Leben gehen, wird es wesentlich stressfreier, denn wir müssen uns nicht mehr um die Veränderung von anderen Menschen kümmern, sondern können uns ganz unserem Leben zuwenden." Scheinbar hatte ich eben etwas sehr Weises gesagt☺, weil mich mein Freund mit großen Augen, leicht geöffnetem Mund anschaute. Mit seinen Worten „Ich glaube, ich habe heute wieder etwas gelernt" verließen wir das Rheinufer, um nach einer heißen Dusche im Biergarten noch ein Weizenbier zu genießen.

Warum es vielen schwerfällt, die Meinung anderer zu akzeptieren

Mein Freund und ich hatten in der Vergangenheit mit Hunden ganz unterschiedliche Erfahrungen gemacht, woraus in der Gegenwart zwei verschiedene Bewertungen zum Thema Hund entstanden sind. Wir bewerten aber nicht nur Tiere, sondern auch Menschen, was sich oft so anhört: „Das kann der doch nicht machen“, „Schau mal, was der anhat“, „Ich werde nie verstehen, dass der diesen super Job einfach hingeschmissen hat“, „Ich kann nicht nachvollziehen, dass der immer in den gleichen Ort in den Urlaub fährt.“ Hier akzeptiert ein Mensch nicht das Leben einer anderen Person, weil seine eigenen Bewertungen aus der Vergangenheit anders sind. Oft wird dann versucht, das Gegenüber zu belehren oder es von der eigenen Meinung zu überzeugen. Vielleicht haben Sie auch schon hitzige und laute Diskussionen erlebt, in denen es hin- und herging und am Ende außer Unverständnis und Erregung nichts herauskam. Doch warum wollen Menschen so gerne andere von der eigenen Meinung überzeugen? Ich denke, es liegt daran, dass viele Personen glauben, dass ihre Ansichten die einzig richtigen sind. Sie sind sich nicht bewusst, dass das, was sie für richtig halten nur eine von zahlreichen Möglichkeiten ist, über die Welt zu denken.

Akzeptieren Sie andere Menschen, aber meiden Sie Menschen, die Ihnen nicht guttun!

Das Schöne an dieser Erkenntnis ist, dass jeder Mensch so sein darf wie er möchte und wir andere Personen nicht mehr so hinbiegen müssen, dass sie mit unserer inneren Weltkarte übereinstimmen. Diese Versuche kosten viel Zeit und Energie und haben meist nur wenig Erfolg. Sie können aber stattdessen anfangen, Ihr inneres Bewertungssystem so zu verändern, dass Sie nichts mehr aus der Ruhe bringt und Sie in der Lage sind, gelassen in die Vergangenheit, Gegenwart und Zukunft zu schauen. Sie machen einen Schritt in diese Richtung, wenn Sie beginnen, bewertungsfrei durchs Leben zu gehen. Akzeptieren Sie das, was andere Menschen tun oder denken, indem Sie sich bewusst machen, dass diese Personen durch Erfahrungen in ihrer Vergangenheit zu solch einem Menschen geformt wurden.

Das heißt allerdings nicht, dass Sie sich mit diesen Leuten weiterhin regelmäßig treffen müssen! Im Gegenteil: Sie dürfen feststellen, dass es Menschen gibt, die mit Ihnen nicht auf einer Wellenlänge liegen. Niemand zwingt Sie, regelmäßig mit jemandem zusammen zu sein, der Ihnen nicht guttut. Wichtig: Es geht nicht immer darum zu verstehen, was der andere tut, sondern nur darum zu akzeptieren, dass jeder das Recht hat, so zu sein, wie er ist und so zu denken, wie er es für richtig hält.

Vielleicht fragen Sie sich jetzt: „Wie soll ich mit der ungeliebten Verwandtschaft umgehen, die ich um des Friedens willen einladen muss?“ Stellen Sie sich in einem solchen Fall einfach die Frage: „Wer sagt, dass ich diese Personen einladen muss …?“ Haben Sie eine Antwort? Fragen Sie sich noch einmal: „Wer zwingt mich, Menschen auf meine Feier einzuladen, die mir durch ihre Anwesenheit ein schlechtes Gefühl bereiten …? Niemand, außer Sie sich selbst. Fehlendes Selbstbewusstsein und die Angst vor unbekannten Konsequenzen sind oft der Grund, weshalb man ungebetene Gäste einlädt, in seine Gastgeberrolle schlüpft und seiner Schauspielkunst freien Lauf lässt.

Vielleicht fragen Sie sich: „Wie soll ich denn meinen Chef oder meinen ungeliebten Arbeitskollegen akzeptieren, der mir immer wieder seelisch wehtut?“ Es gehören stets zwei Menschen dazu: Einer, der etwas macht, und einer, der es mit sich machen lässt. Leider ist es oft so, dass Menschen, die Unsicherheit und Schwäche ausstrahlen, von Menschen, die sich mächtig und stark fühlen, ausgenutzt werden. Auch hier ist es am besten, wenn man akzeptiert, dass der Chef oder der Arbeitskollege so ist, wie er ist und man ihnen sogar ein wenig Mitleid schenkt. Überlegen Sie, was diesen Menschen widerfahren sein muss, dass sie so viel Wut und Aggression in sich haben. Der nächste Schritt wäre, dass Sie sich schnellstmöglich eine neue Arbeitsstelle suchen, aber nicht, ohne vorher etwas für Ihr Selbstbewusstsein getan zu haben. Denn wenn Sie nichts an Ihrer Selbstsicherheit ändern, wird Ihnen bei der nächsten Arbeitsstelle das Gleiche widerfahren wie bei Ihrem letzten Job.

Ihr Bewertungssystem greift auf frühere Erfahrungen zurück

In jeder Sekunde unseres Lebens nehmen wir Informationen über unsere fünf Sinne wahr. Diese schicken die eingehenden Informationen an unser Gehirn, welches daraus einen Gedanken formt. In Sekundenbruchteilen wird dieser mit allen schon gemachten Erfahrungen verglichen, die in Form einer Erinnerung im Gehirn hinterlegt sind. Jede Erinnerung ist mit Gefühlen verknüpft, welche das Gehirn in unseren Körper schickt.

Anhand von diesem Gefühl können wir erkennen, ob etwas gut, schlecht oder neutral für uns ist. Wir können dann zwar versuchen, anders zu handeln, als es uns von den Gefühlen übermittelt wird, dann würden wir aber mithilfe unseres bewussten Denkens eine Schauspielrolle einnehmen. Letztendlich wird jedoch immer das Gefühl siegen. Meist dann, wenn uns unsere Schauspielkunst krank gemacht hat. So beurteilen und bewerten wir in jeder Sekunde alles, was wir sehen, hören, riechen, schmecken und fühlen. Nur so können wir entscheiden, wie wir auf Menschen, Tiere, Gegenstände, aber auch Situationen reagieren müssen. Bewertungen können wir allerdings nur aufgrund früherer Erfahrungen treffen. Das heißt, dass wir Dinge, die wir noch nie zuvor gesehen, gerochen, gehört, geschmeckt oder gefühlt haben, auch nicht in gut oder schlecht einordnen können.

Unbekannte Südfrucht

Stellen Sie sich vor, Sie sehen zum ersten Mal in einem Supermarkt eine neue Südfrucht. Sie erkennen vielleicht an der Form oder an dem Platz, wo sie gelagert wird, dass es sich um Obst handelt. Sie können sich aber darüber keine Meinung bilden, denn Ihr Bewertungssystem hat zu wenige Informationen über die Frucht. Sie können wochenlang an ihr vorbeilaufen und darüber nachdenken, ob sie gut oder schlecht für sie wäre, sie bekommen keine Antwort. Stellen Sie sich vor, Sie kaufen die Frucht, schneiden sie an und Ihnen kommt ein angenehmer, süßer Duft entgegen.

Ihr Gehirn vergleicht diesen nun mit den Gerüchen, die Ihnen schon bekannt sind. Vielleicht erinnert er Sie an den Duft von Orangen, Zitronen oder Melonen. Positiv beeinflusst beißen Sie beherzt in die Frucht und bemerken entsetzt, dass sie sauer und bitter schmeckt. Trotz des guten Geruchs spucken Sie die Frucht wieder aus und haben von einer Sekunde zur anderen eine neue Erfahrung gemacht. Sollte ihnen die Frucht jetzt wieder einmal unter die Augen kommen, greifen Sie automatisch auf die erste Erfahrung zurück, die Ihr Gehirn für Sie gespeichert hat. Ihr Mund wird sich zusammenziehen, ihr Speichelfluss kommt in Wallung und eine innere Stimme sagt zu Ihnen: „Lass das Ding bloß im Regal liegen.“

Übung
Wie ein Gedanke zum Leben erwacht

Ich möchte hier zum besseren Verständnis eine Übung einschieben, die verdeutlicht, wie wir auf Erfahrungen und deren Bewertungen aus der Vergangenheit reagieren. Bitte lesen Sie sich die folgenden fünf Punkte durch. Halten Sie nach jedem Punkt kurz inne und stellen Sie sich vor, es würde jetzt real passieren. Wenn es Ihnen leichter fällt, können Sie auch nach jedem Punkt für einen Moment Ihre Augen schließen.

1. **Bild**
   Stellen Sie sich vor, dass vor Ihnen eine wunderschön gelbe, saftige Zitrone liegt …
2. **Riechen**
   Stellen Sie sich weiter vor, Sie nehmen diese in Ihre Hand und riechen daran. Sie können durch die Schale hindurch das Säuerliche der Zitrone wahrnehmen …
3. **Film**
   Nun nehmen Sie ein Messer und schneiden die Zitrone in zwei Hälften. Nehmen Sie in Gedanken ein Glas und pressen Sie die Zitrone darüber aus …
4. **Hören**
   Hören Sie, wie die Tropfen in das Glas fallen…
5. **Schmecken**
   Nun stellen Sie sich vor, Sie nehmen das Glas in die Hand und trinken den Zitronensaft komplett leer und zum Abschluss beißen Sie noch einmal in die Zitronenschale …

Wie geht es Ihnen jetzt? Höchstwahrscheinlich hat Ihr Mund mehr Speichel produziert und Sie haben Ihr Gesicht und Ihren Mund verzogen. Das Ganze konnten Sie aber nur erleben, weil Sie schon einmal eine Zitrone gesehen, gerochen und geschmeckt haben. Obwohl keine echte Zitrone in der Nähe war, konnte sich Ihr Gehirn nur mithilfe eines Gedankens eine virtuelle Zitrone zusammenbauen. Sie konnten eine

Zitrone sehen, riechen und schmecken. Sie konnten hören, wie der Saft ins Glas tropft, und fühlen, wie sich Ihr Mund zusammenzieht. Vor Beginn des Experiments hatten Sie bereits eine vorgefertigte Meinung, wie eine Zitrone sein muss. Dieser Gedanke existierte schon lange Zeit in Ihrem Kopf. Sie haben sich daran erinnert und damit die entsprechenden Informationen wieder ans „Tageslicht“ geholt.

Genau das passiert auch, wenn Sie eine echte Zitrone sehen. Dann setzt Ihr Gehirn eine virtuelle Zitrone in Ihrem Kopf zusammen und es entsteht eine Erwartungshaltung, wie eine Zitrone sein muss. Eine vergleichbare Situation kommt auf, wenn wir jemanden mit Anzug, Glatze, Piercing, Tattoo, Übergewicht, grünen Haaren etc. sehen. In solch einem Fall wird eine alte Erinnerung aufgerufen, die zu einer vorgefertigten Bewertung führt.

Ich habe neulich einen Bericht darüber gelesen, dass bei einer Person nur durch das Betrachten eines Katzenbildes eine Katzenhaarallergie ausgelöst wurde. Hier wusste das Gehirn, dass mit dem Bild der Katze eine allergische Reaktion in Verbindung steht und schickte die entsprechenden Informationen in den Körper. All diese Beispiele zeigen, dass wir alles andere als frei sind bei unseren täglichen Entscheidungen, Meinungen und Reaktionen, und dass uns unser Bewertungssystem oft im Weg steht, wenn wir neue Erfahrungen machen oder uns verändern wollen.

Für eine Veränderung in Ihrem Leben ist es deshalb ratsam, die eigenen Bewertungsmechanismen zu überprüfen und gegebenenfalls zu korrigieren, denn jede Veränderung erfordert zuerst ein Umdenken. Wie wir unsere Erinnerungen und damit auch unsere Bewertungen verändern können, erfahren Sie im nächsten Kapitel.

kurz & bündig

- Akzeptieren Sie das, was andere Menschen tun oder denken, indem Sie sich bewusst machen, dass diese Personen durch Erfahrungen in ihrer Vergangenheit zu solch einem Menschen geformt wurden.
- Nachdem Sie akzeptiert haben, dass jeder Mensch so sein darf, wie er ist, treffen Sie sich in Zukunft ausschließlich mit den Menschen, die ihnen guttun.
- Die Sinnesorgane sind bei jedem Menschen gleich, der Unterschied liegt nur darin, wie wir mithilfe unseres Gehirns die von den Sinnesorganen eingehenden Daten interpretieren.
- Die Kombination aus unseren fünf Sinnen nennt man einen Gedanken.
- Um etwas bewerten zu können, müssen wir es schon einmal gesehen, gehört, gerochen, geschmeckt oder gefühlt haben.
- Gefühle sind die wahren Richtungsweiser unseres Lebens. Wenn wir diese nicht ausleben, müssen wir schauspielern.
- Jede Bewertung von einem Menschen oder einer Situationen etc. ist somit nicht neutral, sondern basiert auf einer Erinnerung aus der Vergangenheit.
- Es ist einfacher, die eigenen Gedanken und dadurch das Bewertungssystem zu verändern, als andere Menschen zu ändern.

10. Eine Reise in Ihr Gehirn

In diesem Kapitel erfahren Sie,

- was es mit einem Löwenzahn ohne Selbstbewusstsein auf sich hat,
- warum Wunden an unserem Körper schneller heilen als Wunden auf unserer Seele,
- warum sich unser Gehirn lieber sicher als gesund und wohlfühlt,
- wie Therapeuten probieren, der Psyche zu helfen,
- wie unser Gehirn versucht, Probleme zu verarbeiten,
- wie die Vergangenheitsoptimierung wirkt und entstanden ist.

Aufgrund seiner Intelligenz kann der Mensch nachdenken – was nicht immer von Vorteil ist

Haben Sie sich schon einmal Gedanken über das Wunderwerk Mensch gemacht? Vielleicht sind Sie der Meinung, dass die natürlichen Vorgänge in uns bereits alle erforscht sind. Genau genommen wissen wir aber nur sehr wenig über die wirklichen Abläufe im Körper. Wenn wir uns jedoch die bereits untersuchten Systeme unseres Körpers einmal bewusst machen, wie z. B. Hormonausschüttungen, Verdauung, Wundheilung, Bekämpfung von Bakterien, Viren etc., können wir durchaus vom Wunderwerk Mensch sprechen. Wenn die Natur so ein ausgeklügeltes System erschaffen hat, mit dem sich der Körper in fast allen Bereichen selbst regenerieren und helfen kann, warum gibt es dann so viele depressive Menschen? Warum kann unser Körper negative Erinnerungen und Probleme nicht einfach vergessen oder löschen?

Gerade im Bereich Psyche hat unser Körper scheinbar ein Defizit, sich selbst zu helfen. Die Bestätigung dafür finde ich täglich in meiner Praxis, wenn Patienten immer noch Ängste, Wut und Traurigkeit verspüren, obwohl sie über längst vergangene Ereignisse sprechen. Ist da vielleicht bei der Entwicklung des Menschen etwas schiefgelaufen? Es wäre doch wunderbar, wenn man Probleme oder negative Ereignisse mit einem kurzen Fingerdruck auf einen Körperteil einfach löschen könnte. Aber was wäre, wenn man aus Versehen etwas Falsches eliminieren würde? Auf einen Knopfdruck hin würde z. B. der Partner aus Ihrem Gedächtnis verschwinden. Der eine oder andere ruft jetzt vielleicht laut „Hurra“, aber ich glaube, dass so eine Einrichtung mehr Schwierigkeiten als positive Effekte mit sich bringen würde. Warum bereiten uns die Gedanken so oft Probleme? Als sich die Menschheit durch Denken und Intelligenz in ihrer Entwicklung langsam von den Tieren entfernt hat, war ihr nicht bewusst, dass sie dafür einen Preis bezahlen muss. Der Preis ist, dass wir überall und ohne Pause nachdenken müssen. Unser Gehirn hat keinen Ausschaltknopf. Im Gegensatz zur Tier- und Pflanzenwelt verlassen wir uns nur selten auf unsere Instinkte, sondern versuchen, mit unserem Bewusstsein unser Leben zu kontrollieren. Gedanken über eine negative Vergangenheit und Zukunft sind oft die Folge. Kennen Sie eine Schnecke mit Depressionen, weil sie sich ständig Gedanken darüber macht, dass sie ihr Haus nicht abbezahlen kann? Gibt es eine Amselfrau, die zu ihrem Mann sagt:

„Dieses Jahr baue ich kein Nest, ich habe gehört, es soll eine Wirtschaftskrise kommen.“ Oder kennen Sie einen Löwenzahn ohne Selbstbewusstsein, der zum Sauerklee sagt: „Dieses Jahr traue ich mich nicht zu blühen, was wird wohl der Sauerampfer über mich denken, wenn etwas schiefgeht?“ Niemand in der Natur verlässt sich so wenig auf seine Instinkte und Gefühle wie der Mensch. Mit unserer Intelligenz ist etwas erschaffen worden, was fast jedem Menschen Schwierigkeiten bereitet: unsere Gedanken. Aber warum beschäftigen wir uns so oft mit negativen Ereignissen und Problemen? Warum sind die Wunden an unserem Körper schon nach ein paar Tagen verheilt, die seelischen Wunden aber bleiben meist offen bis zum Tod?

Negative Gedanken und Gewohnheiten beinhalten für das Gehirn lebenswichtige Informationen

Die wichtigste Aufgabe unseres Gehirns ist es, unser Überleben zu sichern. Essen, Trinken, Schlafen, und Fortpflanzung sind deshalb, wie schon einmal erwähnt, die wichtigsten Verhaltensweisen, die wir jeden Tag aufs Neue erfüllen müssen. Diese Triebe sichern uns zuerst einmal unser Fortbestehen, trotzdem kann durch gefährliche Situationen oder andere Menschen unser Weiterleben infrage gestellt werden. Von Geburt an wissen wir noch nicht, was gefährlich oder ungefährlich ist, wir müssen dies von unseren Eltern oder durch eigene Erfahrungen selbst lernen. Wenn Sie sich an der Herdplatte verbrennen, muss sich Ihr Gehirn merken, dass eine Herdplatte heiß ist, sonst würden Sie sich ständig wieder daran verbrennen. Wenn Sie von einem Menschen ungerecht behandelt werden, muss sich Ihr Gehirn diese Situation merken, damit Sie diese Gefahr das nächste Mal rechtzeitig erkennen. Nach einem Autounfall speichert das Gehirn den Unfall ab, damit es Ihnen in Zukunft vermitteln kann, dass von einem Auto eine Gefahr ausgeht. Wenn jemand von seinem Partner betrogen wird, wird sich das Gehirn dies einprägen und demjenigen in Zukunft raten, keine Beziehung mehr einzugehen. Alle Situationen, in denen es um Angst oder Gefahr geht, beinhalten für das Gehirn überlebenswichtige Daten, die es nicht einfach vergisst. Meiner Meinung nach ist dies der Grund, warum eine Wunde am Körper nach ein paar Tagen verheilt ist, seelische Wunden aber ohne Hilfe ein Leben lang aktiv sind. Eine gefährliche oder angstbesetzte Situation wird für unser Gehirn zum wichtigsten Ereignis unseres Lebens.

Vielleicht möchten Sie jetzt einwenden: „Aber das wichtigste Ereignis war doch die Hochzeit mit meinem Partner oder die Geburt meines Kindes." Das mag vielleicht für Sie wichtig und einzigartig gewesen sein, doch dieses Ereignis ist für Ihr Gehirn höchst uninteressant. Wichtig sind nur die Erinnerungen, die eine Gefahr für Ihr Leben bedeutet haben. Das sind zum einen belastende Ereignisse aus Ihrer Vergangenheit, zum anderen aber auch alles, was Ihr Gehirn noch nicht kennt. Sowohl neue, unbekannte Situationen als auch alte, beängstigende Erfahrungen sind somit die zwei Hauptübeltäter, die uns das Leben schwer machen. Unser Gehirn greift lieber auf alte Gewohnheiten zurück, weil es uns nicht durch neue Verhaltensweisen in Gefahr bringen will. Das ist auch der Grund, warum es einem Raucher so schwerfällt, mit dem Rauchen aufzuhören.

Das Gehirn eines Rauchers weiß nicht, was es in Zukunft nach dem Kaffeetrinken, in der Frühstückspause oder bei einem Treffen mit einem guten Freund tun soll. Jetzt könnten man sagen: „Ja, aber Rauchen gefährdet doch auch das Überleben eines Menschen, warum sagt ihm das Gehirn nicht einfach, dass er damit aufhören soll?" Das ist eine berechtigte Frage, aber woher soll das Gehirn denn wissen, dass Rauchen schädlich ist, wenn Raucher während des Rauchens lachen, sich mit guten Freunden treffen, einen Kaffee genießen, Karten spielen und sich eine Pause gönnen? Kennen Sie einen Raucher, der sich während des Rauchens sagt: „Ich ziehe mir gerade 25 krebserregende Stoffe in meine Lunge, ich bin so blöd." Das Gegenteil ist der Fall, denn Raucher sagen in der Regel: „Die Zigarette schmeckt mir."

Halten wir also noch einmal fest: Unser Gehirn macht am liebsten das, was es schon kennt, weil es weiß, dass davon keine Gefahr ausgeht. Aus diesem Grund gehen viele auf eine Arbeit, die ihnen keinen Spaß macht oder leben jahrelang mit einem Partner zusammen, von dem sie geschlagen oder schlecht behandelt werden. Man spricht dann von einer Gewohnheit, die dem Betreffenden und dessen Gehirn zwar eine Sicherheit bietet, aber nicht immer gesund ist oder glücklich macht. Auf den Punkt gebracht sind es drei Dinge, die uns das Leben schwer machen:

1. Negative Erinnerungen, die unser Gehirn benötigt, um zukünftiges Unglück zu vermeiden.
2. Gewohnheiten, die unserem Gehirn Sicherheit für die Zukunft geben.
3. Negative Gedanken über zukünftige Ereignisse, damit wir Gefahren abschätzen und vermeiden können.

In jeder Therapie und in jedem Coaching geht es genau darum: Unangenehme Erinnerungen, unvorteilhafte Gewohnheiten und negative Gedanken sollen beseitigt werden. Da aber all diese Erinnerungen, Gewohnheiten und Gedanken für unser Gehirn überlebenswichtige Informationen beinhalten, ist es nicht verwunderlich, dass sich viele Therapeuten und Coaches an diesem Vorhaben die Zähne ausbeißen. Die Therapiedauer beträgt deshalb oft viele Jahre und bei zahlreichen Betroffenen kommt es nie zu einer wirklichen Heilung. Ich möchte Ihnen nun anhand der bekanntesten Therapie- und Coachingformen zeigen, wie diese versuchen, unser Gehirn davon zu überzeugen, dass es die überlebenswichtigen Informationen loslassen kann.

Verschiedene Therapie- und Coachingformen

Antidepressiva, Schlaf- und Beruhigungsmittel, Globuli, Bachblüten etc.
Orale Hilfsmittel haben durchaus einen wichtigen Stellenwert bei der Akutbehandlung von psychischen Problemen. Sie können beruhigen, den Schlaf fördern oder die Stimmung positiv beeinflussen. Allerdings können diese Hilfsmittel keine Informationen aus der Vergangenheit verändern. Stellen wir uns vor, es gäbe ein Mittel mit solch einer Wirkung, woher sollte das Medikament wissen, welche Erinnerung aus der Vergangenheit es löschen kann und welche nicht. Es wäre ganz schön gefährlich, wenn auf einmal wichtige Informationen verschwunden wären, wie z. B. dass man sich an Feuer verbrennen kann, Fliegenpilze giftig sind und der Sprung aus einem Hochhaus zum Tod führt. Orale Einnahmen können keine Erinnerungen verändern, sie können nur den Leidensdruck betroffener Personen verringern. Ohne Aufarbeitung der Vergangenheit wird sich jedoch das Leben dieser Menschen nicht grundlegend verändern. Außerdem sollte man die Gefahr der Abhängigkeit, die von vielen Beruhigungs- und Schlafmitteln ausgeht, nicht vergessen. Am Rande sei aber auch erwähnt, dass Antidepressiva nicht wie oft angenommen abhängig machen, sondern wichtige Medikamente sind, um Menschen aus tiefen, seelischen Krisen zu holen und damit erst für eine Psychotherapie zugänglich zu machen. Scheinbar wird durch dauerhaft negative Gefühle wie Angst, Hass oder Schuld der Gehirnstoffwechsel beeinflusst. Hormone wie Serotonin werden dann nicht mehr vom Gehirn ausgeschüttet. Antidepressiva setzen an dieser Stelle an: Sie greifen in den Gehirnstoffwechsel ein

und ersetzen Hormone oder blockieren sie. Wenn man die negativen Gefühle beseitigt und dadurch positiver im Leben steht, bekommt der Gehirnstoffwechsel die Chance, sich zu normalisieren.

Autogenes Training, Reiki, progressive Muskelentspannung, Heilsteine usw.

All diese Methoden sind wichtige Bausteine, die auch zur Verbesserung der momentanen Situation beitragen. Entspannung oder der Glaube an heilende Gegenstände nehmen einen maßgeblichen Einfluss auf das körperliche und geistige Wohlbefinden. Es handelt sich dabei allerdings nur um eine Beruhigung, die die Ursache des eigentlichen Leids außer Acht lässt. Die Vorteile gegenüber oralen Hilfsmitteln sehe ich darin, dass Entspannungsmethoden keine Nebenwirkung haben. Außerdem ist das Erlernen von autogenem Training oder der progressiven Muskelentspannung eine tolle Möglichkeit zur Selbsthilfe bei Stress. In der Ruhe kann sich unser Körper regenerieren und Selbstheilungskräfte aktivieren. In der Entspannung kommen bei vielen Menschen negative Bilder aus der Vergangenheit hoch, weil sie in diesem Zustand nicht mehr in der Lage sind zu verdrängen. Dies ist einerseits gut, weil man beginnen muss, sich mit der Vergangenheit auseinanderzusetzen, andererseits bieten die oben genannten Methoden nur selten Hilfestellung bei der Bearbeitung negativer Erinnerungen.

Psychoanalyse

Die Psychoanalyse ist der Klassiker aus der Schulmedizin und wurde 1890 von dem Wiener Neurologen Sigmund Freud begründet. Der Therapeut sitzt während der Therapie hinter dem Patienten und enthält sich jeglicher Stellungnahme. Er hört dem Patienten zu, der das erzählt, was ihm gerade in den Sinn kommt. Die Therapieform ist ein langer Prozess, eine Behandlungszeit von vier Jahren bei wöchentlich zwei Sitzungen ist keine Seltenheit. Der Ansatz, dass man nach den Ursachen des Problems sucht, ist meines Erachtens richtig. Wenn man dem Patienten dabei aber freie Hand lässt, wird er weiterhin versuchen, die oft traumatischen Ereignisse zu verdrängen. Das dürfte auch der Grund für den Zeitaufwand dieser Therapie sein. Es wird zwar allgemein noch gelehrt, dass während der Therapie oder dem Coaching hauptsächlich der Patient sprechen soll, weil dabei alle Lösungen für sein Problem in seinem Kopf entstehen, diese Einschätzung kann ich jedoch nicht teilen. In keinem anderen Bereich unseres Lebens versuchen wir, die Lösung für ein Problem selbst zu finden. Ich habe zumindest in der Schule nicht darauf gewartet, dass mir einfällt, wie ein Atom funktioniert. Es wurde mir Gott sei Dank erklärt. So läuft es in den meisten Bereichen unseres Lebens ab. Egal, ob wir ein Buch lesen, eine Ausbildung machen oder ein Seminar besuchen, immer benutzen wir das Wissen und die Ideen anderer Menschen. Ich bin durchaus der Meinung, dass der Patient frei entscheiden sollte, was ihm hilft. Meines Erachtens beschleunigen aber Hilfestellungen und Vorschläge den Therapieverlauf immens. Mittlerweile kommen viele Therapeuten von der klassischen Form der Psychoanalyse ab und arbeiten mit weniger zeitaufwendigen Konzepten, die nur an die klassische Psychoanalyse angelehnt sind. Mein Fazit zur Psychoanalyse ist, dass man durch sie sehr viel über sein Leben erfahren kann und sie bestimmt schon vielen Menschen geholfen hat. Da sich aber alles im Leben weiterentwickelt und wir immer auf der Suche nach einfacheren und besseren Möglichkeiten sind, sollte man auch in der Psychotherapie lernen, offen zu sein für neue Impulse.

Verhaltenstherapie

Das zweite große Standbein der Schulmedizin im Bereich Psychotherapie ist die Verhaltenstherapie. Sie ist das Gegenteil der Psychoanalyse, weil sie sich hauptsächlich mit der Zukunft und nur selten mit der Vergangenheit des Patienten auseinandersetzt. Wenn ein Mensch ein Problemverhalten hat, wird in der klassischen Verhaltenstherapie nicht nach dem Auslöser gesucht, stattdessen wird ein besseres Verhalten eingeübt. Bei einer sozialen Phobie, wenn z. B. ein Patient Schwierigkeiten hat, vor Menschen zu reden und im Mittelpunkt zu stehen, könnte das so aussehen: Der Therapeut studiert mit dem Betreffenden meist in Gruppen Rollenspiele ein, in denen er die Dinge tut, die er normalerweise meidet. Anhand von Videofeedback und Gesprächen wird das Ganze dann genau analysiert. Die Dauer beträgt zwischen 25 und 60 Stunden. Hier gibt es ebenfalls gute Erfolge. Heißt das, dass unser Gehirn durch Einüben eines neuen Verhaltens die überlebenswichtigen Informationen aus der Vergangenheit löscht? Dagegen spricht, dass häufig Menschen in meine Praxis kommen, die nach sechs Wochen stationärer Therapie noch Ängste haben. Ich hatte z. B. einmal einen Patienten, für den es schwierig war, vor Menschen zu sprechen. Leider musste er aus beruflichen Gründen sein Wissen an Mitarbeiter weitergeben, was ihn dazu zwang, vor mehreren Menschen zu stehen und einen Vortrag zu halten. Der Mann hatte wegen dieser Problematik eine Verhaltenstherapie in Anspruch genommen und spürte anfangs eine Besserung der Symptome. Trotzdem fühlte er sich nie richtig frei und suchte erneut Hilfe in meiner Praxis. Wir entdeckten eine verdrängte Erinnerung in seiner Vergangenheit. Er sah sich in der 3. Klasse allein vor den Schulkameraden an der Tafel stehen und einen Fehler machen. Er wurde von den Schülern und sogar vom Lehrer dafür ausgelacht. Trotz des Einstudierens neuer Verhaltensweisen war diese Erinnerung noch aktiv und mit heftigen Emotionen verbunden. Erst durch die Beseitigung dieses angstbesetzten Bildes konnte der Mann frei und ohne Angst vor Menschen sprechen. Verhaltenstherapie ist ein wichtiger Baustein der Schulmedizin und hat wie alle Psychotherapieverfahren auch gute Erfolge. Meines Erachtens ist es aber zur dauerhaften erfolgreichen Behandlung von Menschen notwendig, ihre Vergangenheit und die Zukunft mit einzubeziehen.

NLP (Neurolinguistische Programmierung)

NLP (Neurolinguistische Programmierung) wurde Ende der Siebzigerjahre des 20. Jahrhunderts von dem Mathematiker Richard Bandler (BA in Philosophie und Psychologie) und dem Linguisten John Grinder (damals an der UCSC stellvertretender Professor für Linguistik) entwickelt. NLP ist eher ein Coaching als eine Therapieform. Was mich an NLP begeistert, ist die Tatsache, dass es aus vielen verschiedenen Therapie- und Coachingformen entstanden ist. John Grinder und Richard Bandler beobachteten und analysierten die Arbeit von einigen damals äußerst erfolgreichen Therapeuten, um herauszufinden, warum diese im Vergleich zu anderen so außergewöhnlich schnelle Erfolge bei ihren Patienten erzielten. Nach Jahren der Forschung entwickelten sie daraus eine riesige Sammlung von Methoden und Techniken, die Menschen benutzen können, um ein erfolgreiches Leben zu führen. Ich finde die Idee fantastisch, aus den verschiedensten Therapie- und Coachingmethoden nur das zu verwenden, was schnell und einfach funktioniert. Es ist meines Erachtens besser, als mit Scheuklappen Therapieformen zu lehren, die teilweise vor 100 Jahren entstanden sind und bis heute wenig verändert wurde. Gerade im Bereich Therapie ist es wichtig, offen zu sein für Neuerungen. Im Vordergrund sollte dabei nicht das Beharren auf der Richtigkeit der eigenen Therapieform stehen, sondern der Mensch, der schnell Hilfe sucht. NLP wird ständig von vielen interessierten Menschen weiterentwickelt, sodass es für mich zu einer der lebhaftesten und kreativsten Coaching-Methoden zählt, die ich kennenlernen durfte.

Hypnose

Milton Erickson (1901–1980) war ein amerikanischer Psychiater und Psychotherapeut, der die moderne Hypnose und Hypnotherapie maßgeblich prägte und ihren Einsatz als Psychotherapie förderte. Erickson hatte zur damaligen Zeit verblüffend schnelle Therapieerfolge. Sein Interesse an Trance-Zuständen kam von einer schweren Erkrankung, die ihn in einen Zustand der Bewusstlosigkeit versetzt hatte. 1919 war Erickson an Kinderlähmung erkrankt und ins Koma gefallen. Zunächst dachte man, dass er die Krankheit nicht überleben würde. Nach drei Tagen wachte er jedoch wieder auf. Er war allerdings vollkommen gelähmt und saß später bewegungsunfähig in einem Schaukelstuhl. Der intensive Wunsch, aus einem Fenster zu schauen, führte angeblich dazu, dass sich der Schaukelstuhl leicht bewegte. Dieses ideomotorische Erlebnis motivierte ihn, weiter zu üben. Mithilfe von Imaginationen versuchte er, seine gelähmten Muskeln wieder funktionstüchtiger werden zu lassen. Nach knapp einem Jahr konnte er an Krücken gehen und besuchte die Universität von Wisconsin. Obwohl ihm die Ärzte rieten, sich auszuruhen, begab er sich auf einen 1.200 Meilen langen Kanu-Trip auf dem Mississippi. Dadurch erreichte er wieder eine beachtliche körperliche Stärke. Zwei Jahre später konnte er ohne Krücken gehen, er hinkte lediglich mit dem rechten Bein. Ericksons Verdienst ist es, dass Hypnose in der Psychotherapie wieder häufiger eingesetzt wurde. Von seinen erfolgreichen Techniken und Methoden profitieren heute viele Menschen, die Hilfe suchen. Die NLP-Begründer haben das Potenzial dieses Mannes erkannt. Deshalb basieren einige NLP-Techniken und -Sprachmuster auf Ericksons Methoden. Hypnose ist eine sehr effektive Hilfe in allen Lebensbereichen. Leider haben viele Menschen Angst davor, weil sie durch die allseits bekannte Showhypnose ein völlig falsches Bild bekommen. Hypnose allein bewirkt keine Veränderungen, erst die Suggestionen des Therapeuten erzielen die gewünschte Wirkung. Nur erfahrene Hypnosetherapeuten finden zusammen mit dem Patienten die richtigen Suggestionen, was letztlich für den dauerhaften Therapieerfolg nötig ist. Vor einer Behandlung sollte man sich gut über den Therapeuten informieren. Es gibt noch unzählige andere Psychotherapie- und Coachingformen wie Familienstellen, EFT, Gestalttherapie, Gesprächstherapie usw. Um für sich selbst die richtige Hilfe zu finden, orientiert man sich am besten an Menschen, die gute Erfahrungen mit einer Therapieform oder mit einem Therapeuten gemacht haben. Letztendlich ist der Therapieerfolg auch abhängig davon, ob Ihnen der Therapeut sympathisch ist und ob er sich in Ihre Welt einfühlen kann. Am Ende hat schließlich der Spruch seine Gültigkeit: „Wer heilt, hat recht."

Die Entstehung der Vergangenheitsoptimierung

Für die von mir entwickelte Therapie Vergangenheitsoptimierung und das Coaching habe ich mich zuerst einmal daran orientiert, was unser Körper unternimmt, um Probleme zu verarbeiten. Denn am meisten können wir von dem lernen, was uns die Natur vorgibt. Wir haben ja schon besprochen, dass eine optimale Lösung nicht möglich ist, weil unser Gehirn negative Erfahrungen als Selbstschutz benötigt. Trotzdem versucht unser Gehirn, etwas für die Verarbeitung von Problemen zu unternehmen.

Vielleicht kennen Sie den Spruch: „Schlafe einmal darüber, morgen sieht die Welt ganz anders aus." Vielleicht haben Sie auch schon erlebt, dass sich kleinere Probleme, wenn man darüber geschlafen hat, auflösen oder sich zumindest am nächsten Tag anders darstellen. Ich habe mir die Frage gestellt, wie es unser Gehirn während des Schlafens schafft, unsere Probleme zu lösen. Dafür habe ich aufgeschrieben, was meines Erachtens im Nachtschlaf alles passiert: Wir schließen die Augen und trennen dadurch die Verbindung zur Außenwelt. Unser Körper und unser Geist entspannen. Wir verlassen immer mehr unsere bewusste Kontrolle und übergeben diese komplett an unser Unterbewusstsein. Da es uns nur mit dem Bewusstsein möglich ist, Erinnerungen und Probleme zu verdrängen, erlischt im Schlaf dieser Mechanismus.

Wir geben unserem Unterbewusstsein freie Hand und so konfrontiert es uns im Tiefschlaf mit den Problemen, für die wir uns tagsüber keine Zeit nehmen. Wir Menschen nennen dieses Phänomen dann träumen. Meist sind diese Träume sehr fantasievoll und fernab jeglicher Realität, doch trotzdem halten wir sie für wahr, zumindest bis zu dem Moment, wo wir die Augen wieder öffnen. Auch wenn sich viele am Morgen nicht mehr an ihre Träume erinnern, träumt jeder Mensch Nacht für Nacht.

Die Traumphase ist laut Forscher überlebenswichtig, obwohl über die Vorgänge im Traum noch wenig bekannt ist. Offenbar funktioniert dieser „Selbstheilungsprozess" ganz gut und wir können Probleme am nächsten Tag mit anderen Augen sehen. Was aber, wenn wir jeden Tag mit dem gleichen Problem konfrontiert werden? Dies kann z. B. Mobbing in der Schule oder am Arbeitsplatz sein, fehlende Liebe und Anerkennung von den Eltern, Gewalt oder Missbrauch in der Ehe oder in einer Jugendgruppe. Das sind alles Situationen, mit denen unser Gehirn schlichtweg überfordert ist. Der Schlaf von Betroffenen wird durch solche Probleme immer unruhiger, sie können weniger entspannen und träumen.

Es beginnt ein unguter Kreislauf, der dazu führt, dass viele Menschen zu einem Schlafmittel greifen. Leider verhindern Schlafmittel die REM-Phase (Traumphase), sodass Träume unterdrückt und die Probleme noch größer werden. Viele Menschen befinden sich in einem solchen Teufelskreislauf und finden selbst keine Möglichkeit, diesen zu unterbrechen. Für mich war der Ausgangspunkt bei der Entwicklung meiner Therapie folgender: Wenn die Selbstheilungskräfte des Traumes nicht mehr funktionieren, gestört oder überlastet sind, welche Möglichkeiten gibt es dann, die dem natürlichen Vorgehen möglichst ähnlich sind. Dazu fasse ich noch einmal stichpunktartig die für mich wichtigen Abläufe des Schlafes zusammen:

1. Der Körper befindet sich in Ruheposition und entspannt sich.
2. Man schließt die Augen und unterbricht damit den Kontakt zur Außenwelt.
3. Das Bewusstsein übergibt die volle Verantwortung an das Unterbewusstsein.
4. Das Unterbewusstsein arbeitet zur Aufarbeitung von Problemen mit Bildern oder Filmen.
5. In den Bildern und Filmen ist alles möglich, sie entsprechen selten der Wirklichkeit.
6. Trotz ihrer abstrakten Handlungen sind die Bilder und Filme für den Träumenden die Realität.

Nach diesem Rezept versucht unser Gehirn, die Vergangenheit und die damit verbundenen Erlebnisse und Probleme zu bewältigen. Als Nächstes habe ich mir die Frage gestellt, welcher Schritt in dem oben beschriebenen Ablauf die eigentliche Veränderung bewirkt. Die Erklärung, die ich gefunden habe, lautet so: Unser Gehirn versucht, abgespeicherte Bilder und Filme, die unsere Probleme repräsentieren, im Traum zu verändern. Nicht so, dass man sich nicht mehr daran erinnern kann, sondern so, dass sich deren Bedeutung verändert. Das ist der Grund, warum wir so abstrakt und fantasievoll träumen. Durch die Veränderung der Bilder wandeln sich auch automatisch unsere Gefühle, sodass wir am nächsten Tag durch die abgeflachten Emotionen gleichgültiger über das Thema denken.

Übung

Wie Sie selbst Ihre Vergangenheit optimieren können

Ich möchte Ihnen anhand einer Übung das eben Beschriebene verdeutlichen. Ich halte mich bei der Abfolge dieser Übung bewusst an den Ablauf des Nachtschlafs. Ich bitte Sie, diese Übung jetzt gleich zu absolvieren. Am besten lesen Sie sich zuerst die Übung durch, um sie anschließend umzusetzen.

1. Legen oder setzen Sie sich bequem hin und entspannen Sie ein wenig.
2. Trennen Sie sich von der Außenwelt, indem Sie Ihre Augen schließen und Ihre Aufmerksamkeit auf Ihre innere Welt richten.
3. Erinnern Sie sich an ein Bild in Ihrem Leben, das Ihnen ein schlechtes Gefühl bereitet hat (bitte kein Traumata).
4. Beachten Sie dabei, wie sich in Ihrem Körper die Gefühle verändern, wenn Sie sich diese Erinnerung bewusst machen.
5. Beobachten Sie, wo sich in Ihrem Körper das negative Gefühl befindet und wie es sich anfühlt. (Das ist wichtig, um später die Veränderung zu spüren).
6. Jetzt tun Sie das, was Ihr Gehirn in Ihren Träumen macht. Sie verändern das Bild, indem Sie folgende Dinge versuchen (bitte beachten Sie dabei Ihre Gefühle, wenn das negative Gefühl nachlässt oder ganz verschwindet, behalten Sie die Veränderung bei):

- Machen Sie das Bild unscharf oder scharf.
- Schieben Sie das Bild von sich weg, dass es immer kleiner wird.
- Machen Sie das Bild heller oder dunkler.
- Wenn das Bild farbig ist, lassen Sie es schwarz-weiß werden, und wenn es schwarz-weiß ist, lassen Sie es farbig werden.
- Wenn das Bild 2D ist, machen Sie es 3D und wenn es 3D ist, machen Sie es 2D.
- Wenn Sie sich auf dem Bild klein fühlen, machen Sie sich größer.
- Wenn Ihnen jemand auf dem Bild etwas Schlechtes will, lassen Sie diese Person einfach schrumpfen, solange bis sie als Baby vor Ihnen herumkrabbelt. Oder lassen Sie die Person so klein werden wie einen Schlumpf, färben Sie sie blau, ziehen Sie ihr eine weiße Zipfelmütze an und lassen Sie sie das Schlumpflied singen. Wenn Sie jetzt lachen müssen, lachen Sie.
- Wenn Sie in einer Situation sind, die Ihnen Angst macht, verlassen Sie den Ort und gehen Sie in Gedanken shoppen, schwimmen oder tun Sie etwas anderes, das Ihnen Spaß macht.
- Wenn Sie sich auf dem Bild allein fühlen, holen Sie sich die Menschen ins Bild, die Ihnen guttun.
- Wenn Sie in der Situation auf dem Bild etwas gern getan hätten, aber zum damaligen Zeitpunkt nicht tun konnten, machen Sie es jetzt.
- Geben Sie dem Menschen, der Sie vielleicht gerade ärgert, Micky Maus-Ohren, Micky Maus-Schuhe und lassen Sie ihn mit Micky Maus-Stimme zu Ihnen sprechen.

7. Ihrer Kreativität sind hier keine Grenzen gesetzt, Sie können alles testen, was Ihnen guttut.
8. Umranden Sie das Bild mit einem antiken, lustigen Rahmen und hängen Sie es in Ihr persönliches Museum für abgehakte Erlebnisse.
9. Öffnen Sie kurz Ihre Augen und denken Sie an etwas Positives.
10. Schließen Sie noch einmal Ihre Augen, betrachten Sie das Bild und achten Sie darauf, wie sich das Gefühl im Vergleich zum Anfangsgefühl verändert hat.

Sie haben gerade Ihre Vergangenheit optimiert und Sie stellen sich jetzt vielleicht folgende Fragen:

1. Wenn das wirklich so einfach geht, warum macht das nicht jeder?
Hier antworte ich gleich mit einer Gegenfrage: „Warum können wir schwimmen?" Wir können schwimmen, weil es uns gezeigt wurde und wir es gelernt haben. Trotzdem gibt es immer noch Menschen, die nicht schwimmen können, weil es ihnen nicht beigebracht wurde. Genauso ist es mit der Veränderung unserer Erinnerungen: Diejenigen, die sich mit diesem Thema beschäftigen, lernen, wie man das Gehirn steuern kann und diejenigen, die sich keine Zeit nehmen oder nicht wissen, dass dies überhaupt möglich ist, leben weiter mit ihrer Vergangenheit.
Das größte Problem aber ist, dass wir nie gelernt haben, uns unserer Vergangenheit zu stellen, stattdessen sind wir so erzogen worden, dass wir uns und unserem Umfeld eine heile Welt vorspielen. Wir haben uns angewöhnt, vergangene Bilder möglichst im Dunkeln zu halten, keine Gefühle zu zeigen, nicht zu weinen und immer zu lachen. Dass dies der falsche Weg ist, erkennt man daran, dass laut Statistik jeder Berufstätige in Deutschland im Jahr 2009 für acht Tage Medikamente zur Behandlung von Depressionen eingenommen hat. Dies bedeutet, dass in den letzten zehn Jahren doppelt so viele Antidepressiva verschrieben worden sind wie zuvor.

2. Wie lange hält das neue Bild?
Auch auf diese Frage möchte ich mit einer Gegenfrage antworten: Wie lange hatten Sie das Ursprungsbild schon in Ihrem Kopf? Ein Jahr, fünf Jahre, zehn Jahre, zwanzig Jahre, dreißig Jahre?
Hat es sich in dieser Zeit von alleine verändert? Ihr altes Bild hätte Sie noch viele weitere Jahre begleitet, wenn Sie es nicht geändert hätten. Genauso dauerhaft werden auch die neuen Informationen in Ihrem Gehirn bleiben.

Folgen Sie Ihren Gefühlen, wenn Sie ein „Bild bearbeiten“

Als ich mir Gedanken über die Selbstheilungskräfte unseres Gehirns machte, kam mir die Idee, Bilder einfach weiterzudenken. Deshalb fragte ich damals eine Patientin, als Sie sich ein Bild aus ihrer Vergangenheit betrachtete, was Sie zu jener Zeit am liebsten getan hätte. Sie meinte zu mir: „Ich hätte mich am liebsten gewehrt und den Typen, der mir das angetan hat, richtig vermöbelt.“ Instinktiv forderte ich sie auf: „Dann machen Sie das jetzt“, und ich sah an ihrem Gesicht, dass ihr das guttat und Erleichterung brachte.

Viele Therapeuten würden jetzt wahrscheinlich zu mir sagen: „Das kannst du doch nicht machen, Gewalt ist keine Lösung und verändert nichts. Nur wenn das Opfer dem Täter verzeiht, wird es seinen Frieden finden.“ Hier bin ich jedoch anderer Meinung. Der aufgestaute Frust und die Wut, die viele mit sich herumtragen, werden deutlich weniger, wenn man das tut, was man sich zur damaligen Zeit nicht getraut hat, oder wozu man vielleicht noch nicht in der Lage war. Wenn sich die Wut gelegt hat, treten viele Beteiligte aus ihrer Opferrolle heraus und stehen stark und angstfrei vor dem „Täter“, der oft kleinlaut vor ihnen kauert. Viele empfinden dann sogar Mitleid und der Weg zum Verzeihen ist für die Betroffenen viel einfacher geworden. Wichtig war in diesem Fall, dass das Gefühl von der Frau ausging. Sie wollte sich endlich nichts mehr gefallen lassen und sich zur Wehr setzen. Damit wollte sie für sich ein Zeichen setzen, dass sie sich in Zukunft von niemandem mehr beherrschen lässt. Es ist leider häufig so, dass wir unsere Kinder dazu erziehen, immer brav zu sein, Ja zu sagen und alles über sich ergehen zu lassen. Werden solche Kinder dann in der Schule gemobbt, hören sie von ihren Eltern: „Wehr dich doch einfach.“ Aber wie sollen sie das können, wenn sie es nie gelernt haben? Wichtig: Jeder muss für sich selbst entscheiden, was ihm guttut, wenn er ein Bild aus der Vergangenheit bearbeitet. Schließlich weiß jeder selbst am besten, was gut für ihn ist. Wenn Sie dabei Ihren Gefühlen folgen, können Sie nichts verkehrt machen.

Hypnose und NLP ähneln in ihren Abläufen dem natürlichen Traumverhalten

Als ich begann, meinen Patienten dabei zu helfen, ihre Gedanken bewusst zu gestalten, um damit ihre Vergangenheit zu optimieren, befasste ich mich immer mehr mit den Therapie- und Coachingformen, die unserem natürlichen Traumverhalten ähneln. Zwei Behandlungsformen, die gute und schnelle Erfolge für den Patienten mit sich bringen, waren mir bekannt: NLP und Hypnose. Was haben diese beiden Therapien oder Coachingformen mit dem natürlichen Traumverhalten unseres Gehirns gemeinsam?

Hypnose
Der Patient legt oder setzt sich in eine entspannte Position.
In der Hypnose schließt der Patient wie beim Schlafen die Augen und richtet seine Aufmerksamkeit nur noch auf die innere Welt.
Der Patient wird durch die Worte des Therapeuten angeleitet, sich bestimmte Bilder vorzustellen.

NLP
NLP ist ein riesiger Werkzeugkasten mit Techniken und Methoden für die richtige Kommunikation, für Problembewältigung und Zukunftsgestaltung. Ein wichtiger Bestandteil von NLP sind die sogenannten Submodalitäten, die von Richard Bandler entdeckt worden sind. Submodalitäten sind die Untereigenschaften unserer Sinne, so ist ein Bild nicht nur ein Bild in unseren Gedanken, sondern es kann groß oder klein sein, hell oder dunkel, nah oder weit weg, 3D oder 2D, scharf oder unscharf usw. Richard Bandler hat festgestellt, dass jeder Mensch sowohl seine positiven Bilder mit bestimmten Submodalitäten ausstattet als auch die negativen Bilder. Wenn man nun die Submodalitäten des positiven Bildes auf das negative überträgt, verändern sich automatisch auch die Gefühle von negativ zu positiv.

Sowohl Hypnose als auch NLP arbeiten mit Ansätzen zur Problemlösung, die mit den Abläufen in unserem Gehirn während des Schlafens vergleichbar sind. Für mich war die Erkenntnis, dass ich mich besser fühlte, wenn ich über ein Problem eine Nacht geschlafen hatte, der Ausgangspunkt für die Entwicklung der Vergangenheitsoptimierung. Ich wollte mich bei der Bewältigung von Problemen so nah wie möglich am natürlichen Weg orientieren.

Deshalb arbeitete ich bei meinen Patienten vermehrt mit der Veränderung von bildlichen Erinnerungen. Bausteine aus Hypnose und NLP ließ ich in die Vergangenheitsoptimierung mit einfließen. Das Wichtigste für mich aber war, dass ich in der Therapie nicht lange um den heißen Brei herumreden wollte. So wie unser Gehirn uns im Schlaf mit den Bildern konfrontiert, so wie uns unser Unterbewusstsein mit jedem negativen Gefühl sagen möchte: „Schau endlich hin“, wollte auch ich mit meinen Patienten ohne Umschweife die Ursachen ihres Problems betrachten.

Wer sich seiner Vergangenheit stellt, wird frei werden!

So sagte ich neulich zu einer älteren Damen: „Wie würden Sie reagieren, wenn im Keller Ihres Hauses die Gasheizung defekt wäre und Sie wüssten, dass Ihr Haus in jeder Sekunde in die Luft fliegen könnte? Würden Sie beginnen, Ihr Wohnzimmer neu zu streichen? Würden Sie Partys zur Ablenkung feiern? Würden Sie versuchen zu lernen, wie Sie mit dieser Gefahr leben können? Kurze Stille, dann sagte meine Patientin: „Ich würde natürlich jemanden holen, der mir die Heizung repariert." Ich fragte dann weiter: „Wen würden Sie denn beauftragen? Einen Maler, der zu Ihnen sagt: ‚Ich bemale Ihre Therme mit bunten Blumen, damit Sie immer ein Glücksgefühl bekommen, wenn Sie diese betrachten? Einen Schornsteinfeger, der versucht, über den Kamin die Therme zu reparieren? Einen Automechaniker, der vergeblich nach dem Ölmessstab in der Therme sucht? Oder einen Heizungsfachmann, der die Therme öffnet, die Ursache des Defekts ausfindig macht, das Problem genau betrachtet und sich dann eine Lösung überlegt?"

„Natürlich den Heizungsfachmann", antwortete sie spontan, worauf ich zu ihr sagte: „Genau und der sitzt gerade vor Ihnen." Sie musste schmunzeln und meinte zu mir: „Und ich bin dann wohl die defekte Gasheizung." Jetzt mussten wir beide lachen und ich sagte zu ihr: „Sie haben jetzt schon 50 Jahre ausprobiert, Ihre Gasheizung wieder funktionstüchtig zu machen, aber Sie haben nie wirklich jemanden in Ihren Keller gelassen, wenn Sie mir Ihr Vertrauen schenken, können wir das Problem Ihrer Heizung ausfindig machen und auf sanfte Art und Weise beheben. Danach müssen Sie sich nie mehr den Kopf darüber zerbrechen, ob und wann Ihre Gasheizung explodiert, sondern können sich auf das konzentrieren, was Ihnen Spaß macht." Meiner Meinung nach befinden sich die negativen Erinnerungen ganz an der Oberfläche unseres Denkens. Wie sonst könnten sie so einen immensen Einfluss auf unser Leben haben? Wenn wir von Verdrängung sprechen, versuchen wir uns einzureden, dass die negativen Gedanken weit weg sind. Letzten Endes haben wir nur zwei Möglichkeiten, mit diesen Erinnerungen umzugehen: Entweder verdrängen wir sie weiter und fühlen uns die nächsten Jahre genauso schlecht oder noch schlechter wie im Moment, oder wir stellen uns der Vergangenheit und sind von da an frei. Ich beschreibe die Situation gerne mit folgenden Vergleichen:

Mit Verdrängung leben, heißt, in einem Zimmer zu sitzen und zu wissen, dass irgendjemand zu einem für Sie unbekannten Zeitpunkt zu Ihnen ins Zimmer kommt und Ihnen etwas antun möchte. Sie wissen nicht, wie groß derjenige ist, welche Waffen er dabei hat und was er mit Ihnen vorhat. Selbst wenn der Angreifer erst in zehn Jahren kommt, leben Sie jede Sekunde in Anspannung und Angst.

Sich seiner Vergangenheit stellen, heißt, sich klar zu werden, wie der Feind (die Erinnerung aus der Vergangenheit) aussieht, womöglich ist er nicht so groß, wie Sie gedacht haben, weil Sie mittlerweile erwachsen geworden sind. Sie können vielleicht erkennen, dass er keine Waffe dabei hat und dass er in drei Monaten kommt. Sie können sich dann auf ihn vorbereiten, indem Sie ihn genau studieren, einen Selbstverteidigungskurs besuchen, Krafttraining machen und einen Plan erarbeiten, wie Sie sich für immer von Ihrem Gegner befreien. Natürlich wird die Zusammenkunft spannend und aufregend, aber wenn Sie dann auf ihn treffen, sind es nur wenige Handgriffe und Sie haben wieder Lebensqualität. Bitte machen Sie sich immer wieder bewusst, dass Vergangenheit keine Realität mehr ist, sondern es sind nur Elektronen, die in Ihrem Gehirn herumschwirren. Lassen Sie Ihr Leben nicht von ein paar Elektronen beeinflussen.

---

kurz & bündig

- Der Unterschied von Mensch und Tier ist, dass Tiere ihren Instinkten vertrauen und wir großenteils unserer Logik.
- Negative Erinnerungen sind für unser Gehirn wichtiger als positive.
- Ziel aller Therapieformen ist, das Gehirn zu überzeugen, dass es die negativen Erinnerungen nicht mehr benötigt.
- Träume sind die natürliche Art, Probleme zu verarbeiten.
- Um uns zu helfen, verändert unser Gehirn die Bilder im Traum.
- Mit dauerhaften Problemen ist unser Gehirn überfordert.
- Verdrängung führt nicht zur Heilung.
- Mithilfe der Vergangenheitsoptimierung können Sie lernen, Ihre Bilder zu jedem Zeitpunkt Ihres Lebens zu verändern.

---

11. Gib jedem Tag die Chance der schönste Deines Lebens zu werden

In diesem Kapitel erfahren Sie,

- wie viele Gedanken man sich bei einem Spaziergang über den Friedhof machen kann,
- wie ein Dialog zwischen Mensch und Erde ablaufen könnte,
- wie sinnvoll oder unsinnig Aussagen von Positiv-Denken-Gurus sind,
- was Sie tun können, um die Anzahl der schönen Tage zu erhöhen,
- aus welchem Stoff Probleme gemacht werden,
- wie Sie in neun Schritten zum Einklang mit sich selbst finden.

Jedes Leben ist endlich, deshalb sollten wir möglichst jeden Tag genießen

Wie so oft stand ich um 6.30 Uhr auf, stellte mich unter die Dusche und weckte danach meinen Sohn. Nach dem gemeinsamen Frühstück verabschiedete ich ihn in die Schule und fuhr anschließend nach Würzburg zu meinem Psychotherapiestudium. Jeden Morgen hatte ich Schwierigkeiten, einen Parkplatz zu finden, weshalb ich oft an Stellen hielt, die dafür nicht vorgesehen waren. Ich hatte schon einige Hundert Euro für Strafzettel bezahlt, um möglichst kurze Wege zur Heilpraktikerschule zu haben. Wenn die Strafzettel wieder einmal überhandnahmen, suchte ich mir zähneknirschend Parkplätze, die weitab von der Schule lagen. An jenem Tag parkte ich direkt neben dem Würzburger Friedhof und hatte von dort aus zwei Möglichkeiten, zur Schule zu gelangen. Der kürzeste Weg führte direkt über den Friedhof, bei der alternativen Route musste ich um den Friedhof herumlaufen. Da Friedhöfe auf mich schon immer eine unheimliche Ausstrahlung hatten und ich sie nur bei Beerdigungen oder an Allerheiligen betrat, wählte ich „sicherheitshalber“ immer den langen Weg in die Schule.

Eines Tages jedoch war ich sehr spät dran. Ich stand vor dem großen Tor des Friedhofs und überlegte mir, ob ich nicht doch einmal die Abkürzung nehmen sollte. „Warum eigentlich nicht“, dachte ich, „es ist ja nicht verboten, über den Friedhof zu laufen.“ Ich warf noch schnell einen Blick auf die Friedhofsordnung und las aus dem Augenwinkel: „Verbot für Tiere aller Art, außer für Blindenhunde“. Ich musste ein wenig schmunzeln, denn kaum hatte ich den Friedhof betreten, sah ich einen Hasen, der emsig damit beschäftigt war, ein Loch in ein Grab zu bohren. „Der hat bestimmt die Friedhofsordnung noch nicht gelesen“, schoss es mir durch den Kopf. Als mich der Hase bemerkte, stellte er kurz seine Ohren auf und – schwupps – war er hinter einem Busch verschwunden.

Zu meiner Verwunderung war es auf dem Friedhof nicht so trist, wie ich es mir vorgestellt hatte. Große, alte Bäume ragten mit ihren langen Ästen über die Gräber. Die Sonne brach sich durch das Blätterwerk der Bäume und warf Schatten auf die unzähligen Grabsteine. Ein paar Vögel stritten sich auf einem großen Ahornbaum um einen Wurm und ein anderer scharrte in der Erde, die der Hase zuvor aufgewühlt hatte. Friedhofsgärtner fuhren mit leisen, surrenden Elektroautos an mir vorbei, während zwei andere Personen einen Grabstein zurechtrückten. Eine ältere Dame pflegte das Grab ihres verstorbenen Mannes, während eine andere Frau stumm mit geröteten Augen vor einem Grab stand. Ein merkwürdiges Gefühl machte sich in mir breit, als ich auf einem Grabstein das Sterbedatum 8.11.1968 las … Das war der Tag, an dem ich geboren worden war.

Das Gefühl wurde noch seltsamer, als ich mich einem frisch ausgehobenen Grab näherte. Meine Schritte wurden langsamer und ich blieb instinktiv vor dem Grab stehen, um einen kurzen Blick hineinzuwerfen. Ich fand den Moment schon etwas gruselig und mir fielen die vielen Vampirfilme ein, die ich in meinem Leben gesehen hatte. „Da liegst du auch mal drin", murmelte ich vor mich hin und ging schnell weiter. Mit einem gemischten Gefühl saß ich an diesem Tag in der Schule. Das Bild des offenen Grabs ging mir ständig durch den Kopf. Aber egal, wie lange ich nachdachte, mir fiel keine Lösung ein, wie ich verhindern konnte, einmal da unten zu liegen. Sicherlich, ich könnte mich verbrennen lassen, um den Würmern einen Streich zu spielen, aber egal, was ich auch tat, irgendwann würde auch mein Sterbedatum auf einem Grabstein stehen. Nach der Schule beschloss ich, wieder den Weg über den Friedhof zu nehmen. Es brachte mir schließlich nichts, den Tod zu verdrängen. Wo ich einige Stunden zuvor noch ein offenes Grab vorgefunden hatte, lagen jetzt Kränze mit Abschiedssprüchen auf der aufgeschütteten Erde. Wieder blieb ich vor dem Grab stehen und dachte: „Da unten liegt ein Mensch, der in seinem Leben Sorgen, Ängste, Freude, Liebe und Leidenschaft erlebt und sich Wissen angeeignet hat.

Von einer Sekunde auf die andere ist der Mensch und all das mit ihm verschwunden." Den Kopf voller Gedanken lief ich weiter über den Friedhof, bis meine Augen an einem Spruch auf einem Grabstein hängenblieben, den ich mir langsam durchlas: „Der Mensch wird geboren, um zu leben, und nicht, um sich auf das Leben vorzubereiten." Spontan fielen mir Sätze ein, die ich selbst oft gesagt hatte, oder die ich von Freunden und Bekannten gehört hatte: „Das mache ich, wenn die Kinder aus dem Haus sind, … wenn ich diesen Kurs erfolgreich abgeschlossen habe, … wenn ich Zeit habe, … wenn ich Rentner bin. Ich fragte mich: „Warum verschieben wir immer alles? Und wenn wir uns entschließen, etwas zu tun, warum vergessen wir dann währenddessen zu leben?" Mit vielen Fragen im Kopf stieg ich an diesem Tag in mein Auto und fuhr Richtung Heimat. Zu Hause angekommen sprangen mir gleich meine beiden Söhne entgegen und fragten mich: „Papa, kannst du mit uns Fußball spielen?" Ich wollte schon meinen Standardsatz „Nein, ich habe keine Zeit" herunterleiern, als mir spontan die Worte „Na klar, lass uns in den Garten gehen" über die Lippen kamen. Selten hatte ich meine beiden Söhne mit so großen Augen gesehen. Es dauerte einen Augenblick, bis sie begriffen, dass ich es wirklich ernst meinte. Dann rannten sie los, um ihre Fußballschuhe zu holen. „Wie leicht man Kindern doch eine Freude bereiten kann", ging es mir durch den Kopf. Sie bekamen ja keine großen Geschenke von mir, sondern einfach nur Zeit. Ein Wunder, dass sie mich überhaupt noch fragten, bei den 1000 Neins, die sie schon von mir gehört hatten. Kurz entschlossen sagte ich an diesem Mittag alle meine Termine ab, denn was gab es Wichtigeres, als die vor Begeisterung leuchtenden Augen meiner Kinder zu sehen? Wer weiß, wie lange Papa noch der wichtigste Mensch in ihrem Leben war. Wir erlebten einen herrlichen Nachmittag, an dem ich es genoss, nur für meine Kinder da zu sein. Am Abend brachten meine Frau und ich die beiden ins Bett. Anschließend fragte ich sie, ob wir noch ein wenig draußen in der Abendsonne sitzen wollten. Auch meine Frau schaute mich mit großen Augen an, als wollte sie fragen: „Gehst du heute nicht mehr ins Büro?“ Nein, heute wollte ich nicht mehr ins Büro und ich gab es ihr zu verstehen, indem ich leicht mit dem Kopf schüttelte. So beobachteten wir zusammen das wunderschöne Szenario, als die Sonne hinter den Bergen verschwand. An diesem Abend genoss ich wie selten zuvor die Nähe meiner Frau.

Ein aufschlussreicher Dialog mit der Erde

So langsam wurde es immer dunkler, bis schließlich die Sterne am Nachthimmel auftauchten. Ich schnappte meine Frau und zog sie von der Gartenbank, wobei sie mir einen fragenden Blick zuwarf. „Lass uns auf dem Kindertrampolin liegen“, sagte ich zu ihr und an ihrer zögerlichen Haltung erkannte ich, dass sie mich heute für etwas durchgeknallt hielt. Nachdem ich aber nicht locker ließ, folgte sie mir auf das Trampolin. Da lagen wir nun wie zwei Teenies, ohne einen Gedanken an morgen oder gestern zu verschwenden. Unsere Augen wanderten über den Nachthimmel und erblickten unzählige leuchtende Sterne. Wir redeten kein Wort miteinander, sondern genossen den Moment und die Stille. Ich begann zu überlegen, auf welcher Seite der Erde ich mich gerade befand, oben oder unten. Gleich darauf fiel mir ein, dass es ja nur auf dem Globus ein Oben und Unten gab, nicht aber im Weltall. Trotzdem war es ein seltsames Gefühl, sich bewusst zu machen, dass sich über einem die Unendlichkeit befand und man im All nur so „herumhing“. Ich fixierte einen Stern, um festzustellen, ob sich die Erde wirklich drehte und fragte mich, was wohl passieren würde, wenn sie das nicht mehr täte. Je mehr ich mir über solche Dinge Gedanken machte, umso kleiner fühlte ich mich. Ich hatte einmal gelesen, dass die Erde circa 4,5 Milliarden Jahre alt sei, im Vergleich dazu kam ich mir mit meinen 40 Jahren vor wie eine Eintagsfliege. Was würde mir wohl die Erde mit ihrer „Altersweisheit“ sagen, wenn sie sprechen könnte? Vielleicht würde sie folgende Worte wählen: „Hey, Eintagsfliege, ich bin immer wieder verblüfft, wie es deine Rasse schafft, in diesen einen Tag, an dem ihr auf mir lebt, so viele Probleme und Ängste hineinzupacken. Warum fliegt ihr nicht, solange eure Flügel noch jung sind? Warum bemerkt ihr erst dann, dass ihr Flügel habt, wenn ihr zu alt geworden seid, um zu fliegen?“ Ja, ich glaube, das würde sie zu mir sagen. Und ich glaube, wir überheblichen Menschen würden dann antworten: „Erzähl nicht so einen Blödsinn, Erde, was weißt du denn schon vom Leben!“ Die Erde würde dann vielleicht entgegnen: „Eintagsfliege, ich glaube, das ist euer Problem, weil ihr nur einen Tag auf der Welt seid, habt ihr noch nicht bemerkt, dass jahrhundertelang schon immer das Gleiche passiert. Bäume werfen ihre Samen ab, aus denen sich Keimlinge entwickeln. Aus den Keimen werden kleine Pflanzen, die wieder zu stattlichen Bäumen heranwachsen. Vögel bauen Nester und legen ihre Eier hinein.

Daraus schlüpfen wieder Vögel, die irgendwann Eier legen. Das alles passiert in Ruhe, ohne Hast und Anstrengung, ohne Angst und Probleme, ohne Denken, ohne Willen, einfach nur so. Ihr aber denkt, ihr müsst hart arbeiten und wenn ihr mal nicht arbeitet, müsst ihr anderen Menschen erklären, warum ihr nichts tut. Und wenn ihr allein seid und versucht zu entspannen, sagt euch eine innere Stimme, dass ihr faul seid. Ich werde mich also weiter für euch drehen und euch Tage und Nächte schenken, Monate und Jahre, Sommer und Winter. Ich kann nur hoffen, dass einige von euch Eintagsfliegen dabei bemerken, dass das Leben kein Kampf, sondern ein Kommen und Gehen und ein Geben und Nehmen ist. Dieses Spiel mache ich schon seit Jahrmillionen mit, und wer es mit mir spielt, wird glücklich und zufrieden werden. “Ich denke, auch hier gäbe es noch zweifelnde Menschen, die anmerken würden: „Erde, du hast gut reden, schau doch mal, wie krank wir sind, wie sollen wir da glücklich und zufrieden sein?“ Die Erde würde vielleicht antworten: „Vergleicht mal, wie oft ihr krank seid, und wie oft Tiere oder Pflanzen erkranken.“ Kein Lebewesen auf meinem Planeten macht sich so viele Gedanken über das Leben wie ihr. Kein Lebewesen zweifelt so sehr an seinem Erfolg wie ihr. Keine Pflanze wartet darauf, dass eine andere Pflanze ihr beim Wachsen hilft und es gibt kein Tier, das sich selbst nicht leiden kann. Eure Krankheiten entstehen zuerst in euren Gedanken, und da ihr nicht aufhört, darüber nachzudenken, zeigen sie sich in eurem Körper. Jetzt würden wahrscheinlich die letzte Zweifler sagen: „Ja, und was rätst du uns jetzt?“ Und die Erde würde erwidern: „Hört auf zu kämpfen und zu wollen, folgt eurer Bestimmung. Wenn ihr auf euer Herz hört und das tut, was es euch sagt, werdet ihr glücklich werden.“ „Ja, wenn die Erde wirklich in der Lage wäre zu sprechen, könnten wir einiges von ihr lernen“, dachte ich und spürte erst jetzt, dass es ziemlich frisch geworden war. Ich drehte meinen Kopf zur Seite, um nach meiner Frau zu sehen und stellte fest, dass sie mittlerweile eingeschlafen war. Als ich meinen Kopf wieder dem Himmel zuwandte, sah ich eine Sternschnuppe, die mit leuchtendem Schweif scheinbar Richtung Erde fiel. Ich nutzte die Gelegenheit und wünschte mir etwas. Normalerweise darf man ja den Wunsch nicht verraten, sonst geht dieser laut Volksmund nicht in Erfüllung, da sich meiner mittlerweile schon realisiert hat, lasse ich Sie gerne daran teilhaben:

Ich gebe ab jetzt jedem Tag die Chance, der schönste meines Lebens zu werden.

Schlechte Tage: natürliche Verschnaufpausen Ihrer Zufriedenheit

Lassen Sie uns jetzt beginnen, auch Ihren Tagen die Chance zu geben, die schönsten Ihres Lebens zu werden. Vielleicht fragen Sie sich in diesem Zusammenhang auch, ob es überhaupt möglich ist, sich jeden Tag großartig zu fühlen? Meine Antwort lautet Nein! Wahrscheinlich habe ich Sie gerade etwas verwirrt, weil Sie erwartet haben, dass ich Ihnen sage: „Natürlich ist es möglich, sich rund um die Uhr, 24 Stunden am Tag, 365 Tage im Jahr, 80 Jahre lang in jeder Sekunde spitzenmäßig zu fühlen.“ Solche Versprechungen machen viele Positiv-Denken-Gurus, doch ich glaube, dass sich kein Mensch rund um die Uhr in jeder Sekunde gut fühlen kann. Ich finde es daher kontraproduktiv, wenn man solche Aussagen verbreitet und lehrt. Menschen, die entsprechende Seminare besuchen oder Bücher darüber gelesen haben, müssen an sich zweifeln, wenn sie nach der ersten Euphorie bemerken, dass sie es doch nicht schaffen, immer und überall gut drauf zu sein. Auch die Bestsellerautorin Bärbel Mohr, die mit ihrem Buch „Bestellungen beim Universum" berühmt wurde und mit Werken wie „Neue Dimensionen der Heilung" vielen Menschen Hoffnung machte, musste feststellen, das nicht alles so einfach ging, wie sie es in ihren Büchern beschrieb. Ein anfängliches Burnout entpuppte sich als schwere Krebserkrankung, an der sie mit nur 46 Jahren starb. Der folgenden Satz von ihr wirkt im Nachhinein fast zynisch: „Bist du krank? So bestell dir Gesundheit!

Ich habe viele Bücher von ihr gelesen, die mich wirklich begeistert haben, aber letztendlich bleibt was ihre Botschaft angeht bei mir ein großes Fragezeichen und bestimmt auch bei einigen ihrer zahlreichen Fans. Es ist zwar schön zu glauben, dass man sich im Universum alles bestellen, im Schlaf schlank werden und über Nacht reich werden kann, aber alle Autoren, die das propagieren, schaffen auch viel Enttäuschung und Selbstzweifel, wenn der versprochene Erfolg nicht eintritt. Ich möchte hier nicht alles schlechtreden, denn allein der Glaube an verschiedene Hilfsmittel, die eine persönliche Veränderung ermöglichen, birgt ja schon ein riesiges Potenzial. Trotzdem sollten wir wissen, dass wir immer noch Menschen sind und es uns natürlich auch mal schlecht gehen darf. Natürlich dürfen wir enttäuscht sein, uns über jemanden ärgern oder Angst empfinden.

Diese Erkenntnis müssen Sie im Hinterkopf behalten, wenn Sie in eine Veränderung hineingehen. Wenn Sie vorbereitet sind, werden Sie Angst und Zweifel, die sicher beim Start eines neuen Projekts einmal aufkommen, nicht irritieren, weil Sie trotzdem davon überzeugt sind, dass Sie auf dem richtigen Weg sind. Wenn Sie aber auf solche Gefühle nicht vorbereitet sind, wird Ihr Kartenhaus zusammenfallen und Sie werden weiter auf die Suche gehen nach der nächsten Methode, die Sie endlich erleuchtet. Wir machen in unserem Leben nichts verkehrt, wenn wir Tage haben, an denen wir nicht so gut drauf sind oder uns über etwas ärgern. Das ist schließlich Leben in seiner reinsten Form. Allerdings dürfen Sie sich in solch einer Situation die Frage stellen, was Sie tun können, um sich schnellstmöglich wieder gut zu fühlen. Ich denke, der Satz von Mark Twain „Gib jedem Tag die Chance, der schönste deines Lebens zu werden" sagt genau das aus, was ich Ihnen vermitteln möchte. Es gibt die Möglichkeit, einen wunderschönen Tag zu erleben, aber nicht die Regelmäßigkeit und zwingende Notwendigkeit, dass es ständig so sein muss.

Was Sie tun können, um die Anzahl der schönen Tage zu erhöhen

Wenn Sie ein Kleinkind haben und Sie deshalb nachts dreimal aufstehen müssen, werden Sie am nächsten Tag müde sein und die Chance, dass dieser Tag zum schönsten Ihres Lebens wird, ist höchstwahrscheinlich sehr gering. Dies ist aber auch nicht schlimm, denn der darauffolgende Tag bietet wieder eine neue Gelegenheit. Wir können die Chance, dass wir prozentual mehr schöne als schlechte Tage erleben immens vergrößern, indem wir

- **Ärger, Wut, Hass, Enttäuschung und Schuldzuweisung vergangener Tage, die nichts mehr mit unserem jetzigen Leben zu tun haben, auflösen,**
- **lernen, das zu tun und auszusprechen, was wir fühlen,**
- **lernen, Nein zu sagen,**
- **unpassende Verhaltensweisen, die nicht zu unseren Zielen passen, verändern,**
- **zu 90 % nur noch das tun, was uns Spaß macht,**
- **uns mit den Menschen umgeben, die uns guttun und von denen wir etwas lernen können.**

Der Stoff, aus dem Probleme gemacht werden

Bevor wir diese Punkte umsetzen können, müssen wir uns erst einmal anschauen, wie Probleme geschaffen werden.

1. Wir werden mit einem Urvertrauen geboren und nehmen deshalb in den ersten Lebensjahren alle Informationen unseres Umfeldes ohne Bewertung als wahr und richtig auf.
2. Egal, was Eltern Kindern lehren oder antun, Kinder müssen weiter an ihre Eltern glauben, sie lieben und alles Negative verdrängen, damit sie weiter „geschützt“ aufwachsen und versorgt werden können.
3. Die Informationen über Erlebnisse werden durch unsere fünf Sinne an unser Gehirn geleitet, welches es in Form eines Gedanken abspeichert.
4. Dieser Gedanke ist eine Erfahrung für unser Gehirn, je heftiger die dort empfundenen Emotionen waren, desto höher ist die Priorität dieser Erinnerung.
5. Emotional wichtige und im Besonderen negative Erinnerungen werden von unserem Gehirn nicht einfach gelöscht.

6. Einmal gemachte Erfahrungen werden im Verlauf des Lebens immer wieder mit neuen Situationen in Verbindung gebracht.
7. Aus dieser Erfahrung bilden sich Glaubenssätze wie z. B. „Ich bin wertlos", „Ich habe kein Geld" usw., von denen Betroffene meist zu 100 % überzeugt sind.
8. Auf Basis der Erfahrungen und Glaubenssätze bilden wir Verhaltensweisen, die diesen gerecht werden.
9. Durch länger angewandte Verhaltensweisen werden die Synapsenverbindungen in unserem Gehirn stärker und es entsteht eine Gewohnheit.
10. Diese Gewohnheit entzieht sich unserer bewussten Steuerung, damit sich unser Bewusstsein auf wichtigere oder aktuelle Ereignisse konzentrieren kann.
11. Die wichtigste Aufgabe unseres Gehirns ist das Überleben. Um Sicherheit zu garantieren, greift es lieber auf alte Gewohnheiten (und sind sie auch noch so unlogisch) zurück, als neue Erfahrungen zu machen.
12. Im Laufe unseres Lebens entwickeln wir Wünsche und Ziele, z. B. dass wir mehr Geld haben möchten oder den richtigen Partner finden wollen, erreichen sie aber nicht, weil diese mit unseren alten Verhaltensweisen und Glaubenssätzen in Konflikt stehen.
13. Unerfüllte Wünsche und Ziele und das Verharren in alten Systemen führen zu einem erneuten Frust, was uns noch unglücklicher macht.

Schwierigkeiten machen uns also hauptsächlich unsere negativen Erinnerungen aus früheren Zeiten. Denn daraus resultieren ungeeignete Verhaltensweisen und Glaubenssätze, die verhindern, dass wir ein Leben führen können, das unseren Wünschen entspricht.

Ziel ist es, im Einklang mit sich selbst zu sein

Glücklich können Sie deshalb nur sein, wenn Sie alle Stationen Ihrer Vergangenheit jederzeit anschauen können, ohne Angst, Wut, Hass, Neid, Trauer und Schmerz zu empfinden. Haben Sie das erreicht, wird Sie Ihr Gehirn nicht mehr zwingen, an Momente zu denken, die Ihnen Angst machen, Gefühle zu fühlen, die Ihnen Schmerzen bereiten, oder Dinge zu tun, die Sie gar nicht wollen. Wenn der Druck aus der Vergangenheit aufgelöst ist, können Sie sich ganz auf Ihre Gegenwart, auf das Hier und Jetzt konzentrieren. Dann befinden Sie sich im Einklang mit sich selbst und können beginnen, Ihre Wünsche und Ziele zu realisieren. Die folgenden Punkte sind die Lösungen der Vergangenheitsoptimierung, die schon vielen Menschen mehr Lebensqualität und Zufriedenheit gebracht haben:

1. **Machen Sie sich das Ereignis bewusst, aus dem Ihre negativen Gefühle entstanden sind.**
2. **Verändern Sie die Bilder des Ereignisses, und damit auch die Gefühle.**
3. **Machen Sie die daraus resultierenden Glaubenssätze und Werte ausfindig.**
4. **Verändern Sie unpassende Werte und Glaubenssätze.**
5. **Machen Sie die daraus entstandenen Verhaltensweisen ausfindig.**
6. **Verändern Sie ungeeignete Verhaltensweisen.**
7. **Machen Sie sich die eigenen Leidenschaften, Ziele und Wünsche bewusst.**
8. **Integrieren Sie Verhaltensweisen, Werte und Glaubenssätze, die zu diesen Zielen passen.**
9. **Geben Sie jedem Tag die Chance, dass er zum schönsten Ihres Lebens wird.**

Genau um diese neun Schritte geht es bei jeder Veränderung in Ihrem Leben. In den folgenden Kapiteln werden die einzelnen Zutaten, die für eine Veränderung nötig sind, vorgestellt. Wenn Sie diese Zutaten auf Ihr Leben anwenden, wird am Ende aus diesem Rezept ein wunderbares Gericht entstehen, das Sie jeden Tag genießen können.

---

kurz & bündig

- Beginnen Sie jetzt, Ihre Flügel auszubreiten und fliegen zu lernen, solange Sie es noch können, denn Ihr Leben ist kürzer, als Sie denken.
- Auch schlechte Tage haben ihre Berechtigung, denn jeder neue Tag bietet Ihnen wieder die Chance, diesen zum schönsten Ihres Lebens werden zu lassen.
- Ein Teil Ihres Glücks besteht darin, alle Stationen Ihrer Vergangenheit jederzeit offen anschauen zu können, ohne dabei Angst, Wut, Hass, Neid, Trauer und Schmerz zu empfinden.

Der Workshop

Expedition Vergangenheitsoptimierung

Der erste Teil dieses Buches hat Ihnen von Kapitel 1 bis 11 Hintergrundwissen vermittelt. Nun möchte ich Ihnen im zweiten Teil die Geheimnisse der Vergangenheitsoptimierung erklären. Hier geht es konkret nur um Sie. Stellen Sie sich vor, dass mit Ihrer Geburt ein Puzzlespiel beginnt. Mit jedem Tag, den Sie erleben, kommt ein Teil hinzu. Wie viele Teile Ihr Puzzle am Ende haben wird, hängt davon ab, wie lange Sie leben. Die Teile werden allerdings nicht nebeneinandergelegt, damit sie sich zu einem Gesamtbild fügen, sondern sie liegen völlig durcheinander in einem großen Behälter.

Seltsamerweise interessiert es niemanden, welches Bild sich daraus ergäbe, wenn alle Puzzleteile zusammengefügt werden würden. Warum ist das so? Weil sich die wenigsten Menschen Zeit nehmen, um ihr Lebenspuzzle zu realisieren. Sie wissen nicht, wo ihre eigentlichen Fähigkeiten und Leidenschaften liegen und verschwenden kostbare Zeit mit Arbeiten, die nicht ihren Begabungen entsprechen. Viele wissen nicht, warum sie Hass, Neid, Wut, Traurigkeit und Schuld empfinden und warten darauf, dass sich diese Gefühle irgendwann von selbst auflösen. Vielen ist nicht bewusst, warum sie von bestimmten Dingen so sehr überzeugt sind und diese Glaubenssätze ihr Leben blockieren. Verhaltensweisen werden einfach von den Eltern und der Umwelt übernommen, ohne zu hinterfragen, ob diese zweckmäßig für das eigene Leben sind. Stets wiederkehrende Handlungen führen immer wieder zu denselben unbefriedigenden Ergebnissen. Fehlende Zeit und Unwissenheit sind die Hauptgründe, warum viele Menschen ihr Puzzle nie beginnen oder es halbfertig mit ins Grab nehmen. Mit dem Lesen dieses Buches haben Sie angefangen, Ihr bestehendes System zu verlassen und es einmal von außen zu betrachten. Die nachfolgenden Kapitel sollen Ihnen die Richtung in ein glückliches und zufriedenes Leben weisen.

Wir setzen Stück für Stück die Puzzleteile Ihrer Vergangenheit zusammen, damit Sie sich selbst besser kennenlernen. Sie bekommen die Möglichkeit, Zusammenhänge zu entdecken und negative, belastende Erinnerungen aufzuspüren. Sie werden aus diesen alten Belastungen lernen, um sie anschließend für immer loszulassen. Sie erfahren, wo Ihre Fähigkeiten und Leidenschaften liegen, und wie Sie diese nutzen können, um Ihre Wünsche und Ziele zu realisieren. Das alles kostet natürlich Zeit. Zeit, die Sie investieren sollten, damit Sie alle Übungen und Aufgaben, die ich in den nächsten Kapiteln vorstelle, auch durchführen können. Ich bitte Sie, nehmen Sie sich die Zeit für sich und Ihre Zukunft, denn alles, was ich hier beschreibe, wird positive Auswirkungen auf Ihr Leben haben. Beginnen Sie noch heute damit, Ihr Puzzle zusammenzusetzen und finden Sie die spannenden Zusammenhänge Ihres Lebens heraus, die Ihnen viele Aha-Effekte bescheren werden. Ich kann Ihnen nicht versprechen, dass Ihr Puzzle komplett ist, wenn Sie das Buch zu Ende gelesen haben. Doch das muss es auch nicht sein, denn Sie können immer wieder daran weiterbasteln. Wichtig ist nur, dass Sie erkennen, welches Gesamtbild aus den einzelnen Teilen am Ende entstehen soll. Bei

dieser Entdeckungsreise wird Ihnen das Buch helfen. Nutzen Sie die Möglichkeit, Ihr Leben nach Ihren Wünschen zu gestalten. Wenn Sie noch tiefer in das Thema Vergangenheitsoptimierung einsteigen wollen oder alles in diesem Buch Beschriebene live erleben möchten, können Sie auch gerne einer meiner Vorträge, Aus und Weiterbildungsseminare oder meine Praxis besuchen. Aktuelle Termine finden sie unter **www.vergangenheitsoptimierung.de** Oft ist es äußerst hilfreich, ein paar Tage aus seinem System auszusteigen und gemeinsam in einer Gruppe an seiner Veränderung zu arbeiten.

Hier noch ein **wichtiger Hinweis**. Sie arbeiten in diesem Kapitel an Ihren Erinnerungen. Davon haben Sie gute und schlechte. Die schlechten sind natürlich die interessantesten, denn nach deren Bearbeitung bekommen Sie wieder Lebensqualität. Mit den Techniken aus der Vergangenheitsoptimierung, können Sie nahezu alle Erinnerungen auflösen und verändern. Trotzdem gibt es auch Grenzen. Diese liegen aber nicht in den Techniken der Vergangenheitsoptimierung, sonder daran, dass man schwerwiegende Probleme wie z.B. ein Trauma, auf keinen Fall alleine aufarbeiten sollte. Sollten Sie also schwerwiegende Dinge in Ihrer Vergangenheit erlebt haben, kontaktieren Sie mich bitte direkt über die E-Mail-Adresse **info@heiko-vandeven.de**, oder wenden Sie sich an eine anderen erfahrenen Therapeuten.

Ich wünsche Ihnen jetzt viel Spaß, hilfreiche Erkenntnisse und positive Veränderungen bei der Expedition in Ihre Vergangenheit.

12. Das Basislager für Ihre Expedition

In diesem Kapitel erfahren Sie,

- warum die Optimierung Ihrer Vergangenheit eine Expedition ist,
- was ein Zollstock über Ihr Leben aussagen kann,
- wie Sie Ihren Lebensweg ausfindig machen,
- welche Auswirkungen Ihr Lebensweg auf Ihr Leben hat,
- wie Sie Ihren Lebensweg verändern können,
- was der Unterschied zwischen assoziiert oder dissoziiert ist,
- was ein benutzerfreundliches Gehirn ist,
- wie Sie Schmetterlinge lachen hören und wie Wolken duften.

Drei Fragen zur Vergangenheitsoptimierung

Bevor wir beginnen, möchte ich Ihnen drei Fragen beantworten, die mir häufiger gestellt werden.

1. Warum heißt es Vergangenheitsoptimierung und nicht z. B. Zukunftsgestaltung?

Auch wenn ich oft von der Zukunft spreche, liegen die Wurzeln Ihrer Zukunft wie schon einige Male erwähnt in Ihrer Vergangenheit. Genauer gesagt ist Ihre Vergangenheit erlebte und verlebte Zukunft. An dem Tag, an dem Sie nicht mehr existieren, ist die Zukunft für Sie zu Ende und es bleibt nur noch Ihre Vergangenheit in den Köpfen Ihrer Mitmenschen. Wie viele Menschen sich wie lange an Sie erinnern, hängt davon ab, was Sie in Ihrer Gegenwart erschaffen haben. Was Sie in der Gegenwart tun, hängt aber wieder damit zusammen, welche Regeln und Erlebnisse Sie aus Ihrer Vergangenheit mitbringen. Das heißt, der Schlüssel für Ihre Veränderung liegt einzig und allein in Ihren Erinnerungen und deshalb in Ihrer Vergangenheit. Für ein zufriedenes Leben dürfen Sie Ihre Vergangenheit optimieren. Sie dürfen die Fesseln entfernen, die Sie im Moment noch in den Startlöchern festhalten. In der Computersprache würde man sagen, wir defragmentieren die Festplatte. Alte Programme werden gelöscht, unbrauchbarer Müll wird von der Festplatte beseitigt, die Daten werden näher zusammengerückt, damit Platz entsteht für neue Programme und Informationen. Viren und Trojaner, die Ihren Computer jahrelang ferngesteuert haben, werden entfernt und alte, aber brauchbare Programme durch ein Update auf den neuesten Stand gebracht. Am Ende läuft der Computer wieder schneller, hat nur die Programme gespeichert, die effektiv und hilfreich sind, und vor allem wird er nur von Ihnen gesteuert.

2. Warum heißt es Expedition Vergangenheitsoptimierung?

Ich spreche von einer Expedition, weil eine Expedition aufregend und spannend ist, weil sie Fantasie und Flexibilität erfordert, weil man während einer Expedition viel für sein Leben lernt und danach gestärkt und ausgeglichen nach Hause kommt. Am wichtigsten ist jedoch, dass man sich auf eine Expedition vorbereiten kann. In Ihrem Leben werden Sie immer wieder unvorbereitet von Ihren Gedanken und Erinnerungen eingeholt und müssen mit bloßen Händen gegen unbekannte Gegner kämpfen. Sie liegen ständig auf der Lauer, denn Sie wissen nie, wann der nächste Angriff aus Ihrem Gehirn kommt. Kein Bergsteiger würde ohne Seil, spezielle Schuhe und Training seine Expedition beginnen. Er ist sich bewusst, auf welche Probleme er während seiner Reise stoßen kann und hat sich gezielt darauf vorbereitet.

Auch bei der Expedition Vergangenheitsoptimierung treffen wir bestimmte Vorbereitungen und bedienen uns bestimmter Hilfsmittel, damit es für Sie so angenehm wie möglich wird. Es ist immer wieder wichtig zu betonen, dass die Bilder Ihrer Vergangenheit keine Realität mehr sind, sondern nur abgespeicherte Daten aus einer längst vergangenen Zeit. Damit Ihnen das während Ihres Abenteuers immer bewusst bleibt, müssen Sie nicht – wie bei vielen anderen Therapie- und Coachingmethoden – alles noch einmal durchleben. Ganz im Gegenteil: Sie sitzen bei strahlendem Sonnenschein in weiter Entfernung auf einer wunderschönen Bergwiese mit duftenden Blumen, klarer Luft und einem Wasserfall und schauen auf Ihren Lebensweg. Sie sind durchtrainiert, wissen, was auf Sie zukommt und haben geniale Hilfsmittel in Ihrem Rucksack, um Ihre Expedition erfolgreich abzuschließen. Ziel Ihrer Expedition ist es, die Situationen in der Vergangenheit zu ergründen, die in Zusammenhang mit Ihren jetzigen Verhaltensweisen und Problemen stehen. Ist der Ursprung entdeckt, verändern oder löschen wir ganz nach Ihren Wünschen unbrauchbare Bilder und Verhaltensweisen. Erst dann können Sie freie Entscheidungen für Ihr Leben treffen, weil Ihr Gehirn Sie nicht mehr vor Situationen aus Ihrer Vergangenheit schützen muss.

3. Kann ich mithilfe einer Vergangenheitsoptimierung wirklich alle Ereignisse aus meiner Vergangenheit verändern?

Ja, es ist nicht nur möglich, Ihre gesamte Vergangenheit zu verändern, sondern Sie können auch Ihre Zukunft ganz nach Ihren Wünschen gestalten. Trotzdem noch einmal der Hinweis, wenn es in Ihrem Leben schwerwiegende emotionale Themen gibt, wie z. B. ein Traumata durch ein Missbrauchserlebnis, ist die Vergangenheitsoptimierung zwar eine sehr gute Therapielösung, aber Sie sollten diese nicht allein durchführen. Nur ein erfahrener Therapeut gewährleistet, dass die Aufarbeitung auch Erfolg hat und Sie nicht unnötig in negativen Zuständen verharren müssen. Gerne können Sie mich in solchen Fällen persönlich kontaktieren. Am besten stellen Sie sich selbst vor jeder Expedition die Frage: „Bin ich soweit, mich an dieses Ereignis zu erinnern, um es dann aufzulösen, oder ist es besser, das gemeinsam mit einem Therapeuten zu tun?“ Hören Sie dabei auf Ihre Gefühle, diese werden Ihnen den richtigen Weg weisen. Viele Formate, die ich Ihnen vorstelle, sind einfacher zu handhaben und wirkungsvoller, wenn man sie mit geschlossenen Augen durchführt. Leider kann man mit geschlossenen Augen nur schwer einen Text durchlesen☺. Darum meine Bitte: Lesen Sie sich alle Formate oder auch Werkzeuge, die Sie in diesem und in den nächsten Kapiteln kennenlernen werden, zuerst einmal durch. Danach schließen Sie Ihre Augen und führen das Beschriebene aus.

Genug der Worte, lassen Sie uns jetzt wie ein Profi Ihre Expedition vorbereiten. Zuerst müssen Sie natürlich wissen, wo Ihre Expedition beginnt. Bei den meisten Expe-

ditionen reisen die Beteiligten mit dem Flugzeug auf einen anderen Kontinent und kämpfen sich dann mit schwerem Gepäck tagelang durch den Dschungel, um das Basislager Ihrer Expedition zu erreichen. Bei der Expedition Vergangenheitsoptimierung erreichen Sie dagegen Ihr Basislager viel einfacher und schneller. Im Grunde müssen Sie nur Ihre Augen schließen, dann sind Sie nur noch einen Gedanken weit von Ihrem Basislager entfernt, von dem aus Sie alle Expeditionen starten werden.
Ihr Basislager ist sozusagen ein „Luftschloss", das Sie sich gedanklich bauen und welches für Ihr Gehirn genauso zur Realität wird wie alles, was Sie denken und träumen. Ihr Basislager wird zu einer der wichtigsten Einrichtungen Ihres Lebens, denn von hier aus haben Sie Einfluss auf Ihre gesamte Gefühlswelt und die Veränderung von Vergangenheit und Zukunft. Für die Errichtung Ihres Basislagers benötigen Sie als Erstes mehr Übersicht über Ihre Vergangenheit und Zukunft. Das heißt, Sie dürfen in die im Moment noch wirr herumliegenden Puzzleteile Ihres Lebens Ordnung und System bringen. Wie Sie das genau anstellen, erzähle ich Ihnen nach einer kleinen Geschichte.

Vom Zollstock und dem Rest vom Leben

Im Jahr 1994 begann ich damit, ein Haus zu bauen. Gott sei Dank ging ich ziemlich blauäugig an die Sache heran, denn wäre mir bewusst gewesen, was auf mich zukommt, hätte ich heute wahrscheinlich kein eigenes Haus. Zwei Jahre baute ich mit vielen Helfern an meinem Eigenheim, wobei ich viele Nerven ließ, da ich die meisten Arbeiten selbst ausführte, aber eigentlich keine Ahnung hatte. Es war ein ständiges Nachfragen und Ausprobieren, ein Wechsel zwischen Freuen und Fluchen. Trotzdem bin ich heute froh, dass ich diesen Schritt gewagt habe. Es ist schon ein Stück Lebensqualität, in den eigenen vier Wänden zu wohnen, vor allem wenn man sie nach den eigenen Vorstellungen gebaut hat. Vor ein paar Tagen fiel mir ein Bild von einem guten Freund in die Hände, der mir damals half, die Garage zu mauern. Ich ließ meine Gedanken ein wenig durch diese Zeit schweifen und erinnerte mich an eine Situation, die ich mit diesem Freund erlebt hatte. Ich möchte Sie gerne an dieser Erinnerung teilhaben lassen, die mich damals sehr nachdenklich gestimmt hat. Damit Sie das Erlebnis nachempfinden können, bitte ich Sie, sich einen Zollstock oder ein Maßband zur Hand zu nehmen. Ich warte so lange im Buch auf Sie ☺. Wenn Sie gleich mit Ihrem Zollstock ausprobieren, was mir mein Freund gezeigt hat, werden Sie bestimmt genauso nachdenklich werden wie ich damals. „Heiko, wie alt bist du jetzt?“, fragte mich mein Freund, als ich ihm wieder einmal eine Schubkarre voll Mörtel vor die Füße stellte. Ich antwortete: „26 Jahre.“ Er griff in seine Hosentasche und holte einen Zollstock heraus, von dem er circa einen Meter vor meinen Augen aufklappte. Mit den Worten: „Schau mal, die Lebenserwartung von uns Menschen liegt bei circa 80 Jahren.“ Er deutete mit seinem Zeigefinger auf 80 Zentimeter.

Die raue, faltige Haut seiner rechten Hand verriet mir, dass er schon sehr viel in seinem Leben gearbeitet hatte. Während er mit Daumen und Zeigefinger der rechten Hand die 80 festhielt, deutete er mit dem Zeigefinger der linken Hand auf die 64 und sprach weiter: „Ich bin jetzt 64 Jahre und seit einem Jahr in Rente, jetzt schau mal, wie viel Zeit mir noch bleibt, in meinem Leben die Dinge zu tun, die ich schon immer tun wollte.“Wenn Sie dies mit Ihrem eigenen Zollstock zuhause nachgemacht haben, sind Sie jetzt wahrscheinlich genauso überrascht, wie ich es damals war. Ich sagte zu meinem Freund: „Das ist aber verdammt wenig Zeit, wenn man die Strecke von einem Zentimeter bis 64 Zentimeter betrachtet“, was er mit einem stummen Nicken kommentierte. Umso beruhigter war ich, als er mit seinem vom Mörtel verschmierten linken Zeigefinger auf die 26 zeigte und meinte: „Da hast du noch ein wenig mehr Zeit.“ Ich nickte und er sprach weiter: „Aber lass dich nicht täuschen, auch ich war mal an diesem Punkt und ich frage mich heute, wo die Zeit geblieben ist.“

Mit diesen Worten klappte er den Zollstock zusammen, nahm wieder seine Kelle in die Hand und tat das, was er schon immer getan hatte, schwer und hart arbeiten. An diesem Tag brachte ich noch einige Schubkarren Mörtel zu ihm. Mit meinen Gedanken war ich aber mehr bei der Zollstockgeschichte als beim Hausbau. Eine Frage lag mir noch auf der Zunge. Es war schon Abend geworden und mein Freund stieg gerade vom Baugerüst, nachdem er den letzten Stein auf die Garagenmauer gesetzt hatte. Als er nach dem Abstieg vor mir stand und ich ihm die Hand reichte, um mich für seine Hilfe zu bedanken, sagte ich zu ihm: „Kann ich dich noch etwas fragen?“, worauf er mich lächelnd anschaute und meinte: „Beschäftigt dich der Zollstock noch?“ Ich erwiderte: „Ja, deine kleine Vorstellung hat mich nachdenklich gemacht. Warum hast du eigentlich nicht schon früher damit begonnen, das zu machen, was du schon immer tun wolltest?“ Er musste kurz überlegen, richtete dann seinen Blick auf mich und meinte: „Ich glaube, ich hatte nie die Zeit dazu.“ „Hast du denn jetzt damit angefangen, das zu tun, was du schon immer wolltest?“, fragte ich und bemerkte, dass sein Blick traurig wurde. „Weißt du“, redete er weiter, „ich sage dir jetzt etwas, was ich bisher noch vor niemandem zugegeben habe. Es war nicht die Zeit, die mir gefehlt hat, denn schließlich haben wir Menschen alle die gleiche Zeit zur Verfügung. Es war einzig und allein die Angst, die mich davon abgehalten hat, meinen Gefühlen zu folgen, und daran hat sich bis zum heutigen Tag nichts geändert." Auch ich halte gerade einen Zollstock in meiner Hand, um zu sehen, wie weit mein Leben seit diesem Gespräch fortgeschritten ist. Ich muss leider feststellen, dass mein Freund mit seiner Aussage recht hatte. Es ist kaum zu glauben, wo die Zeit geblieben ist. Mit 43 habe ich die Hälfte meines Lebens überschritten, vorausgesetzt, dass ich überhaupt 80 Jahre alt werde. Ich weiß nicht, wie sehr das „Zollstockerlebnis" zu meiner heutigen Lebenssituation beigetragen hat. Ich weiß aber, dass ich damals beschlossen hatte, mir später keine Vorwürfe machen zu wollen, dass ich etwas nicht gelebt hätte, was mir meine Gefühle gesagt hatten. Die Situation mit meinem Freund und dem Zollstock kam mir immer dann wieder ins Gedächtnis, wenn ich schwierige Entscheidungen in meinem Leben treffen musste. Wenn es darum ging, ob ich das tue, was andere von mir erwarteten, oder ob ich das verwirkliche, was mir meine Gefühle übermittelten. Zugegeben, den eigenen Gefühlen zu folgen, war nicht immer der einfachste und angstfreiste Weg, aber der Weg, der mich zu Glück und Zufriedenheit führte. Der Zollstock offenbart einem einen unverfälschten Überblick über die Lebenszeit. Dies kann natürlich beängstigen, aber auch dazu motivieren, das eigene Leben nicht einfach zu verplempern. Der Blick auf ein Maßband kann aber noch mehr: Durch die Vorstellung, dass unser Leben aufgerollt als Linie vor uns liegt, bekommt unser Leben eine Ordnung. Das heißt, die Puzzlestücke unserer Lebensereignisse liegen nicht ungeordnet in einem großen Behälter, sondern befinden sich zeitlich geordnet, eines neben dem anderen in einer Reihe vor uns. So kann man die einzelnen Puzzlestücke nach und nach zu einer Einheit zusammenfügen, Einsichten bekommen, negative Gefühle entfernen, Verhaltensweisen verändern und dadurch die Zukunft beeinflussen.

Die Ergründung Ihres Lebensweges

Bereits in den Siebzigerjahren beschäftigten sich Richard Bandler und John Grinder, die beiden Pioniere des Neurolinguistischen Programmierens, mit der Zeitlinie, die sie auf dem Boden auslegten und dann tatsächlich entlangliefen. In den Achtzigerjahren entdeckte der Hypnosetherapeut Tad James, dass die bloße Vorstellung der Zeitachse genügte, um eine therapeutische Wirkung zu erzielen. Auch ich verwende dieses Konzept, jedoch in einer abgewandelten Form. Die zentrale Frage dabei ist, wie Ihr Gehirn Ihre Zeit organisiert oder anders gesagt, wie Ihr virtueller Lebensweg verläuft. Das nachfolgende Format wird Ihnen die Antwort darauf liefern.

Format 1

Erkundung Ihres Lebensweges

1. Setzen Sie sich in eine gemütliche Position. Atmen Sie tief ein und entspannen Sie sich.
2. Überlegen Sie bitte, in welche Richtung Sie gehen würden, wenn Sie zu Ihrer Geburt laufen könnten. Nach vorne? Nach hinten? Nach rechts? Nach links? Nach oben? Nach unten? Ganz wichtig! Folgen Sie einfach Ihrem Gefühl, Sie können hier nichts verkehrt machen.
3. Haben Sie eine Richtung gefunden? Wenn nicht, denken Sie daran, wo haben Sie die Ereignisse gelassen, die vorbei sind? Wo ist Ihre Vergangenheit
4. Wenn Sie immer noch nicht sicher sind, entscheiden Sie sich einfach spontan für eine Richtung.
5. Laufen Sie jetzt bitte in Gedanken in Ihre Vergangenheit und legen Sie einen wunderschönen Stein an die Stelle, wo Sie geboren sind.
6. Überlegen Sie, in welche Richtung Sie gehen würden, wenn Sie in Ihre Zukunft laufen könnten. Nach vorne? Nach hinten? Nach rechts? Nach links? Nach oben? Nach unten? Auch hier folgen Sie bitte Ihrem Gefühl und denken Sie daran, auch hier können Sie nichts verkehrt machen.
7. Haben Sie eine Richtung gefunden? Wenn nicht, stellen Sie sich vor, Sie wären 80 Jahre alt, immer noch topfit, gesund und rüstig, wo sehen Sie sich stehen?
8. Wenn Sie immer noch nicht sicher sind, in welcher Richtung Ihre Zukunft liegt, entscheiden Sie sich einfach spontan für eine Richtung.
9. Gehen Sie jetzt bitte in Gedanken an die Stelle, wo Sie sich mit 80 Jahren sehen und legen Sie hier einen schönen Stein ab.
10. Verbinden Sie beide Steine in Ihren Gedanken durch einen Weg.
11. Und nun machen Sie sich bewusst, wie Ihr Lebensweg verläuft. Von wo kommt die Vergangenheit und wohin geht die Zukunft? Außerdem achten Sie bitte darauf, ob Sie auf dem Weg stehen oder neben dem Weg.

Für viele meiner Klienten und Patienten ist die Frage nach der Richtung von Zukunft und Vergangenheit zuerst etwas verwirrend. Das ist aber ganz normal, weil sich die wenigsten über diese Frage Gedanken machen. Letztendlich weiß aber jeder, wie sein Gehirn Vergangenheit und Zukunft interpretiert. Ihnen sollte jetzt klar sein, wie Ihr Lebensweg verläuft. Im Folgenden können Sie nachlesen, wie Ihre Anordnung von Zukunft und Vergangenheit Sie beeinflussen kann.

Die Zukunft ist vor Ihnen und die Vergangenheit hinter Ihnen:

- Sie sind sehr zukunftsorientiert, weil Sie Ihre Zukunft immer vor Augen haben.
- Negative Erinnerungen kann man mit einer solchen Zeitanordnung leichter verdrängen, weil man sie nicht sieht, wenn sie hinter einem liegen.
- Sie können schlecht aus Erfahrungen lernen, weil Sie sich dazu umdrehen müssen. Außerdem ist es schwierig, aus verdrängten Erlebnissen eine Erkenntnis zu ziehen.

Die Vergangenheit ist vor Ihnen und die Zukunft hinter Ihnen:

- Sie beschäftigen sich ausschließlich mit Ihrer Vergangenheit.
- Sie können schlecht loslassen oder verzeihen.
- Sie können Situationen aus Ihrer Vergangenheit bis ins Detail erzählen, oft auch mit Datum.
- Sie laufen rückwärts in Ihre Zukunft und laufen deshalb sehr langsam oder treten auf der Stelle. Sie haben daher selten Erfolge und dementsprechend nur hin und wieder glückliche Momente.
- Sie haben wenige oder gar keine konkreten Ziele.

Ihr Lebensweg liegt parallel zu Ihnen, sodass sich Vergangenheit und Zukunft rechts oder links von Ihnen befinden. Der Lebensweg kann auch als V-Form vor Ihnen liegen:

- Sie haben Zukunft und Vergangenheit immer im Blick.
- Sie können aus Erfahrungen lernen und diese leicht in die Zukunft projizieren.
- Sie behalten ohne Probleme die Übersicht.
- Es ist für Sie schwieriger, negative Erinnerungen zu verdrängen, weil Sie offen vor Ihnen liegen.

Dies sind die drei gängigen Typen für die Darstellung des Lebensweges im Gehirn. Es können aber auch andere Kombinationen vorkommen. Ich hatte schon eine Kundin, deren Vergangenheit von unten kam und an der Stelle, an der sie stand, machte ihr Lebensweg einen Knick, der rechts wegging. Haben Sie sich in einer der drei Kategorien wiedergefunden? Kommen Ihnen einige Beschreibungen bekannt vor? Es muss nicht alles im Detail auf Sie zutreffen. Aus der Erfahrung mit meinen Semiarteilnehmern und Patienten weiß ich, dass die Anordnung unseres Lebensweges sehr viel Einfluss auf unser Leben nimmt. Die ungünstigste Anordnung eines Lebensweges ist, wenn die Vergangenheit vor und die Zukunft hinter einem liegt. Nach einem kurzen Gespräch mit einem Kunden kann ich mittlerweile mit fast hundertprozentiger Sicherheit sagen, ob er die Vergangenheit vor sich hat.

Diese Menschen beginnen früh nach dem Aufstehen damit, sich mit ihrer Vergangenheit zu beschäftigen und nehmen sie abends wieder mit ins Bett. Bei ihnen ist wenig oder überhaupt kein Spielraum für die Zukunft da, weil die betreffenden Personen mit dem Rücken zu ihr stehen. Meist sind Schuldzuweisungen und Vorwürfe an andere Menschen der Grund für die Anordnung des Lebensweges. Betroffene suchen gerne die Schuld an Ihrer Situation bei anderen Menschen, bemerken aber nicht, dass sie sich dadurch selbst blockieren. Bei Personen mit einer solchen Anordnung bewirkt die Veränderung Ihres Lebensweges wahre Wunder.

Die Vergangenheit hinter sich zu lassen und die Zukunft vor sich zu sehen, ist im Grunde eine gute Anordnung. Die Erfahrung aus meiner Praxis zeigt jedoch, dass Menschen mit einem solchen Lebensweg zwar sehr zielorientiert sind, aber negative Momente eher verdrängt als verarbeitet haben. Kein Wunder, denn sie befinden sich ja alle hinter ihrem Rücken. Doch auch wenn die Bilder und Filme verdrängt sind, haben die Gefühle trotzdem Einfluss auf das Leben dieser Personen. In Phasen, in denen die Verdrängung unser Überleben sichert, also in unserer Kindheit, ist eine solche Anordnung des Lebensweges sicherlich hilfreich. Wenn wir erwachsen werden oder wenn wir beginnen wollen, mit unserer Vergangenheit abzuschließen, ist diese Anordnung eher kontraproduktiv. Die beste Lage für einen Lebensweg ist meines Erachtens, wenn dieser parallel zu einem verläuft. Dabei ist es völlig egal, auf welcher Seite sich Zukunft und Vergangenheit befinden. Auf diese Weise können Sie Vergangenheit und Zukunft gleichermaßen einsehen. Natürlich ist es so schwieriger, negative Erfahrungen zu verdrängen, weil man sie gut einsehen kann und es sehr viel Energie kostet, diese Stellen dunkel zu halten. Ziel eines erwachsenen Menschen sollte aber sein, alle Ereignisse der Vergangenheit – seien sie auch noch so belastend – so zu bearbeiten, dass man diese ohne negative Emotionen ansehen kann. Erst dann ist es möglich, aus diesen Erlebnissen zu lernen und diese Lernerfahrung in die Zukunft mitzunehmen. Das hat wiederum zur Folge, dass wir die gleichen negativen Erfahrungen nicht öfter machen müssen und wir uns leichter und schneller unseren Wünschen und Zielen annähern können. Das nächste Format ist ein mächtiges Werkzeug der Veränderung, gerade für Menschen, die Ihre Vergangenheit vor sich, aber auch für Personen, die sie in Ihrem Rücken haben. Wir werden Ihren Lebensweg in Ihren Gedanken gleich so drehen, dass er parallel zu Ihnen liegt, dabei ist es dann ganz egal, ob sich am Ende Ihre Vergangenheit links oder rechts von Ihnen befindet. Wenn Ihr Lebensweg schon so angeordnet ist, können Sie die folgende Übung einfach überspringen.

Format 2

Veränderung Ihres Lebensweges

1. Schließen Sie Ihre Augen und gehen Sie noch einmal in Gedanken auf oder an Ihren Lebensweg. Am Beginn Ihres Weges, also bei Ihrer Geburt, und bei Ihrem 80. Geburtstag liegt jeweils ein wunderschöner Stein.
2. Drehen Sie nun bitte in Gedanken Ihren Lebensweg so, dass er parallel zu Ihnen liegt. Achten Sie beim Drehen darauf, wie sich Ihre Gefühle verändern.
3. Rechts oder links von Ihnen befindet sich jetzt Ihre Vergangenheit und auf der anderen Seite Ihre Zukunft.
4. **Nehmen Sie ein bisschen Abstand von Ihrem Lebensweg, indem Sie einfach ein paar Schritte von ihm zurücktreten** und achten Sie dabei wieder auf Ihre Gefühle.
5. Betrachten Sie jetzt die Situation ein paar Minuten und beurteilen Sie dann anhand Ihrer Gefühle, wie der neue Weg auf Sie wirkt. Unterscheiden Sie dabei bitte das Gefühl „ungewohnt“ von dem Gefühl „besser“ oder „schlechter“ als vorher.
6. Öffnen Sie Ihre Augen.

Wenn Sie sich damit nicht wohlfühlen, verändern Sie am Ende der Vergangenheitsoptimierung Ihren Lebensweg wieder so, dass es für sie stimmig ist. Wenn Sie aber bemerken, dass sich der Weg jetzt besser anfühlt als vorher, dann sollten Sie ihn auf alle Fälle so beibehalten. Dem einen oder anderen fällt es anfangs schwer, den Weg zu drehen, weil das Gehirn den alten Weg (Synapsenverbindung) gewohnt ist. Letztendlich ist es aber nur ein Gedankenspiel, das jeder Mensch vollziehen kann. Die Zeiteinteilung, die Ihr Gehirn ohne zu fragen für Sie vorgenommen hat, haben Sie nun gegebenenfalls verändert. Ihr Lebensweg, der alle positiven wie negativen Erinnerungen Ihres Lebens beinhaltet, liegt jetzt parallel zu Ihnen. Auf diesem Weg haben sich Ihre Gefühle und Verhaltensweisen entwickelt, die Sie letztendlich zu dem machen, was Sie heute sind. Ihr bisheriger Lebensweg ist verantwortlich dafür, wie Sie denken, fühlen und handeln. Sie haben sicherlich bemerkt, dass ich im Format 2 bei Punkt 4 einen Teil des Textes fett markiert habe. Dies hat natürlich einen Grund. Wichtig bei der Betrachtung des Lebensweges ist nämlich auch, ob Sie auf oder neben Ihrem Weg stehen. Vielleicht haben Sie gemerkt, dass sich Ihre Gefühle mit ein paar Schritten Abstand positiv verändern. Warum das so ist, erkläre ich Ihnen jetzt.

Assoziiert oder dissoziiert: der gefühlte Unterschied

Unser Gehirn kann Bilder und Filme in zwei verschiedenen Sichtweisen abspeichern. Stellen Sie sich folgende Situation vor: Ihr Chef steht vor Ihnen und schreit Sie an. Sie sehen, wie er die Zähne fletscht, riechen seinen Atem, hören die laute Stimme und fühlen sich angespannt, ängstlich und hilflos (Sichtweise 1). Und jetzt stellen Sie sich vor, Sie könnten wie ein Schmetterling aus Ihrer Hülle schlüpfen und aus der Situation herausfliegen, obwohl Ihr Körper in der Situation bleibt. Sie fliegen hoch und höher, landen auf einer wunderschönen Bergwiese und schauen von dort aus ins Tal auf die bereits beschriebene Situation (Sichtweise 2). Sie riechen den Atem Ihres Chefs nicht mehr, seine Stimme ist kaum noch zu hören und Ihre negativen Gefühle sind deutlich geringer geworden. Sie beobachten die Situation in Ruhe als Außenstehender. In Sichtweise 1 sind Sie assoziiert, das heißt, Sie befinden sich mitten in Ihrem Leben und können sich deshalb nicht selbst sehen, sondern nur das, was gerade um Sie herum geschieht. In der Schmetterlingsversion, also Sichtweise 2, sind Sie dissoziiert, denn Sie sind zum Beobachter geworden, der mit viel Abstand vom Berg aus auf sein Leben schaut.

Assoziiert heißt, dass Erlebnisse in Ihrem Gehirn so abgespeichert werden, wie wenn Sie diese live erleben würden. Sie sehen sich also nicht selbst, sondern nur das, was

Ihre Augen in der Situation wahrnehmen. Auch die anderen Sinneseindrücke sind dadurch intensiver, weil diese Version der Gedankenabspeicherung der Realität sehr nahekommt.

Dissoziiert sind Ihre Erinnerungen dann, wenn Sie sich selbst auf Bildern oder Filmen betrachten können, aber genau wissen, dass diese keine Realität mehr sind, ähnlich wie wenn Sie ein Fotoalbum anschauen oder einen Urlaubsfilm von sich ansehen. Während Sie mein Buch lesen, sind Sie assoziiert. Sie sehen das Buch, Ihre Hände, vielleicht einen Schrank oder eine Kaffeetasse, die neben Ihnen steht. Wenn Sie sich jetzt vorstellen, dass Sie aus Ihrem Körper herausgehen, an die Zimmerdecke schweben und sich von dort oben selbst beim Buchlesen zuschauen, dann sind Sie dissoziiert.

Man kann diese zwei Sichtweisen auch mit einem Kinofilm vergleichen. Wo möchten Sie sein, wenn gerade ein Horrorfilm auf der Leinwand läuft, im Film oder lieber im Kinosessel? Wo möchten Sie sein, wenn Sie gerade einen Liebesfilm sehen, bei Julia Roberts in der Badewanne, mit Brad Pitt in einer Luxussuite oder aber nur im Kinosessel bei einer Tüte Popcorn? In positiven Momenten ist es natürlich schöner, im Bild oder Film zu sein (assoziiert), denn dann erleben Sie alles eins zu eins wie in der Realität. Negative Situationen betrachtet man dagegen besser mit viel Abstand (dissoziiert) von außen, dadurch verliert das Erlebte an Intensität. Wenn Sie bei der Ergründung Ihres Lebensweges bemerkt haben, dass Sie auf Ihrem Weg stehen, dann hat Ihr Gehirn in der Regel die Gewohnheit, alle Erlebnisse assoziiert abzuspeichern. Sie sind immer mitten im Geschehen und bei jedem Wiedererinnern erleben Sie Ihre Vergangenheit fast real. Wenn Sie aber neben Ihrem Weg stehen, dann hat Ihr Gehirn in der Regel Ihre Vergangenheit dissoziiert abgespeichert.

Sie sehen die Bilder und Filme als Außenstehender und können die Situationen besser der Vergangenheit zuordnen. Ich möchte jetzt, dass Sie den Unterschied dieser beiden Sichtweisen selbst spüren.

Format 3

Lernen Sie, sich von Ihren Problemen zu dissoziieren

1. Schließen Sie Ihre Augen
2. Stellen Sie sich eine Situation vor, die Ihnen negative Gefühle bereitet hat.
3. Wenn Sie sich assoziiert sehen, sehen Sie sich nicht selbst, sondern nur das, was Ihre Augen wahrnehmen.
4. Bleiben Sie kurz in dieser Situation und nehmen Sie diese mit allen Ihren Sinnen wahr. Was sehen Sie? Was hören Sie? Gibt es etwas zu riechen und zu schmecken? Und vor allem, was fühlen Sie? Bewerten Sie nun Ihre Gefühle, wo im Körper spüren Sie diese und wie stark sind sie?
5. Verlassen Sie jetzt die Situation, indem Sie aus Ihrem Körper heraus auf eine wunderschöne Bergwiese schweben. Von hier aus (dissoziiert) betrachten Sie mit viel Abstand im Tal das zurückgelassene Ereignis. Ganz wichtig ist, dass Sie darauf achten, wie sich Ihre Gefühle, aber auch die anderen Sinneswahrnehmungen dabei verändern.
6. Bleiben Sie kurz in dieser Situation und bewerten Sie Ihre Gefühle, wo im Körper spüren Sie diese und wie stark sind sie jetzt?
7. Öffnen Sie Ihre Augen.

Was ist hier genau passiert? In der Regel speichert unser Gehirn sehr emotionale Situationen so ab, dass wir assoziiert sind. Wenn Sie sich eine Erinnerung zunächst bewusst machen, um dann gedanklich wieder aus Ihrer Erinnerung auszusteigen und Sie als Außenstehender zu betrachten, dann zwingen Sie Ihr Gehirn, die Erinnerung neu zu bewerten. Ihr Gehirn kann in diesem Fall gar nicht anders, als die Emotionen zu senken und Sie damit zu entlasten. Neubewertungen von negativen Erinnerungen sind die Voraussetzung für jede Veränderung. Das distanzierte Beobachten der eigenen Aktion bildet den Auftakt für jede Veränderung, die mit negativen Gefühlen in Verbindung steht. Für die Veränderung einer Erinnerung sind nicht nur die abgeflachten Emotionen wichtig, sondern auch ein größerer Handlungsspielraum, der nicht mehr durch Blockaden begrenzt wird. So wie bei einem Black-out die Angst, eine Prüfung nicht zu schaffen, das Denkzentrum lahmlegt, kommt es auch bei anderen emotionalen Ereignissen zu einer Blockade. Deshalb hatten wir in der Vergangenheit bei Situationen, die in uns extreme Gefühle auslösten, keinen Zugriff auf vernünftige Lösungen. Bestimmt sind Ihnen schon einmal die Worte, die Sie gerne während eines Streits gesagt hätten, erst Stunden später eingefallen. Meistens ärgert man sich dann darüber, dass einem diese wichtigen Sätze nicht schon vorher in den Sinn gekommen sind.

Die Tatsache, dass starke Emotionen unser Denken beeinflussen, ist übrigens ein Mitbringsel aus der Epoche, in der wir noch mit Mammuts und Säbelzahntigern kämpfen mussten. Unsere Vorfahren hatten keine Zeit, sich Gedanken zu machen, wie sie in Gefahrensituationen reagieren sollten. In solchen Momenten ging es nur um Flucht, Kampf oder Totstellen. Durch den Abstand, den wir uns während der Vergangenheitsoptimierung mithilfe der dissoziativen Sichtweise schaffen, senkt das Gehirn die Emotionen. Da Ihr Denkzentrum nun nicht mehr von aufkochenden Gefühlen blockiert wird, können Sie alte problematische Erinnerungen, für die Ihnen lange Zeit keine Lösung zur Verfügung stand, in aller Ruhe im Hier und Jetzt lösen. Ich möchte gleich eine zweite Übung anschließen, hier geht es darum, dass Ihr Gehirn in Zukunft Situationen „benutzerfreundlich" abspeichert.

Format 4

Das benutzerfreundliche Gehirn

1. Schließen Sie Ihre Augen.
2. Denken Sie an ein wunderschönes Ereignis aus Ihrem Leben.
3. Gehen Sie nun in diese Situation, wenn Sie nicht schon drin sind, und erleben Sie diese, als würde Sie gerade passieren (assoziiert).
4. Gehen Sie ganz in dem Erlebnis auf: Sehen Sie, was Sie sehen, hören Sie, was Sie hören, riechen und schmecken Sie, was Sie riechen und schmecken, und vor allem fühlen Sie, was Sie fühlen!

5. Wenn Sie sich komplett in der Erinnerung befinden, bitten Sie Ihr Unterbewusstsein darum, dass es in Zukunft alles, was Sie Positives erleben, genau so intensiv abspeichern soll, damit Sie es immer wieder so erleben können, als wären Sie live dabei und mittendrin.
6. Gehen Sie jetzt zurück zu Schritt 2 und führen Sie die Übung noch einmal mit einer anderen schönen Erinnerung aus Ihrer Vergangenheit durch.
7. Und noch eine Runde: Gehen Sie zu Schritt 2 und führen Sie die Übung mit einer weiteren schönen Erinnerung durch.
8. Öffnen Sie Ihre Augen.

Wenn Sie alles richtig gemacht haben, wird Ihr Gehirn für Sie in Zukunft eine regelrechte Schatzkammer mit positiven Momenten aufbauen, die Sie gerne immer wieder abrufen dürfen. Kommen wir jetzt zum zweiten Teil dieser Übung:

1. Schließen Sie Ihre Augen.
2. Holen Sie sich ein Ereignis aus Ihrer Vergangenheit, das nicht so prickelnd war.
3. Distanzieren Sie sich jetzt von diesem negativen Erlebnis, indem Sie auf eine wunderschöne Bergwiese schweben und das Ereignis im Tal zurücklassen. Betrachten Sie dann das Geschehene aus großer Entfernung als Zuschauer.
4. Schaffen Sie sich so viel Distanz wie möglich und machen Sie es sich auf der Bergwiese gemütlich. Je schöner Sie sich den Platz hier oben gestalten, desto besser. Wenn Sie ein Schneefan sind, können Sie warm eingepackt von einer Bank bei einem angenehmen Getränk und Sonnenschein auf Ihre Vergangenheit ins Tal schauen. Ihrer Fantasie sind hier keine Grenzen gesetzt.
5. Bitten Sie nun Ihr Unterbewusstsein, alle negativen Erfahrungen in Zukunft so abzuspeichern, dass Sie diese mit viel Abstand als Zuschauer vom Berg aus betrachten können.
6. Gehen Sie jetzt zurück zu Schritt 2 und führen Sie die Übung noch einmal mit einer anderen negativen Erinnerung aus Ihrer Vergangenheit durch.
7. Und noch eine Runde: Gehen Sie zu Schritt 2 und führen Sie die Übung mit einer weiteren negativen Erinnerung durch.
8. Öffnen Sie Ihre Augen.

Das Ergebnis dieser Übung ist, dass Sie von negativen Ereignissen in Zukunft nicht mehr so sehr belastet werden, weil Sie mehr Abstand dazu haben. Außerdem können Sie leichter und schneller Lösungen für aktuelle Probleme finden.

Die bisherigen Ausführungen kann man komprimiert in zwei Punkte zusammenfassen:

1. Durch das Ausrollen Ihrer Lebenslinie haben Sie Ordnung in Ihre Vergangenheit gebracht. Somit können Sie wichtige Ereignisse schneller und einfacher ausfindig machen.
2. Durch die dissoziierte Sichtweise bekommen Sie die einzigartige Chance, Erlebnisse Ihrer Vergangenheit mit geringen Emotionen anzuschauen, neu zu bewerten und Lösungen zu finden, die Ihnen in der assoziierten Sichtweise noch nicht zur Verfügung standen.

Die beiden Punkte „virtueller Lebensweg" und „dissoziierte Sichtweise" sind die wichtigen Säulen der Vergangenheitsoptimierung. Aus diesem Grund werden wir beide Säulen im nächsten Format miteinander verbinden.

Format 5

Ihr Basislager auf dem Berg Ihrer Freiheit

Dieses Format ist von großer Bedeutung. Wir installieren damit in Ihrem Gehirn einen Ablauf, mit dem Sie Vergangenheit und Zukunft zu jedem Zeitpunkt Ihres Lebens ganz nach Ihren Wünschen positiv beeinflussen können. Weil dieses Format so wichtig ist, möchte ich Sie gerne dabei unterstützen. Es soll Ihnen in Fleisch und Blut übergehen, wie wenn Sie Treppen steigen oder Ihre Zähne putzen. Dazu habe ich auf meiner Homepage **www.vergangenheitsoptimierung.de** im Downloadbereich eine Audiodatei hinterlegt, die Ihnen die ganze Arbeit abnimmt. Einfach downloaden, zuhören und genießen. Falls Sie noch keine Internetverbindung haben, können Sie auch jemanden bitten, Sie durch das folgende Format zu führen. Wenn das ebenfalls nicht möglich ist, können Sie versuchen, sich alleine durch die verschiedenen Schritte zu arbeiten. Wenn Sie es dabei schaffen, nicht einmal Ihre Augen zum Nachlesen zu öffnen, dann haben sie einen Orden verdient. ☺

Lesen Sie sich diese Übung erst einmal durch, ohne das Geschriebene auszuführen.

1. Jeder Mensch kennt Lieder, die in ihm Gefühle auslösen. Es gibt Lieder, die einen traurig machen, Lieder, die gute Laune erzeugen, und Lieder, die einem Mut und Kraft geben. Wenn ich z. B. den Titelsong von „Fluch der Karibik" höre, wird für mich in meinem Kopf Unmögliches möglich. Sicherlich haben auch Sie einen Song, bei dem Ihnen Ihr Gefühl sagt, dass es jetzt losgeht, dass sie bereit sind, dass Sie Unmögliches möglich machen können. Suchen Sie sich einen solchen Song heraus und legen Sie ihn in den CD-Player oder laden Sie ihn auf Ihren MP3-Player. Stellen Sie den Song so ein, dass er immer wieder von vorne startet, wenn er am Ende ist.

2. Wir benötigen jetzt zwei Körperstellen, die selten von Ihnen oder einem anderen Menschen berührt werden. Die Stellen sollten für Sie in einem entspannten Zustand ohne Anstrengung erreichbar sein. Ich verwende ganz gerne meinen rechten und linken Oberschenkel, auf dem ich meine rechte und linke Hand ablege und bei Bedarf mit Zeige- und Mittelfinger einfach drücke, wo gerade die Hände liegen. Es kann bei Ihnen aber auch eine andere Stelle sein. Wichtig ist, dass Sie den Punkt immer wieder finden, wenn Sie ihn benötigen. Die rechte Hand benutzen Sie jetzt und in Zukunft dafür, um an den Ausgangspunkt (Basislager) Ihrer Expedition zu kommen. Diesen Druckpunkt nennen wir den Berg-der-Freiheit-Anker. Die linke Hand und den von ihr gewählten Punkt benutzen Sie in Zukunft dafür, um Ihr Basislager zu verlassen und in Ihre „Realität" zurückzukehren. Diesen Druckpunkt nennen wir Ihren Hier-und-Jetzt-Anker. Während des Ablaufs dieses Formates werde ich Sie bitten, immer wieder einmal einen dieser beiden Punkte zu drücken.

3. Starten Sie die Musik, setzen oder legen Sie sich bequem hin und legen Sie Ihre beiden Hände auf die von Ihnen gewählten Stellen. Schließen Sie dann Ihre Augen und drücken Sie zum ersten Mal kurz Ihren Berg-der-Freiheit-Anker (rechte Hand).

4. Stellen Sie sich jetzt wieder Ihren Lebensweg vor, an dem Sie Ihrem Alter entsprechend stehen. Der Weg verläuft parallel zu Ihnen und Sie stehen etwa drei Schritte entfernt von ihm.

5. Wenn Sie Ihren Lebensweg vor sich sehen, sagen Sie zu sich: „Ich gehe auf meinen Berg der Freiheit." Stellen Sie sich nun vor, dass Sie hoch und immer höher schweben, bis Sie schließlich auf einem wunderschönen Berg sitzen

und hinunter ins Tal auf Ihren Lebensweg schauen. Drücken Sie beim Hochschweben zum zweiten Mal Ihren Berg-der- Freiheit-Anker.

6. Schauen Sie sich bitte jetzt auf dem Berg um und sehen Sie durch Ihre Augen die bunten Blumen, den See, den blauen Himmel, also all die Dinge, die in Ihnen positive Gefühle erzeugen. Wenn Sie wollen, können Sie sich eine Schneelandschaft zaubern. Sie wissen am besten, was Sie benötigen, um sich gut zu fühlen.

7. Achten Sie darauf, was Sie hören: die Vögel, die Grillen, den Wind, der in den Baumwipfeln ein Rauschen erzeugt.

8. Nehmen Sie wahr, was es zu riechen gibt: Blumen, Heu, Lagerfeuer, Beeren.

9. Und nun fühlen Sie, was es zu fühlen gibt: den Wind, der über Ihre Haut streicht, die Sonne, die Ihre Haut berührt.

10. Lassen Sie Ihre Gefühle immer stärker werden und drücken Sie zum dritten Mal Ihren Berg-der-Freiheit-Anker.

11. Schauen Sie nun hinunter ins Tal. Sie sehen Ihren Lebensweg, an dessen beiden Enden jeweils ein Stein liegt. Einer markiert Ihre Geburt (Vergangenheit) und einer Ihren 80. Geburtstag (Zukunft).

12. Und nun lassen Sie Ihren Berg breiter werden, sodass er von Ihrer Geburt bis zu Ihrem 80. Geburtstag reicht. Ein gutes Stück oberhalb Ihrer Lebenslinie können Sie dann auf einem Bergweg entlangwandern und von oben alle Stationen Ihres Lebens mit viel Abstand betrachten.

13. Bis jetzt haben Sie Dinge erlebt, die mit Ihren realen Erfahrungen zu tun haben. Ich möchte Ihnen nun zeigen, dass von hier oben aus alles möglich ist. Vielleicht kennen Sie den Spruch, wer Schmetterlinge lachen hört, der weiß, wie Wolken duften. Stellen Sie sich einfach vor, dass neben Ihnen zwei Schmetterlinge landen und Sie hören können, wie diese reden und lachen. Wenn Sie die Schmetterlinge hören, drücken Sie zum vierten Mal Ihren Berg-der-Freiheit-Anker.

14. Danach legen Sie sich zurück und schauen in den Himmel. Beobachten Sie, wie die Wolken langsam und sanft über Ihren Kopf ziehen. Eine Wolke streift

sogar Ihr Gesicht. Sie atmen tief ein und zum ersten Mal nehmen Sie wahr, wie Wolken duften. Wenn Sie den Duft riechen, drücken Sie bitte zum fünften Mal den Berg-der-Freiheit-Anker. (Mit dieser Übung regen Sie Ihre Fantasie an, denn Fantasie ist eine wichtige Eigenschaft für ein zufriedenes Leben. Fantasie beginnt da, wo die Realität aufhört. Alle Erfindungen unserer Erde waren erst einmal Fantasie, aus denen dann Realität wurde. Aus Ihrer Fantasie werden Träume und beim Träumen schaffen Sie in Ihrem Gehirn neue Synpasenverbindungen. Diese neuen Wege (Synapsenverbindungen) helfen Ihnen dann, Unmögliches möglich zu machen. Während der Vergangenheitsoptimierung benötigen Sie auch Fantasie und Kreativität, weil Sie dadurch festgefahrene Wege (Synapsenverbindungen) durch neue Visualisierungen verändern werden.

15. Schauen Sie ins Tal und machen Sie sich bewusst, wie winzig die menschlichen Probleme gegenüber der Größe und Mächtigkeit der Natur sind und drücken Sie dabei zum sechsten Mal den Berg-der-Freiheit-Anker.

16. Verharren Sie kurz noch in diesem wunderschönen Zustand.

17. Und nun stellen Sie sich gedanklich darauf ein, dass Sie gleich Ihren Berg der Freiheit wieder verlassen. Schweben Sie vom Berg der Freiheit hinunter zu Ihrem Lebensweg, an dem Sie sich wieder Ihrem Alter entsprechend mit etwas Abstand positionieren. Drücken Sie dabei den Hier-und-Jetzt-Anker und sagen Sie sich selbst: „Ich öffne ganz leicht meine Augen, bin hellwach und munter im Hier und Jetzt angekommen."

18. Öffnen Sie jetzt Ihre Augen, schütteln Sie Arme und Beine etwas aus und kommen Sie dabei komplett zurück ins Hier und Jetzt.

Diese Übung wiederholen Sie bitte dreimal, damit der Ablauf Gewohnheit wird. Ich weiß, das kostet Zeit, aber es rentiert sich.

Durch dieses Format bringt Ihr Gehirn alle zuvor visualisierten Momente mit dem Druckpunkt an Ihrem Bein (Berg-der-Freiheit-Anker) in Verbindung. Noch einmal zum besseren Verständnis: Wenn Sie ein schönes Lied dabei hören, einen wunderbaren Duft riechen und vielleicht einen Sonnenuntergang genießen, verschmelzen diese drei Wahrnehmungen in Ihrem Gehirn zu einer Einheit. Das heißt, wenn Sie Orangen riechen, fällt Ihnen das Lied und der Sonnenuntergang ein, oder wenn Sie das Lied hören, erinnert Sie das an Orangenduft und den Sonnenuntergang usw. Wenn Sie also jetzt Ihren Berg-der-Freiheit-Anker drücken, erinnert sich Ihr Gehirn auf einmal an alle Erlebnisse, die Sie beim Drücken Ihres Ankers visualisiert haben. Zusammenfassend führe ich noch einmal die einzelnen Situationen auf, die Sie im Format 5 in Ihrem Gehirn verankert haben:

- **Beim ersten Druck (rechter Oberschenkel) hören Sie die Musik, die Ihnen Kraft gibt.**
- **Beim zweiten Druck (rechter Oberschenkel) schweben Sie hoch auf Ihren Berg der Freiheit.**
- **Beim dritten Druck (rechter Oberschenkel) stehen Sie assoziiert auf dem Berg.**
- **Beim vierten und fünften Druck (rechter Oberschenkel) wird vom Berg aus alles, was zuvor unmöglich war, möglich.**
- **Beim sechsten Druck (rechter Oberschenkel) wird Ihnen bewusst, dass die Natur viel mächtiger ist als alle Ihre Probleme, und dass Sie alles, was im Tal passiert, dissoziiert betrachten können.**
- **Beim siebten Druck (linker Oberschenkel) verlassen Sie den Berg der Freiheit und kommen ins Hier und Jetzt zurück.**

Es genügt also ein Druck auf Ihren rechten Oberschenkel, um auf Ihren virtuellen Berg der Freiheit zu gelangen, sich auf dem Berg assoziiert zu fühlen, kreative Lösungen möglich zu machen und alles, was im Tal passiert, dissoziiert zu erleben. Außerdem genügt ein Druck auf Ihren linken Oberschenkel, um schnell ins Hier und Jetzt zurückzukehren. Das heißt, in Zukunft brauchen Sie nicht mehr alle einzelnen Punkte des Formats 5 zu durchlaufen, sondern Sie können alleine durch das Drücken Ihrer beiden Anker auf und von Ihrem Berg steigen. Vielleicht fragen Sie sich jetzt, was soll ich eigentlich auf dem Berg der Freiheit?

Ihr Berg der Freiheit vereint alle Vorteile für eine einfache und schnelle Veränderung in Ihrem Leben. Sie bekommen durch ihn den nötigen Abstand zu allen Ihren negativen Erlebnissen und können alle Ereignisse Ihrer Vergangenheit ganz leicht ausfindig machen und ansteuern, weil diese geordnet vor Ihnen liegen. Immer wenn Sie in Zukunft etwas an Ihrem Leben verändern möchten, werden Sie dies vom Berg der Freiheit aus tun. Auf dem Berg der Freiheit errichten Sie sich sozusagen das Basislager für die Expeditionen in Ihre Vergangenheit. Mit dem nächsten Format festigen wir noch einmal die Abläufe in Ihrem Gehirn, damit Sie dann in den nächsten Kapiteln ganz schnell Ihr Basislager erreichen und wieder ins Hier und Jetzt zurückkommen können.

Format 6

Ihr Basislager auf dem Berg Ihrer Freiheit (Konditionierung)

1. Setzen oder legen Sie sich hin. (Sie benötigen jetzt keine Musik mehr, wenn es Ihnen aber guttut und für Sie keine Arbeit bedeutet, können Sie weiterhin Ihre Musik dabei laufen lassen.)
2. Ihre beiden Hände liegen auf dem Berg-der-Freiheit-Anker sowie auf dem Hier-und-Jetzt-Anker.
3. Schließen Sie Ihre Augen, sagen Sie zu sich: „Ich gehe auf meinen Berg der Freiheit" und drücken Sie den Berg-der-Freiheit-Anker, während Sie auf Ihren Berg schweben. Lassen Sie sich dort oben von allen guten Gefühlen, die Sie jemals erlebt haben, verwöhnen. Hören Sie die Schmetterlinge lachen und riechen Sie, wie Wolken duften.
4. Bleiben Sie in der Situation ein paar Minuten, bis Sie merken, dass Sie sich in einer leichten Trance befinden (in diesem Zeitraum werden Sie in Zukunft Ihre Vergangenheit bearbeiten).
5. Drücken Sie jetzt Ihren Hier-und-Jetzt-Anker und sagen Sie sich dabei: „Ich öffne ganz leicht meine Augen, bin hellwach und munter im Hier und Jetzt angekommen."
6. Öffnen Sie Ihre Augen, schütteln Sie Arme und Beine etwas aus und kommen Sie dabei komplett zurück ins Hier und Jetzt.

Machen Sie auch diese Übung bitte dreimal, sodass sie für Ihr Gehirn zur Gewohnheit wird. Damit haben Sie die Möglichkeit, ganz schnell Ihr Basislager zu erreichen und es wieder zu verlassen. Wenn ich Sie in Zukunft auffordere, auf Ihren Berg der Freiheit in Ihr Basislager zu gehen, nehmen Sie folgende Grundhaltung ein:

- **Sie liegen oder sitzen bequem.**
- **Ihre rechte Hand ruht auf dem rechten Oberschenkel.**
- **Ihre linke Hand ruht auf dem linken Oberschenkel.**
- **Beim Druck auf den rechten Oberschenkel schließen Sie Ihre Augen und sagen zu sich: „Ich gehe auf meinen Berg der Freiheit." Dabei fliegen Sie in Ihr Basislager.**

- **Beim Druck auf den linken Oberschenkel sagen Sie zu sich: „Ich öffne ganz leicht meine Augen, bin hellwach und munter im Hier und Jetzt angekommen.“ Dann öffnen Sie Ihre Augen und sind hellwach wieder im Hier und Jetzt angekommen.**

Sie sollten jetzt in der Lage sein, durch ganz leichtes Drücken Ihres Berg-der-Freiheit-Ankers Ihr Basislager zu erreichen und mit dem Hier-und-Jetzt-Anker wieder zurück in die Wirklichkeit zu kommen. Dieser Ablauf sollte Ihnen in Fleisch und Blut übergehen, denn vom Basislager auf Ihrem Berg der Freiheit werden Sie die Fäden ziehen für alle Veränderungsmöglichkeiten, die ich Ihnen in diesem Buch noch vorstelle.

Einmal werden Sie auf dem Berg sitzen und interessiert ins Tal auf Ihre Vergangenheit schauen, ein anderes Mal werden Sie in einer Blumenwiese liegend nach Lösungen für ein Problem suchen. Sie werden über alle Abschnitte Ihres bisherigen Lebens wandern, die Sie voller Neugier und mit Ruhe betrachten und bearbeiten können. Ihr Basislager auf dem Berg der Freiheit wird zum Dreh- und Angelpunkt Ihres Lebens werden. Sie werden ihn im Laufe dieses Buches und auch später immer wieder aufsuchen und ihn als festen Bestandteil Ihres Lebens schätzen lernen.

kurz & bündig

- Das Puzzle Ihres Lebens wird erst an Ihrem Lebensende fertig sein, trotzdem dürfen Sie bereits zu Lebzeiten mit dem Zusammensetzen beginnen, um zu erkennen, wer Sie sind, was Sie wollen und was Sie glücklich macht.
- Wenn Sie wieder einmal innere Zweifel oder Ängste bei Ihrem Vorhaben bremsen sollten, nehmen Sie einen Zollstock zur Hand. Erkennen Sie, dass die Zeit unaufhörlich voranschreitet und Sie jede Minute nutzen sollten, um Ihre Träume zu realisieren.
- Die Veränderung des Lebensweges ist ein mächtiges Werkzeug, um Gefühle zu beeinflussen.
- Am besten ist es, wenn der Lebensweg parallel zu einem verläuft. So hat man Vergangenheit und Zukunft gleichermaßen im Blick und kann problemlos aus Erfahrungen lernen.
- Mit der Vergangenheit im Rücken fällt es leichter, Erinnerungen zu verdrängen. Trotzdem spürt man ständig ein ungutes Gefühl im Nacken. Außerdem lässt es diese Anordnung des Lebensweges kaum zu, aus Erfahrungen zu lernen.
- Die Vergangenheit vor sich zu haben, ist die ungünstigste Anordnung des Lebensweges. Das zeigt, dass die Betroffenen noch sehr viel in Ihrer Vergangenheit erledigen müssen, und das versperrt ihnen die Sicht auf die Zukunft.
- Vom Berg der Freiheit kann man mit viel Abstand zu allen Erlebnissen seines Lebens wandern, um sie dann zu bearbeiten.
- Der Startpunkt für Ihre Expedition, also Ihr Basislager, sollte für Sie jetzt ganz leicht erreichbar sein. So können Sie zu jedem Zeitpunkt Erlebnisse aus der Vergangenheit, aber auch in Ihrer Zukunft verändern.
- Sie sollten nun in der Lage sein, durch Ihren Hier-und-Jetzt-Anker zu jedem Zeitpunkt Ihrer Vergangenheitsoptimierung wieder ins Hier und Jetzt zu gelangen.

13. Die Ausrüstung für Ihre Expedition

In diesem Kapitel erfahren Sie,

- was es mit den ungeschliffenen Diamanten und verrosteten Münzen auf Ihrem Lebensweg auf sich hat,
- wie man mit acht Werkzeugen Gefühle verändern kann,
- welche Möglichkeiten unser Gehirn hat, Erfahrungen abzuspeichern,
- wie Sie sich eine Positiv-denken-Maschine bauen,
- wie Sie mit lustigen Liedern alte Erinnerungen tunen können,
- wie zwei bedeutungsvolle und 1800 bedeutungslose Pausenbrotmomente aussehen,

- wie Sie die Gefühle zweier Erinnerungen austauschen können,
- wie Sie eine Erinnerung komplett löschen können,
- welche Auswirkungen der gefühlsmäßige Unterschied zwischen Samstag und Sonntag hat,
- was es mit dem Tatort ohne Mörder auf sich hat,
- wie Sie durch Erkenntnis, Einsicht und Verstehen Ihre Vergangenheit verändern können,
- warum wir immer das tun sollen, was uns unser Gefühl sagt.

Von den ungeschliffenen Diamanten und verrosteten Münzen Ihres Lebens

Nachdem Ihr Lebensweg nun offen vor Ihnen liegt, haben Sie zum ersten Mal eine wirklich geordnete Übersicht über die Stationen in Ihrem Leben. Durch diese neue Sichtweise werden lang verschollene Schätze sichtbar. Einige liegen direkt auf dem Weg, andere müssen Sie erst ausgraben. Sie finden dort z. B. Rohdiamanten, die noch geschliffen werden müssen oder verrostete Münzen, die erst nach einer Behandlung ihren echten Wert zeigen. Ich spreche hier von den Erlebnissen aus Ihrer Vergangenheit, die bis heute Gefühle in Ihre Gegenwart schicken. Im Moment sind diese unbehandelt und kommen Ihnen deshalb wertlos vor. Wahrscheinlich ist das auch der Grund, weshalb Sie sich noch nie richtig damit befasst haben. Sie erscheinen Ihnen im Moment als Ballast, den Sie gerne abwerfen würden, weil Ihnen nicht bewusst ist, dass Sie eigentlich Schätze bei sich tragen. Diese verrosteten Münzen und ungeschliffenen Diamanten enthalten Lebenserfahrung und ein riesiges Potenzial an Lebensqualität und Freiheit. Wenn Ihre Diamanten geschliffen und Ihre Münzen poliert sind, wird sich dieser Glanz auf Ihr ganzes Leben übertragen. Lebensqualität, Mut, Gesundheit, Freiheit und das Erreichen neu gesteckter Ziele sind dann der Lohn für Ihre Arbeit. Für das Schleifen und Polieren Ihrer Schätze benötigen Sie bestimmte Werkzeuge, die ich Ihnen jetzt in diesem Kapitel vorstellen möchte. Die Rohdiamanten und Münzen sind natürlich Synonyme für die Bilder und Filme, die Ihr Gehirn von den belastenden Ereignissen Ihres Lebens gemacht hat. Diese Bilder dürfen Sie mit den nun folgenden acht Werkzeugen so lange bearbeiten, bis diese keine negativen Gefühle mehr ausstrahlen. Wenn Sie diese Werkzeuge kennengelernt haben und sie ohne Probleme bedienen können, packen wir alle Werkzeuge in Ihren Rucksack. Diesen tragen Sie dann während der Expedition Vergangenheitsoptimierung immer bei sich. Sie haben damit in Zukunft für jedes Problem das passende Werkzeug zur Hand und können jeden ungeschliffenen Edelstein in wenigen Minuten in einen Diamanten verwandeln.

Sie werden merken, dass Ihnen das ein oder andere Werkzeug besser in der Hand liegt oder Sie mit einem bestimmten Werkzeug größere Erfolge erzielen. Jedem Menschen hilft etwas anderes. Finden Sie einfach für sich selbst heraus, mit welchen Werkzeugen Sie am effektivsten arbeiten. Den Erfolg eines Werkzeuges testen Sie immer mithilfe Ihrer Gefühle. Bevor Sie ein Werkzeug zur Veränderung Ihrer Gefühle benutzen, sollten Sie stets Ihre Bilder oder Filme anhand Ihrer Gefühle bewerten. Beurteilen Sie nach der Arbeit erneut Ihre Bilder oder Filme anhand Ihrer Gefühle und Sie werden schnell feststellen, wie erfolgreich Ihre Arbeit war. Die Gefühle eines Bildes oder Filmes müssen nicht nach der Benutzung eines Werkzeuges komplett verschwunden sein, wichtig ist nur, dass Sie bemerken, dass sich etwas ins Positive bewegt. Wenn die Gefühle sich noch nicht ganz aufgelöst haben, benutzen Sie einfach das Werkzeug noch einmal oder arbeiten Sie mit anderen Werkzeugen weiter, bis Sie zufrieden sind mit den Gefühlen, die die Erinnerung jetzt auf Sie ausstrahlt.

Ein Bild und ein Bild: Der kleine Unterschied, den die wenigsten bemerken

Haben Sie sich schon einmal Gedanken darüber gemacht, woher ein Gehirn den Unterschied zwischen gut und böse kennt? Es kommt durchaus vor, dass ein Mensch z. B. vor einer Schlange Angst hat und ein anderer die Schlange toll findet. Erinnern Sie sich noch an mein Erlebnis mit dem angeblichen Skinhead im Zugabteil (Kapitel 7)? Welche Aktion hat mein Gehirn hier in Sekundenbruchteilen durchgeführt, um das negative Bild in ein positives zu verwandeln? Vielleicht denken Sie jetzt: „Ganz klar, das Gehirn hat dem Bild einfach ein neues Gefühl zugeordnet." Das ist aber nur die halbe Wahrheit. Zuerst wird nämlich lediglich das Bild in unser Bewusstsein gerückt, anschließend kommen dann die Gefühle hervor. Also muss unser Gehirn bereits am Bild erkennen, was daran positiv und was daran negativ ist. Ich habe in diesem Buch bereits angesprochen, dass wir Menschen alle unsere Erinnerungen in Bildern und Filmen konservieren, und dass die Bilder auch verschieden sein können. Bilder und Filme unterscheiden sich, was den Inhalt angeht (also das Geschehen), und außerdem dadurch, wie das Gehirn die Erfahrung abgespeichert hat.

So gibt es z. B. ein unscheinbares Passbild oder ein riesiges Werbeplakat an der Wand, es gibt Schwarz-Weiß-Bilder aus Omas Zeiten und Farbbilder von einem wunderschönen Sonnenuntergang. Es gibt Bilder, die unscharf sind, und Bilder, die durch ihre Brillanz beeindrucken. Wir sind in der Lage, Dinge in 3D zu sehen oder einfach nur als flaches Bild. Trotz dieser Unterschiede bei der Betrachtung kann der Inhalt des Bildes unverändert bleiben. Unserem Gehirn stehen also für den gleichen Bildinhalt mehrere Interpretationsmöglichkeiten zur Verfügung, indem es das Bild entsprechend „gestaltet" und Untereigenschaften auswählt. Anhand dieser zugeordneten Eigenschaften erkennt das Gehirn, ob etwas positiv oder negativ ist. Der Ansatzpunkt ist bei dieser Vorgehensweise ein ganz anderer als bei den meisten Therapie- und Coachingformen, die in der Regel das Thema analysieren und in Gesprächen ergründen, was, wie und warum Dinge passiert sind. Mithilfe der nächsten Übung werden Sie feststellen, wie einfach es ist, mithilfe der Untereigenschaften eine Erinnerung trotz gleichbleibenden Inhalts von einer negativen in eine positive zu verwandeln.

Werkzeug 1

Wir bauen uns eine Positiv-denken-Maschine

Sie finden hier eine Liste von verschiedenen Untereigenschaften, die unser Gehirn verwendet, um Erinnerungen zu bewerten. Holen Sie sich bitte eine negative Erinnerung in Ihr Bewusstsein, beginnen Sie die erste Übung mit einer Erinnerung, die zwar negative Gefühle auslöst, aber nicht Ihr ganzes Leben beeinflusst. Wir tasten uns dann im Laufe dieses Buches immer weiter an die größeren Probleme Ihrer Vergangenheit heran. Stellen Sie nun anhand der Liste fest, mit welchen Untereigenschaften Ihr Gehirn negative Erinnerungen kodiert, indem Sie in die leeren Zeilen schreiben, wie Ihre Erinnerung beschaffen ist. Steht am Anfang z. B. hell oder dunkel, dann betrachten Sie Ihre Erinnerung und bewerten Sie, ob sie hell oder dunkel ist und schreiben Sie die Antwort in die Zeile. Kleiner Tipp: Leichter geht es zu zweit! Einer fragt und schreibt, der andere hat die Augen zu und erinnert sich.

Ist Ihr Bild….

bewegt oder still (Film oder Bild)? ______________________________

hell oder dunkel? ______________________________

schwarz-weiß oder farbig? ______________________________

auf der Oberfläche: rau, glatt, glänzend oder matt?______________________________

klein oder groß? ______________________________

scharf oder unscharf?______________________________

begrenzt z. B. durch einen Rahmen oder hat es keine Begrenzung? ______________

rund, viereckig usw.? ____

weit weg oder in Ihrer Nähe? ____

2D oder 3D (flach oder räumlich)? ____________________________________

dissoziiert oder sehen Sie es durch Ihre Augen (assoziiert)? __________________

Beinhaltet Ihr Bild auch Geräusche? Wenn ja…

ist die Tonlage hoch oder tief? _______________________________________

von wo kommen die Geräusche? _____________________________________

sind die Geräusche schnell oder langsam? _______________________________

Und nun machen Sie dasselbe mit einem positiven Bild. Erinnern Sie sich an eine Situation, bei der es Ihnen richtig gut ging und beantworten Sie dann folgende Fragen:

Untereigenschaften Ihrer positiven Erinnerung

Ist Ihr Bild….

bewegt oder still (Film oder Bild)? ____________________________________

hell oder dunkel? ____

schwarz-weiß oder farbig? ____

auf der Oberfläche: rau, glatt, glänzend oder matt?_______________________

klein oder groß? ______________________________

scharf oder unscharf? ______________________________

begrenzt z. B. durch einen Rahmen oder hat es keine Begrenzung? ______________

rund, viereckig usw.? ______________________________

weit weg oder in Ihrer Nähe? ______________________________

2D oder 3D (flach oder räumlich)? ______________________________

dissoziiert oder sehen Sie es durch Ihre Augen (assoziiert)? ______________

Beinhaltet Ihr Bild auch Geräusche? Wenn ja…

ist die Tonlage hoch oder tief? ______________________________

von wo kommen die Geräusche? ______________________________

sind die Geräusche schnell oder langsam? ______________________________

Sie haben hiermit sämtliche Untereigenschaften sowohl einer negativen Erinnerung als auch einer positiven Erinnerung herausgearbeitet. Lassen Sie uns jetzt mit der Veränderung beginnen: Vergleichen Sie beide Listen miteinander. Die Eigenschaften, die auf beiden Listen gleich sind, streichen Sie bitte durch. Ein Beispiel: Wenn sowohl das positive als auch das negative Bild schwarz-weiß ist, streichen Sie diese Untereigenschaft in beiden Listen. Nachdem Sie alle Gemeinsamkeiten gestrichen haben, bleiben die verschiedenen Untereigenschaften übrig. Diese verwendet Ihr Gehirn, um etwas von gut und schlecht zu unterscheiden. Mit diesen werden wir jetzt weiterarbeiten. Auch hier ist es einfacher, wenn Sie die Augen geschlossen haben und Ihnen eine zweite Person sagt, was Sie tun sollen.

1. Erinnern Sie sich erneut an Ihr negatives Bild. Es ist ganz wichtig, dass Sie genau auf Ihre aktuellen Gefühle achten und dann darauf, was sich im Laufe dieser Übung an Ihren Gefühlen verändert.

2. Bearbeiten Sie der Reihe nach die Untereigenschaften, die in Ihren beiden Listen unterschiedlich waren. Verändern Sie das negative Bild, indem Sie die Eigenschaften des positiven Bildes in das negative transportieren. Beispiel: Wenn Ihr negatives Bild dunkel ist und Ihr positives Bild hell, dann machen Sie Ihr negatives Bild heller, wenn Ihr negatives Bild 3D ist und Ihr positives 2D, dann machen Sie aus Ihrem negativen Bild ein 2D-Bild. Wenn das negative Bild einen tiefen Ton hat und Ihr positives Bild einen hohen, dann machen Sie den Ton einfach höher usw. Während jeder einzelnen Veränderung von negativ zu positiv drücken Sie bitte ganz leicht Ihre Nasenspitze.
3. Wenn Sie alle negativen Untereigenschaften in positiv umgekehrt haben, bewerten Sie Ihre Gefühle bitte noch einmal. In der Regel müssten jetzt auch Ihre Gefühle positiv geworden sein.

Die Benutzung Ihrer Positiv-denken-Maschine

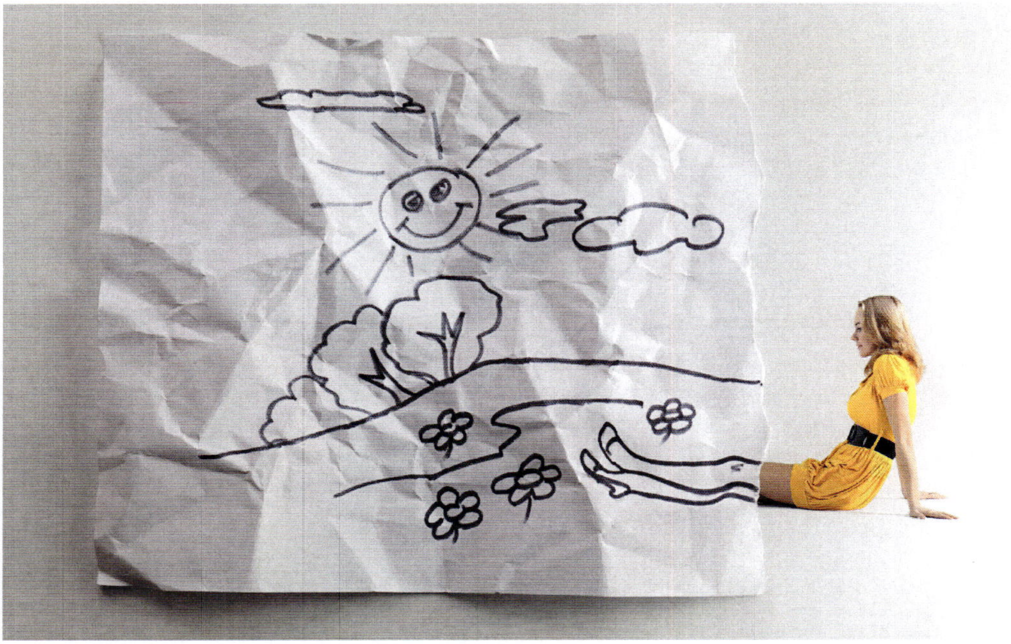

Vielleicht fragen Sie sich jetzt, warum Sie sich dabei die Nase drücken mussten? Für die Beantwortung dieser Frage, bitte ich Sie, Folgendes durchzuführen:

1. Denken Sie an eine andere negative Erinnerung und bewerten Sie wieder Ihre Gefühle.
2. Drücken Sie jetzt Ihre Nase und achten Sie darauf, was passiert.
3. Jetzt sollte sich automatisch das negative Bild in ein positives verwandeln und natürlich Ihre Gefühle dazu.

In Zukunft können Sie nur durch einen Druck auf Ihre Nasenspitze eine negative Erinnerung in eine positivere umwandeln. Es ist dabei egal, ob sich die Gefühle Ihrer Erinnerung komplett ins Positive gedreht haben, oder ob es nur ein wenig besser geworden ist. Entscheidend ist, dass Sie bemerkt haben, dass man eine scheinbar unveränderbare Erinnerung auch Jahre später noch überarbeiten kann, und dass dies möglich ist, ohne den Inhalt des Ereignisses verändern zu müssen. Für mich ist diese Erkenntnis eine der wichtigsten in meinem Leben. Sie eröffnet mir die Freiheit, dass ich alles, was ich erlebt habe oder noch erleben werde, zu jedem Zeitpunkt in meinem Leben nachbearbeiten kann. Ich bekomme dadurch die Freiheit eines Filmregisseurs, der seine Filme nach dem Dreh erst passend macht. Das heißt, ich bin in der Lage, Erinnerungen im Nachhinein zu vertonen, neue Sequenzen einzufügen oder unpassende Momente ganz herauszuschneiden. Ich hoffe, Sie erkennen, welche ungeahnte Lebensqualität hinter diesen schnellen und einfachen Möglichkeiten der Lebensveränderung steckt.

Fragen, die Sie sich jetzt stellen könnten:

Funktioniert das von nun an immer? So wie Sie der Geruch von Zimt und Orange an Weihnachten erinnert und nicht an Ostern, erinnert sich Ihr Gehirn beim Druck auf die Nase daran, dass Sie ein negatives in ein positives Bild umwandeln möchten. Sie haben sich selbst einen Anker gesetzt, der Ihnen in der Regel erhalten bleibt. Natürlich kann es vorkommen, dass sich Gefühle von Erinnerungen mit sehr starken Emotionen nicht ganz auflösen lassen. Wenn Sie aber durch einen einfachen Druck auf Ihre Nasenspitze bereits etwas Veränderung in verstaubte Synapsenverbindungen bringen, ist das schon ein Anfang, danach können Sie mit einem anderen Werkzeug weiterarbeiten. Falls die Wirkung Ihrer Positiv-denken-Maschine nachlassen sollte, hindert Sie aber niemand daran, diese Übung öfter zu machen, um so Ihren Positiv-denken-Anker zu verstärken.

Kann ich auch etwas anderes drücken? Sie können jede Stelle Ihres Körpers benutzen. Wenn Ihnen also die Nase nicht gefällt, drücken Sie einfach woanders. Wenn Sie eine Stelle ausgewählt haben, müssen Sie diese aber natürlich beibehalten.

Kellermusik oder wie man negative Gefühle vertreibt

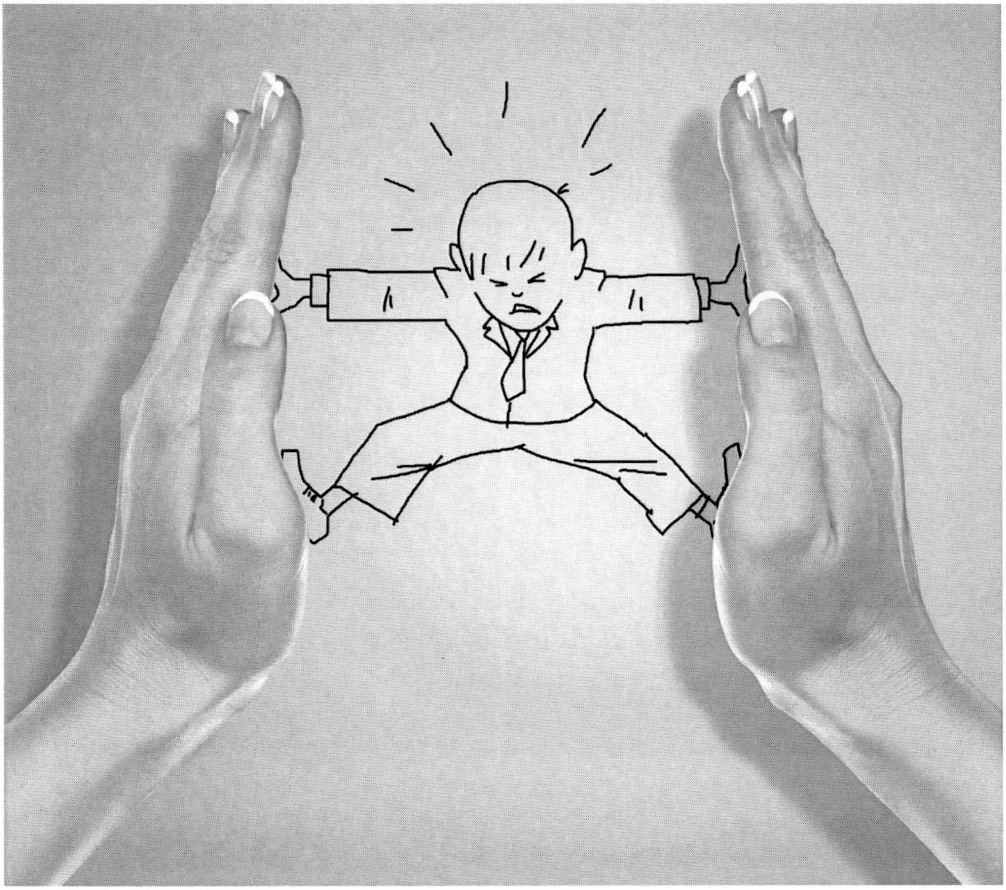

Als Kind musste ich ab und zu in unseren Keller gehen, um Getränke zu holen. Bei Tag war das kein Problem, doch am Abend, wenn es dunkel war, überkam mich immer ein ungutes Gefühl. Je weiter ich die Treppen zum Keller hinunterstieg, desto kälter und unheimlicher wurde es. Natürlich sollte von meiner Familie keiner erfahren, dass ich Angst davor hatte, in den Keller zu gehen. Ich bemühte mich deshalb jedes Mal, den Anschein zu erwecken, dass alles in Ordnung ist. In Wirklichkeit war aber jeder Kellergang unangenehm für mich. Ich versuchte, meiner Angst durch Geschwindigkeit ein Schnippchen zu schlagen. Also rannte ich wie ein Verrückter schnell in den Keller und wieder zurück. Ich verkürzte dadurch zwar die Dauer meiner negativen Emotionen, musste aber feststellen, dass die Schmerzen des Sturzes von der obersten bis zur untersten Stufe wesentlich länger anhielten, als die Angst während des Getränkeholens dauerte.

„Warum rennst du auch so?", waren die Worte meiner Eltern, worauf ich erwiderte: „Ich wollte nicht so viel vom Fernsehprogramm verpassen!" Geschwindigkeit war also nicht die Lösung für meine Angst vor dem Keller, also musste ich eine andere Strategie entwickeln. So fing ich eines Tages an zu pfeifen und bemerkte, dass sich dadurch meine Angst verringerte. Mein zwei Jahre älterer Bruder durchschaute mich natürlich sofort: „Du hast wohl Angst im Keller", worauf ich antwortete: „So ein Quatsch, der Keller macht mir gar nichts aus."

Nachdem diese Strategie auch nicht aufging, beschloss ich, bei einem erneuten Kellergang nur in Gedanken ein Lied zu singen. Zu meiner Verwunderung merkte ich, dass dadurch die Angst weniger wurde. Ich experimentierte mit verschiedenen Liedern und stellte fest, je lustiger der Titel war, desto weniger Angst verspürte ich.

Zum damaligen Zeitpunkt war das Schlumpflied von Vater Abraham sehr populär. „Sag mal, wo kommt ihr denn her, aus Schlumpfhausen bitte sehr", tönte es laut in meinem Kopf, während ich die kleinen, blauen Schlümpfe in Gedanken herumhüpfen sah. Ich bemerkte zum damaligen Zeitpunkt bereits, dass es unmöglich war, Angst und Fröhlichkeit auf einmal zu spüren.

Es konnte nur eines von beiden Gefühlen präsent sein. Vielleicht haben Sie ja als Kind auch manchmal gesungen, um Ängste aufzulösen. Dieser Trick hat bis heute noch nichts von seiner Wirksamkeit verloren und kommt in der Vergangenheitsoptimierung zum Einsatz, um negative Gefühle alter Erinnerungen in neutrale oder sogar positive zu verwandeln.

Werkzeug 2

Neuvertonung

Rufen Sie sich bitte Ihre Erinnerung der letzten Übung ins Gedächtnis und beurteilen Sie die Gefühle, die beim Betrachten des Bildes in Ihnen ausgelöst werden. Entscheiden Sie jetzt, ob diese Erinnerung für Sie so bleiben kann, oder ob Sie diese noch ein wenig tunen ☺ wollen. Wenn diese Erinnerung kein Thema mehr für Sie ist, legen Sie diese bitte beiseite und holen Sie sich eine andere negative Erinnerung in Ihr Bewusstsein.

1. Schließen Sie Ihre Augen und stellen Sie sich Ihr negatives Ereignis vor.
2. Schauen Sie dieses Bild oder den Film jetzt genau an und bewerten Sie Ihre Gefühle.
3. Suchen Sie sich ein Lied aus, bei dem Sie lachen oder schmunzeln müssen. Je blöder, desto besser. Hier ein paar Vorschläge, falls Ihnen nichts einfällt:
    - Schlumpflied,
    - Biene Maja,
    - Das Rote Pferd,
    - Pippi Langstrumpf usw.
4. Singen Sie bitte dieses Lied in Gedanken mit, während Sie Ihr Bild betrachten.
5. Drehen Sie Ihren inneren Verstärker richtig auf.
6. Lassen Sie die Schlümpfe, Biene Maja, Das Rote Pferd oder Pippi Langstrumpf durch das Bild laufen.
7. Führen Sie das Ganze eine Minute lang durch.
8. Jetzt denken Sie kurz an etwas anderes.

9. Und nun rufen Sie sich noch einmal das Ausgangsbild ins Gedächtnis und bewerten wieder Ihre Gefühle.

In der Regel haben sich nun Ihre Gefühle ins Positive gewendet. Niemand kann negative Gefühle aufrechterhalten, wenn blaue, kleine, lustige Schlümpfe singend durch ein Bild laufen. Drehen Sie einmal bei einem spannenden Film im Fernsehen den Ton ab oder lassen Sie zum tonlosen Film eine lustige Musik laufen. Ihre Gefühle werden plötzlich von angespannt in entspannt und belustigt umschlagen. Alle hier aufgeführten Werkzeuge geben Ihnen die Kontrolle über Ihre Gefühle zurück und bedeuten somit mehr Lebensqualität. Ich möchte an dieser Stelle hervorheben, dass es einzig und allein negative Gefühle sind, die uns Lebensqualität rauben und die wir mit Essen, Alkohol, Zigaretten oder anderen Drogen zu kontrollieren versuchen. Doch damit ist nur eine Symptombekämpfung möglich, denn die negativen Gefühle sind immer noch präsent, wenn die Wirkung der Mittel nachlässt. Die Werkzeuge, die ich hier beschreibe, setzen an der Stelle an, wo die Gefühle entstehen, nämlich in Ihren Erinnerungen.

Sie können innerhalb von wenigen Minuten ein belastendes, vorher immer wiederkehrendes Gefühl so verändern, dass Sie in Zukunft keine Mittel mehr benötigen, mit denen Sie sich nur künstlich gut fühlen. Dafür müssen Sie weder Geld, übermäßig Zeit noch Kraft investieren. Das Beste aber ist, das Ganze geht nicht auf Kosten Ihrer Gesundheit, sondern unterstützt dieselbe. Sie haben jetzt zwei Werkzeuge kennengelernt, mit denen Sie den Einfluss einer Erinnerung auf Ihr heutiges Leben verändern können, obwohl der virtuelle Inhalt gleich bleibt. Für viele Situationen reichen diese zwei Formate aus, es gibt aber auch Erinnerungen, bei denen man den Inhalt des Bildes verändern muss, damit sich die Gefühle komplett ins Positive drehen.

Bei allen folgenden Werkzeugen, die ich Ihnen in diesem Kapitel vorstelle, bitte ich Sie, diese **nur durchzulesen, aber noch nicht anzuwenden**. Verschaffen Sie sich erst einmal einen Überblick über die Werkzeuge. In den nächsten Kapiteln werde ich Ihnen dann erklären, wie Sie diese während Ihrer Vergangenheitsoptimierung anwenden können. Der Grund dafür ist, dass die meisten Ereignisse aus unserer Vergangenheit nicht nur Spuren in Form von Bildern, Filmen und Gefühlen hinterlassen haben, sondern sich daraus auch Gewohnheiten, Glaubenssätze und Verhaltensweisen entwickelt haben können. Um diese Dinge zu berücksichtigen und gegebenenfalls zu löschen oder zu verändern, benötigen Sie zusätzlich zu den Werkzeugen noch einige Informationen.

Wenn mir das bloß nicht passiert wäre oder die Frage, ob man eine Erinnerung komplett löschen kann

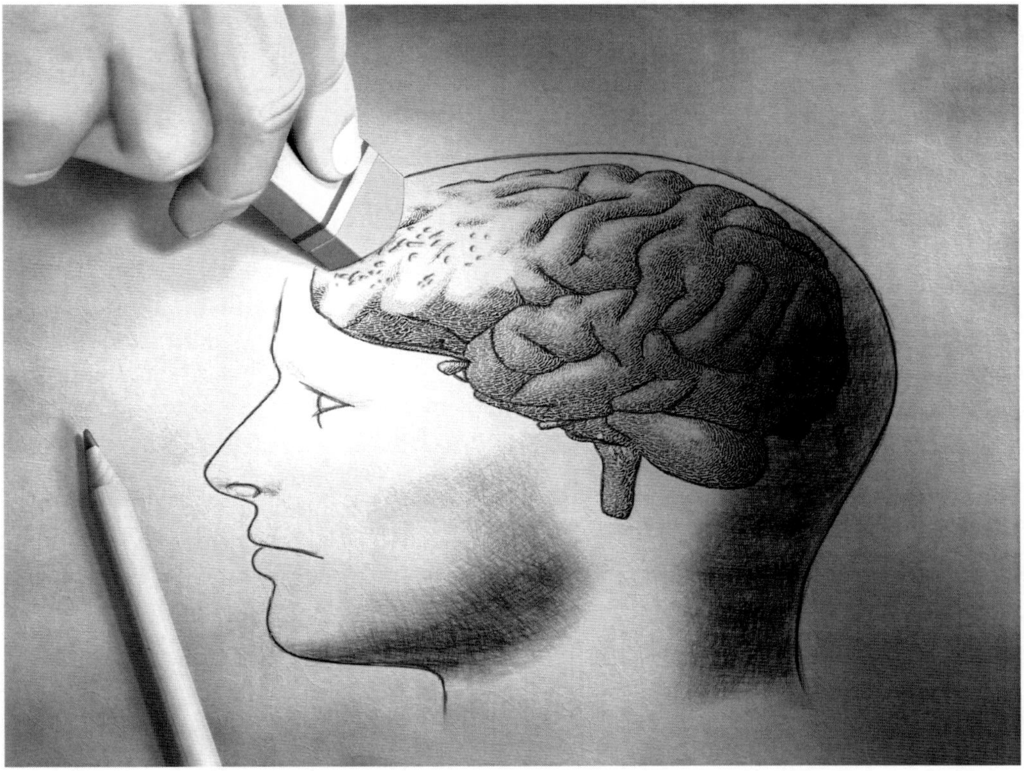

Bei jedem von uns gibt es sicherlich in der Vergangenheit ein Erlebnis, von dem er heute denkt: „Wenn mir das bloß nicht passiert wäre!" Hier stellt sich die Frage, ob es möglich ist, eine Erinnerung zu löschen, sodass sie der Betroffene nicht mehr aktivieren kann. Um diese Frage zu beantworten, müssen wir uns eine zweite Frage stellen. Wir sammeln und speichern im Laufe des Lebens durch unsere fünf Sinne Milliarden von Informationen, doch können wir uns am Ende noch an alles genau erinnern? In einer Art Test habe ich einmal versucht, visuell zu dem Moment zu gelangen, wo ich geboren bin. Aber egal, wie tief ich mich in Trance befand, ich konnte nicht eine Erinnerung finden, die mir zeigte, wie meine Geburt ablief. Interessanterweise erzählt aber der ein oder andere Klient von mir schon in einer leichten Trance Erlebnisse aus frühester Kindheit, manchmal sogar aus der Zeit im Mutterleib. Ich beschloss, die

Information aufzurufen, die ich als erste so abgespeichert hatte, dass ich mich daran erinnern konnte. Ich sah mich im Kindergarten sitzen und einen Haferflockenbrei essen, der von einer Erzieherin vorher mit Wasser angerührt worden war. Scheinbar herrschte zum damaligen Zeitpunkt Wassernotstand, denn mein Brei war so trocken, dass ich nach dem dritten Löffel fast erstickt wäre. Kurz nach dieser Erinnerung sah ich mich als kleinen Schuljungen in der ersten Klasse. Ich stand im Pausenhof an einem Pfosten und war gerade dabei, mein Frühstücksbrot zu essen. Hatten Sie schon einmal ein Brot im Mund, das so trocken war wie die Wüste Gobi und das dem Kalbsleberwurstbelag auch noch die letzte Restfeuchte aus den Zellen saugte? An jenem Tag bin ich in meinem Leben fast zum zweiten Mal an einem Nahrungsmittel erstickt.

Ich ging in Gedanken weiter in meiner Vergangenheit spazieren und bemerkte schnell, dass mir überwiegend Situationen gegenwärtig waren, die mit negativen Gefühlen in Verbindung standen. Auch meine Klienten, die mir Geschichten aus dem Mutterleib erzählten, berichteten ausschließlich von negativen Emotionen. Natürlich sah ich auch viele positive Situationen bei meiner virtuellen Reise in die Vergangenheit, sie waren aber nicht so präsent wie die negativen Erlebnisse. Mir wurde klar, dass ich mich nur an die Situationen erinnerte, die mich in irgendeiner Weise emotional berührt hatten. Ich hangelte mich auf meiner Suche von Bruchstück zu Bruchstück und fand dabei auch Ereignisse, die besonders lustig waren, Dinge, die mich begeistert oder überrascht hatten, aber hauptsächlich Erinnerungen, die in mir ein negatives Gefühl bewirkt hatten. Doch wo waren all die Momente dazwischen geblieben? Diese habe ich doch auch gesehen, gehört, gerochen, geschmeckt und gefühlt.

So gibt es bestimmt viele Augenblicke in meiner Schulzeit, in denen ich in der Pause am Pfosten stand, ohne zu ersticken. Ab und zu bekam ich ja bestimmt auch mal etwas Leckeres zu essen mit in die Schule. Trotzdem kann ich mich an die vielen Momente, in denen ich mit meinem Pausenbrot zufrieden war, nicht mehr erinnern. Und das müssen viele gewesen sein. Ich habe das einmal durchgerechnet: Wenn ich im Jahr 185 Tage die Schule besuchte und an 150 Tagen mit meinem Pausenbrot zufrieden war und das Ganze mal zwölf Jahre nehme, komme ich auf 1800 Pausenbrote, an die ich mich nicht mehr erinnern kann. Mein Fazit ist deshalb, dass belanglose Ereignisse, die mich nicht emotional berührt haben, für mein Gehirn keine lebenswichtigen Informationen beinhalten und deshalb in Vergessenheit geraten sind, oder von meinem Gehirn gar nicht erst abgespeichert worden sind. Im Gegenzug gewannen Ereignisse umso mehr an Bedeutung, je emotionaler ich sie erlebt hatte.

Kurz gesagt, je stärker die Gefühle einer Erinnerung waren, desto tiefer wurden diese in mein Gehirn eingebrannt oder anders gesagt, je heftiger die Emotionen in der Vergangenheit, desto größer ist der Einfluss auf mein heutiges Leben. Das hat wohl damit zu tun, dass es die wesentliche Aufgabe unseres Gehirns ist, unser Überleben zu sichern und das kann es nur, wenn es die wichtigsten Erfahrungen, also die negativen, für uns „konserviert". Die anfangs gestellte Frage, ob wir Erinnerungen komplett löschen können, würde ich mit „Ja, es ist machbar" beantworten. Wir müssen es nur schaffen, auf eine negative Erinnerung den emotionalen Stellenwert von einem meiner 1800 Pausenbrotmomente zu übertragen. Dann wird unser Gehirn die Erinnerung automatisch verblassen lassen, weil sie nicht mehr von Bedeutung ist. Die Werkzeuge 3 bis 5 beschäftigen sich damit, Ereignisse aus Ihrer Vergangenheit komplett zu löschen.

Werkzeug 3

Ein Bild Löschen

Mit diesem Werkzeug löschen Sie ein Bild, sodass Sie am Ende nur noch eine weiße Fläche vor sich sehen.

1. Nehmen Sie ein Bild, das Sie während Ihrer Vergangenheitsoptimierung vom Berg der Freiheit aus auf Ihrem Lebensweg gesehen haben, und lassen Sie es zwei Meter darüber schweben.
2. Nehmen Sie das Bild nun in Gedanken in Ihre beiden Hände und beginnen Sie, es mit beiden Händen in eine Million Teile zu zerreißen.
3. Sammeln Sie die Schnipsel auf und stecken Sie diese in eine Feuerwerksrakete.

4. Zünden Sie die Rakete an und sehen Sie, wie Sie in den Abendhimmel zischt und am Himmel zerplatzt. Beobachten Sie, wie eine Million bunte Funken verglühen und Ihnen ein wunderbares Feuerwerk zaubern.
5. Irgendjemand hat jetzt von Ihrem Ursprungsbild noch eine Raubkopie gemacht. Aber Sie wissen ja, wie das bei Raubkopien ist, sie sind unscharf, blass, verkrumpelt und man erkennt fast nichts mehr auf dem Bild.
6. Nehmen Sie jetzt diese Raubkopie und schockgefrieren Sie diese. Dann schlagen Sie mit einem großen Hammer auf das Bild und lassen es in eine Milliarde Eiskristalle zerspringen, die gleich darauf von der Sonne in nichts aufgelöst werden.
7. Irgendjemand hat von der Raubkopie des Ursprungsbildes noch eine Raubkopie gemacht, auf der man so gut wie nichts mehr erkennen kann. Auch diese möchten Sie loswerden, damit Sie endlich damit abschließen können. Nehmen Sie die Raubkopie in die linke Hand und in die andere Hand ein Feuerzeug, mit dem Sie das Bild anzünden.
8. Während die Flammen das Bild langsam zu Asche verwandeln singen Sie wieder ein lustiges Lied in Ihrem Kopf mit. Wenn Sie nur noch Asche auf der Hand halten, pusten Sie einmal kurz und das Bild ist endgültig verschwunden.
9. Denken Sie kurz an etwas anderes.
10. Versuchen Sie nun, sich an das Ursprungsbild zu erinnern.

In den meisten Fällen sehen Betroffene nur noch ein weißes Bild. Wenn das nicht so ist, können Sie gerne einen weiteren Durchgang machen oder das Bild auf Ihre ganz persönliche Art zerstören. Der Fantasie sind dabei keine Grenzen gesetzt. Am Ende malen Sie auf die weiße Fläche Ihres Bildes in Gedanken etwas, was Ihnen Freude macht oder ersetzen es mit einer positiven Erinnerung.

Werkzeug 4

Schneller Austausch von zwei Bildern und deren Gefühlen

Die Technik, die ich in der Vergangenheitsoptimierung verwende, stammt aus dem NLP und wird dort als „Swish-Technik“ bezeichnet. Mit diesem Werkzeug ist es möglich, ein inneres negatives Bild mit den Emotionen eines anderen Bildes zu verknüpfen. Dieses Werkzeug funktioniert nur mit Bildern. Mit negativen Erinnerungen, die Ihr Gehirn als Film abgespeichert hat, beschäftigen wir uns später.

Das Werkzeug 4 verwende ich persönlich am liebsten bei meinen Kunden, wenn es um die Veränderung von Bildern geht. Es ist immer wieder interessant, wie überrascht meine Kunden sind, wenn Sie mithilfe dieses Werkzeuges ein Gefühl, das sie schon ein Leben lang begleitet, in Sekunden so verändern, dass es keinen Einfluss mehr auf ihr Leben hat.

1. Nehmen Sie ein Bild, das Sie während Ihrer Vergangenheitsoptimierung vom Berg der Freiheit aus auf Ihrem Lebensweg gesehen haben, und lassen Sie es zwei Meter darüber schweben.
2. Schauen Sie sich die Erinnerung bitte kurz an und bewerten Sie wieder Ihre Gefühle.
3. Legen Sie dann das Bild beiseite und rufen Sie ein Bild auf, das ein zum negativen Bild gegensätzliches Gefühl enthält. Beispiel: Wenn Sie sich auf dem ersten Bild geärgert haben, sollten Sie auf dem zweiten Bild Freude empfinden usw.
4. Schieben Sie jetzt dieses positive Bild von sich weg und lassen Sie es dabei kleiner und dunkler werden. Machen Sie das bitte so lange, bis Sie in weiter Ferne nur noch einen kleinen schwarzen Punkt sehen.
5. Holen Sie nun das Bild mit den negativen Emotionen hervor.

6. Nun kommt der Hauptteil. Schieben Sie das negative Bild von sich weg in die Ferne. Dabei lassen Sie es kleiner und dunkler werden. Gleichzeitig lassen Sie das positive Bild aus dem kleinen, schwarzen Punkt auf sich zukommen und machen es größer und heller. Das Ganze sollte nur eine Sekunde dauern. Vielleicht denken Sie jetzt: „Das ist aber gar nicht so einfach", und ich antworte Ihnen: „Das kann sein, aber Sie kamen auch nicht auf die Welt und konnten sofort laufen."Alles, was Ihnen heute leicht von der Hand geht, haben Sie erst ein paar Mal ausprobieren müssen, bis es in Fleisch und Blut übergegangen ist. Auch diese Technik funktioniert leicht, wenn Sie diese ein paar Mal angewendet haben.
7. Machen Sie diesen Austausch jetzt zehnmal.
8. Denken Sie kurz an etwas anderes.
9. Rufen Sie sich noch einmal das negative Bild in Ihr Gedächtnis und bewerten Sie erneut Ihre Gefühle.
10. Es sollte Ihnen jetzt schwerer fallen, sich an das Ursprungsbild zu erinnern. Das neue Bild sollte Ihnen stattdessen erscheinen. Ihre Gefühle sollten meinen 1800 belanglosen Pausenbrotmomenten gleichen oder sich sogar schon positiv anfühlen.

Je öfter Sie diesen Austausch durchführen, desto schwieriger wird es für Sie, sich das alte Bild vorzustellen, weil sich immer häufiger das neue Bild davorschiebt. Ganz automatisch werden Sie deshalb beim Aufrufen des alten Bildes positivere Gefühle bekommen. Wenn es notwendig ist, können Sie den Austausch noch zehnmal machen, vielleicht ist es aber auch mit fünfmal schon in Ordnung. Verlassen Sie sich dabei einfach auf Ihre Gefühle. Diese übermitteln Ihnen, wann es gut ist.

Besinnliche Weihnachten: der emotionale Unterschied von Bild und Film

Kurz vor Weihnachten überlegte ich – natürlich wieder viel zu spät – mit welchem Geschenk ich meine Frau dieses Jahr überraschen könnte. Zu oft hatte ich schon ihre

„überschwängliche Freude“ über einen Dekorationsgegenstand erlebt, den ich wenig später vergeblich in Regalen, Vitrinen oder auf Schränken suchte. In den letzten Jahren gelang es mir jedoch immer öfter, ihr etwas zu schenken, von dem sie wirklich begeistert war und bei dem sie nicht ihre Schauspielkunst einsetzen musste, um mir ihre Freude vorzuspielen. In unserer elfjährigen Beziehung hatten sich schon sehr viele Bilder von meiner Frau und mir sowie unseren Kindern auf meinem Computer angesammelt. Leider fand ich nie Zeit und Muße, diese zu ordnen oder daraus ein Album zu erstellen. Eine Werbung im Fernsehen inspirierte mich schließlich, ein Fotobuch zu gestalten, das unsere letzten elf Jahre zusammenfassen sollte.

Ich hätte nie gedacht, dass dies so zeitaufwendig werden würde, zumal ich ja kein Album mit 1000 Seiten anfertigen, sondern nur die Höhepunkte unserer elfjährigen Beziehung zusammenfassen wollte. Trotzdem war es nicht leicht, die vielen Bilder von Junggesellenabschied, Hochzeit, den Geburten unserer beiden Söhne, Taufen usw. so zu reduzieren, dass diese in ein Album hineinpassten. Davon abgesehen war es ein sehr emotionales Erlebnis, denn ich fühlte mich oft zurückversetzt in die damalige Zeit und schaute sehr wehmütig auf die vielen „eingefrorenen“ Erinnerungen aus meiner Vergangenheit. Unter Zeitdruck arrangierte ich die Bilder online in einem Fotoalbum. Ich wollte schließlich, dass mein Fotobuch noch rechtzeitig vor Weihnachten eintraf. So war es dann auch, zwei Tage vor Weihnachten brachte der Postbote das von mir dringend erwartete Päckchen. Nachdem ich das Fotobuch aus dem Päckchen herausgeholt und in schönes Geschenkpapier gepackt hatte, legte ich es an Heiligabend unter unseren Weihnachtsbaum.

Während meine Frau langsam das Geschenkpapier vom Buch unserer Erinnerungen entfernte, knisterte es in mir vor Spannung. Als sie den Einband mit einem Bild von unseren beiden Kindern erblickte, erkannte ich sofort an ihrem Gesichtsausdruck, dass ich bei der Wahl des Geschenks richtig gelegen war. Gerührt nahm mich meine Frau in die Arme. Zusammen mit den Kindern blätterten wir in unserer Vergangenheit, wobei sich unsere Gefühle immer zwischen Fröhlichkeit und Melancholie bewegten. Obwohl ich die beiden Babybäuche meiner Frau jeweils dem falschen Kind zugeordnet hatte, war das unter Zeitdruck entstandene Buch ein voller Erfolg. Inspiriert durch mein Fotobuch schlug meine Frau vor, einmal die Filme unserer ersten Wohnwagenurlaube in Kroatien anzuschauen. Die ganze Familie war begeistert von der Idee, weshalb wir kurze Zeit später gemütlich bei Glühwein und Lebkuchen vor dem Fernseher saßen. Der Film, den ich damals nach dem Urlaub zusammengeschnitten und vertont hatte, zog uns in seinen Bann. Ab und zu blickte ich zur Seite und sah, dass meine Frau und die Kinder feuchte Augen hatten. Ich empfand genauso und versuchte gar nicht, meine Tränen zurückzuhalten. Am Ende saßen wir alle mit roten

Augen und triefenden Nasen vor dem Fernseher, schauten uns gegenseitig an und waren völlig aufgewühlt. Ich erinnere mich gerne an diesen Moment, denn er passte sehr schön in die besinnliche Weihnachtszeit. Wir genossen an diesem Abend mehr als zuvor das Zusammensein. Dieser Augenblick zeigte uns, wie schnell alles vorbeiging und uns wurde bewusst, wie kostbar die Zeit und besonders solche Momente waren. Dieses Erlebnis machte mir deutlich, dass Bilder natürlich Emotionen in uns hervorrufen, dass Filme aber eine noch viel emotionalere Wirkung auf uns haben können. Allein die Stimmen und die Wortwahl unserer Kinder und ihre damals noch unbeholfenen Bewegungen führten bei uns zu sehr starken Gefühlen. Aber auch das blaue, rauschende Meer und nicht zuletzt die Musik, mit der ich den Film an vielen Stellen hinterlegt hatte, trieben uns die Tränen in die Augen. Unser Gehirn kennt ebenfalls den emotionalen Unterschied zwischen einem Film und einem Bild. Das heißt, unser Gehirn besitzt die Möglichkeit, einem Ereignis noch mehr Bedeutung beizumessen, indem es dieses nicht nur als Bild, sondern als Film abspeichert. Das ist zwar angenehm bei positiven Erinnerungen, aber sehr beängstigend bei negativen Erlebnissen. Oft werden traumatische Erfahrungen als Film im Gehirn abgelegt und üben durch die gespeicherten Emotionen eine sehr große Macht auf das Leben Betroffener aus. Deshalb ist es gerade bei solchen Erfahrungen äußerst wichtig, die Gefühle von den Erinnerungen zu trennen, um wieder Lebensqualität zu bekommen. Ich benutze in der Vergangenheitsoptimierung ein Format aus dem NLP, das ich für eines der wichtigsten Techniken überhaupt halte, weil es in wenigen Minuten unheimlich viel Lebensqualität zurückbringen kann.

Werkzeug 5

Einen Film löschen

Das folgende Format verändert den Ablauf des vom Gehirn gespeicherten Films so, dass unser Gehirn die Gefühle nicht mehr aufrechterhalten kann. Außerdem legen wir eine neue Tonspur über den Film, mit der wir alte, festsitzende und angstmachende Geräusche oder Worte auflösen.

1. Nehmen Sie den Film, den Sie während Ihrer Vergangenheitsoptimierung vom Berg der Freiheit aus auf ihrem Lebensweg gefunden haben, und lassen Sie ihn zwei Meter darüber schweben.
2. Lassen Sie jetzt den Film schwarz-weiß werden und betrachten Sie ihn dissoziiert vom Berg der Freiheit aus. Achten Sie darauf, dass Sie auf der Bergwiese bleiben und die Szene nur als Betrachter wahrnehmen. Wenn der Film zu Ende ist, lassen Sie das letzte Bild als Standbild im Tal stehen.
3. Schweben Sie vom Berg aus ins Tal und gehen Sie in dieses Standbild hinein, sodass Sie nun assoziiert in Ihrem Film des Lebens sind. Machen Sie das Bild jetzt farbig.
4. Nun kommt der wichtigste Teil der Übung. Lassen Sie den Film ganz schnell rückwärts laufen und singen Sie dabei in Gedanken ein lustiges Lied mit (z. B. Biene Maja). Spulen Sie so weit, dass Sie am Ende wieder auf dem Berg sitzen und das Ganze von oben betrachten.
5. Schweben Sie anschließend erneut in das letzte Standbild, drehen Sie wieder in Ihren Gedanken die Musik ganz laut und spulen Sie den Film noch schneller zurück.
6. Wiederholen Sie den Vorgang bitte zehnmal und werden Sie immer schneller dabei. Am Ende sollte das Spulen nicht mehr als eine Sekunde dauern.
7. Blicken Sie sich kurz auf der Bergwiese um.
8. Schauen Sie ein weiteres Mal ins Tal und achten Sie darauf, was Sie nun sehen und fühlen.
9. Normalerweise sollte der Film nur noch schwer abrufbar sein und sich die Gefühle deutlich ins Positive gedreht haben.
10. Entscheiden Sie jetzt, ob der Film – so wie er ist – in Ihre Geschichte eingehen kann oder ob Sie ihn weiter verändern wollen.
11. Wenn noch Bilder oder Gefühle vorhanden sind, die Sie verändern möchten, wiederholen Sie einfach die Übung so lange, bis diese verschwunden sind.
12. Oft bleibt nach der Verwendung dieses Werkzeuges vom Film nur ein Bild übrig. Falls dieses dann noch negative Gefühle beinhaltet, können Sie es mit den oben beschriebenen Werkzeugen weiter bearbeiten.
13. Schauen Sie jetzt vom Berg ins Tal auf die Situation. Auf alle Fälle sollten Ihre Gefühle nun neutral sein. Setzen Sie unten im Tal einen neuen Film

ein, in dem Sie stark und selbstbewusst durchs Leben gehen und in dem Sie alles erreichen, was Ihnen zuvor mit dem alten Film nicht möglich war. Sie können auch ein Bild nehmen.

14. Gratulieren Sie sich selbst! Durch Ihren Mut haben Sie in wenigen Minuten Ihre Vergangenheit so optimiert, dass Ihnen diese Erinnerung nie mehr Probleme bereiten wird.

Folgende Fragen könnten Sie sich jetzt stellen:
Warum funktioniert das so schnell und einfach und warum dauert dann die Aufarbeitung von Problemen in einer Psychotherapie oft Monate und Jahre?
Antwort: Alle Übungen, die wir bis jetzt gemacht haben, beschäftigen sich nur wenig damit, was genau passiert ist, sondern mehr damit, wie unser Gehirn die Erfahrung abgespeichert hat. Das Erlebnis wird letztendlich mit denselben Mechanismen abgewandelt, die auch unser Gehirn für das Speichern oder die Veränderung von Erfahrungen verwendet. Erfahrungen werden in Sekunden gemacht und abgespeichert, deshalb kann man sie auch in Sekunden verändern. Die meisten Therapieformen setzen sich ausschließlich mit dem auseinander, was passiert ist und versuchen, die Probleme durch Reden über das Geschehen aufzuarbeiten. Das Ziel ist letztendlich dasselbe: Eingefahrene Strukturen, also die Synapsenverbindungen im Gehirn, sollen verändert werden. Leider ist dieser Weg oft sehr zeitaufwendig. Mit den letzten drei Werkzeugen konnte man eine Veränderung der Gefühle durch Löschen der Bilder oder Filme erreichen. Bei den Werkzeugen 6 bis 8 geht es nun darum, durch Bearbeiten des Inhaltes Gefühle zu neutralisieren und dadurch eine Lebensveränderung herbeizuführen.

Viel Lärm um nichts: der entscheidende Unterschied zwischen Samstag und Sonntag

Mein Nachbar begann vor ein paar Wochen mit dem Bau einer Garage. Da diese direkt an mein Haus angrenzt, konnte ich in meiner Praxis den gesamten Ablauf der Baumaßnahmen mithören. Natürlich war es sehr störend, wenn Patienten bei mir entspannen sollten und mein Haus dabei wegen des Presslufthammers vibrierte. Aber ich wusste ja, dass hier Baugebiet war und mein Hausbau war sicher auch nicht leiser vonstatten gegangen. Jeden Morgen wurde ich durch Lärm geweckt, sodass sich des Öfteren ein missmutiges Gefühl in mir ausbreitete. Aber wie gesagt, ich hatte selbst ein Haus gebaut. Außerdem wollte mich mein Nachbar nicht mit dem Bau ärgern, sondern nur eine Unterstellmöglichkeit für seine Fahrzeuge errichten.

Mein Nachbar hatte das Glück, dass es zwei Monate lang nicht einen Tropfen regnete, sodass der Bau seiner Garage sehr zügig voranging. Für die kommenden Wochen war jedoch Regen vorhergesagt und mein Nachbar setzte alle daran, sein Dach vorher noch dicht zu bekommen. Es war am Samstagabend um 20 Uhr, als ich mit meiner Frau das Haus verließ, um zu der Geburtstagfeier eines Freundes zu fahren. Vom Auto aus beobachtete ich, wie mein Nachbar immer noch an seinen Dachlatten herumhämmerte. „Das wird wohl nichts mehr, bevor der große Regen kommt", dachte ich, während ich im Schleichtempo an seiner Garage vorbeirollte.

Wir erlebten eine tolle Party und die Zeit verging wie im Flug. Es muss so um 2 Uhr früh gewesen sein, als wir wieder an der Garage unseres Nachbarn vorbeifuhren und feststellen mussten, dass er es nicht geschafft hatte, sein Dach wetterfest zu machen. Ich sagte zu meiner Frau: „Naja, so schlimm ist das nicht, wenn es mal regnet, es ist schließlich nur eine Garage und das trocknet auch schnell wieder aus." Sehr erschöpft von der Party fielen wir schließlich um circa 2.30 Uhr ins Bett.

Es kam mir vor, als wären erst einige Minuten vergangen, als ich plötzlich durch lautes Hämmern aus dem Schlaf gerissen wurde. Nur mit Mühe konnte ich durch meine schmalen Augenschlitze auf den Radiowecker schauen: 7 Uhr! „Jetzt reicht es", schoss es mir durch den Kopf, „selbst vor dem heiligen Sonntag hat er keinen Respekt." Ich war auf 180 und bemerkte, wie in mir der aufgestaute Frust der letzten Wochen hochkam. Ich sprang aus dem Bett und sagte zu meiner Frau: „Jetzt hat er den Bogen überspannt!"

Sie war auch schon sichtlich genervt und meinte nur: „Muss der denn jeden Tag so einen Krach machen." Fest entschlossen, dem ganzen Einhalt zu gebieten, ging ich ans Fenster und sah zu meiner Verwunderung, dass er vier Helfer angeheuert hatte, die scheinbar ebenfalls keinen Respekt vor dem heiligen Sonntag hatten und munter auf dem Dach herumhämmerten. Das machte für mich natürlich die Sache nicht einfacher, ich wollte ja nicht als Spießer bezeichnet werden. Genervt setzte ich mich in mein Büro, um meine Gedanken zu sammeln und mir darüber klar zu werden, ob ich vielleicht zu empfindlich reagierte. Ich kam aber immer wieder zu dem Entschluss, dass man doch wenigstens den Sonntag als Ruhetag einhalten sollte oder zumindest einer Arbeit nachgehen könnte, die keinen Lärm erzeugte.

Überhaupt, es gab auch ein Gesetz, das besagte, dass sonntags Ruhetag sein sollte. Nach langem Hin und Her und begleitet vom ständigen Hämmern, entschloss ich mich, meinen Gefühlen zu folgen und öffnete die Haustür, um meinen Nachbarn zur Rede zu stellen. Bevor ich jedoch loslegen konnte, rief mir meine Frau zu: „Schatz, wo gehst du denn hin?“ „Ich akzeptiere ja vieles“, sagte ich zu ihr, „aber dass er auch noch am Sonntag arbeiten muss, das geht mir jetzt wirklich zu weit.“ Meine Frau stutzte kurz und meinte: „Warum Sonntag? Heute ist doch erst Samstag!“

In Sekundenbruchteilen wurde in meinem Kopf ein Schalter umgelegt. Mein Nachbar hatte mich mittlerweile entdeckt, hob grüßend die Hand und meinte: „Das ist heute der letzte Tag, an dem es etwas lauter wird, ich hoffe, dass ich dich nicht zu oft aus dem Schlaf gerissen habe.“ Geistesgegenwärtig sagte ich zu ihm: „Nein, nein, wir haben fast gar nichts mitbekommen, ich will nur schnell nach der Post schauen.“ Wenn mein Nachbar nicht ganz blöd war, wusste er natürlich, dass bei uns die Post nicht um 7 Uhr, sondern erst um 13 Uhr eintraf. Leicht verwirrt trat ich den Rückzug an und setzte mich zu meiner Frau an den Frühstückstisch.

Sicherlich ist es Ihnen schon einmal ähnlich ergangen. Sie waren von etwas ganz fest überzeugt, aber durch gewisse Umstände hat sich diese Meinung von einer Sekunde auf die andere in Luft aufgelöst. In meiner Situation war es die Erkenntnis, dass es gar nicht Sonntag, sondern Samstag war und ich ja niemandem verbieten konnte, am Samstag zu arbeiten. Ich hatte mich im Tag geirrt und war somit selbst schuld an meinen überkochenden Gefühlen. Mein Erlebnis birgt großes Potenzial für schnelle Veränderung, denn es zeigt, wie leicht feste Überzeugungen und Gedanken in wenigen Sekunden verändert werden können.

Tatort ohne Mörder

Am Sonntagabend um 20.15 Uhr ist bei uns Tatortzeit. Wir schauen, dass bis dahin unsere Kinder im Bett sind und wir gemütlich unter angenehmer Anspannung den Sonntagabend ausklingen lassen können. An jenem Abend gab es mehrere Morde und ich war mir mit meiner Frau einig, dass dies einer der spannendsten Tatorte war, den wir je gesehen hatten. Es stimmte das Gesamtpaket, denn nicht nur im Fernsehen war es ungemütlich, sondern auch draußen tobte ein Sturm und peitschte den Regen unkontrolliert an unsere Fensterscheiben. Wir saßen wie gebannt vor dem Fernseher und überlegten fieberhaft, wer der Mörder sein könnte. Es waren nur noch wenige Minuten bis zum großen Finale. Aber nicht nur im Fernsehen kam es zum Showdown, sondern auch unwettertechnisch spitzte sich die Lage vor unserer Haustüre zu. Einige Sekunden vor der Auflösung des Tatorts war plötzlich mit einem Schlag ... das Bild unseres Fernsehers verschwunden. Beide starrten wir wie gelähmt auf den kriselnden Fernseher. „Das darf doch jetzt nicht wahr sein!“, rief ich laut durch das Wohnzimmer und versuchte hektisch, durch Drücken der Fernbedienung dem Fernseher wieder ein Bild zu entzaubern. Aber das war vergebene Liebesmühe, denn der Sturm hatte meine Satschüssel verstellt, sodass die Infos aus dem All unseren Receiver nicht mehr erreichen konnten. Meine Frau forderte mich auf: „Mach doch irgendetwas!“ Doch bei diesem Wetter auf das Dach zu steigen, war unmöglich und die Auflösung des Tatorts war sowieso schon vorbei. Genervt und unzufrieden gingen wir an diesem Abend ins Bett. Ich weiß bis heute nicht, wer für die vielen Leichen verantwortlich war, die es an diesem Abend in unserem Wohnzimmer gegeben hatte. Sicherlich kennen Sie auch solche Situationen. Vielleicht hat bei Ihnen schon einmal das Videogerät zu früh abgeschaltet und deshalb hat beim Film überraschenderweise das Ende gefehlt. Oder Sie haben irgendwann einen Zaubertrick gesehen, an dem Sie bald verzweifelt sind, weil Sie sich nicht erklären konnten, wie dieses Kunststück funktioniert. Erklärungen sind für uns Menschen wichtig, um mit Ereignissen abschließen zu können, denn es gibt für uns nichts Schlimmeres als Ungewissheit. Ein Zaubertrick oder ein Tatort, bei dem man die Auflösung nicht erfährt, wird uns natürlich nicht unser ganzes Leben lang belasten. Aber bei Fragen, die mit unserem eigenen Leben zusammenhängen, kann dies passieren. Es sind Fragen wie folgende:

- Warum hat mich mein Vater geschlagen?
- Warum haben meine Eltern Alkohol getrunken?
- Warum haben meine Geschwister mehr Aufmerksamkeit bekommen?
- Warum ist mein Arbeitskollege so gemein zu mir?
- Warum bin ich gemobbt worden?
- Warum hat mich meine Mutter immer abgelehnt?
- Warum ist mein Vater so früh gestorben?
- Warum ist das gerade mir passiert?
- Warum habe ich nie Liebe von meiner Mutter bekommen?
- usw.

Solche Fragen schlummern in vielen Menschen, die so etwas erlebt haben, und warten dort auf Antworten. Antworten, die man sich selbst nur schwer geben kann. Denn immer, wenn man die Frage stellt, wird diese von Wut, Hass, Enttäuschung, Trauer oder Schuldvorwürfen begleitet. Dies sind natürlich Emotionen, die nicht dazu beitragen, jemals eine vernünftige Antwort auf die gestellten Fragen zu bekommen. Aber gerade hier wäre es wichtig, Antworten zu finden, denn das gäbe den Betroffenen spontan wieder Lebensqualität zurück. Genauso wie sich meine Sichtweise auf meinen Nachbarn in wenigen Sekunden geändert hat, kommt es auch bei der Anwendung des nächsten Werkzeugs bei meinen Kunden oft zu einem spontanen Umdenken, weil der Wind der neuen Erkenntnis das Kartenhaus der veralteten Sichtweise in Sekunden zum Einfallen bringt.

Werkzeug 6

Gefühle auflösen durch Erkenntnis, Einsicht und Verstehen

Dieses Format erreicht eine Veränderung von Gefühlen nicht dadurch, dass man die Untereigenschaften der Bilder abwandelt, Gedankenabläufe verwurstet, Lieder über Bilder spielt oder diese komplett löscht. Hier läuft die Veränderung über den Inhalt, also: Was ist passiert und warum ist es passiert? Dieser Weg ist meist der schwierigere, aber er ist sehr heilsam und bei unbeantworteten Fragen eine exzellente Möglichkeit, mit seinen Gefühlen ins Reine zu kommen.

1. Nehmen Sie das Bild oder den Film, das/den Sie während Ihrer Vergangenheitsoptimierung vom Berg der Freiheit aus auf Ihrem Lebensweg gesehen haben, und welches/welcher in Ihnen eine Frage aufwirft, und lassen Sie es/ihn zwei Meter darüber schweben.
2. Damit Sie heute die Antwort auf Ihre Frage bekommen und sich dadurch die negativen Gefühle in Luft auflösen, holen Sie sich jetzt Hilfe. Lassen Sie ne-

ben sich auf der Bergwiese jemanden erscheinen, von dem Sie ganz sicher sind, dass er Ihnen die Antwort geben kann. Dies kann ein Fabelwesen sein, ein Mensch, der ihnen sehr nahesteht, ein Schauspieler, ein Engel, ein Licht, also das, was Ihnen gerade in den Sinn kommt.

3. Machen Sie sich jetzt bewusst, dass auch Sie in Ihrem Leben bestimmt schon Menschen gekränkt haben. Überlegen Sie, ob Sie schon einmal etwas getan haben, was Sie vielleicht später bereut haben, oder ob Sie irgendwann in einer Situation waren, in der Sie Ihren Fehler nicht zugeben konnten. Bestimmt waren Sie selbst irgendwann ungerecht zu jemandem oder haben überreagiert, weil die äußeren Umstände nichts anderes zuließen. Erkennen Sie, dass die anderen Menschen und auch Sie diese Dinge nicht absichtlich gemacht haben, sondern dass es die Gefühle waren, die bestimmte Verhaltensweisen und Handlungen hervorgerufen haben.
4. Legen Sie sich jetzt zurück in die Blumenwiese und fragen Sie Ihren virtuellen Helfer, warum die Person so gehandelt hat. Denken Sie daran: Egal, welche Antwort Sie bekommen, wenn Sie zu verstehen beginnen, verschwinden die Fragen und die Gefühle für immer. Es geht also in erster Linie nicht um die Person aus Ihrer Erinnerung, sondern um Sie und Ihre Lebensqualität. Hören Sie jetzt aufmerksam zu, was Ihnen Ihr virtueller Helfer zu sagen hat. Lassen Sie sich dafür ruhig etwas Zeit. Hier ein paar Beispielantworten von meinen Kunden auf die Frage: „Warum habe ich von meiner Mutter keine Liebe bekommen?"

- Meine Mutter hat von ihrer Mutter selbst keine Liebe bekommen, sodass sie nie gelernt hat, wie man Liebe zeigt.
- Meine Mutter hat in mir meinen Vater gesehen, der sie wegen einer anderen Frau verlassen hat. Ihre innere Wut, die sie nicht an meinem Vater auslassen konnte, ließ sie mich spüren.
- Meine Mutter hatte so viele Sorgen und war mit der Situation überfordert.
- Meine Mutter wollte meinen Vater nie heiraten und ich war der Grund, warum sie ihn heiraten musste.
- Ich bin gar nicht immer abgelehnt worden, es gab auch viele schöne Momente mit meiner Mutter.

5. Ab und zu kommt es vor, dass man keine konkrete Antwort bekommt, führen Sie dann aber trotzdem das Interview mit dem virtuellen Helfer fort, indem Sie ihn fragen, welche positiven Auswirkungen Ihr Problem mit der besagten Person auf Ihr Leben hat. Wahrscheinlich denken Sie jetzt, dass ich total verrückt bin. Was soll es denn um Gottes Willen an einem Problem Gutes geben? Aber ich bin mir sicher, dass alles, was wir erleben, und sei es auch noch so schlimm, in irgendeiner Weise positive Auswirkungen auf unser Leben hat. Alles hat zwei Seiten, so wie es hell und dunkel, arm und reich sowie krank und gesund gibt und all diese Dinge gut oder schlecht sein können, so wird auch Ihr Ereignis eine positive Seite haben. Sogar eine schwere Krankheit kann einen positiven Effekt haben, wenn man z. B. nach der Genesung erkennt, wie viel Gesundheit wert ist und sein Leben von da an bewusster führt. Auch beim Thema „fehlende Mutterliebe“ kann man Positives finden. Hier ein paar Antworten meiner Kunden:

Das Positive daran ist, dass

- ich dadurch mehr Kontakt zu meiner Oma suchte, von der ich sehr viel Gutes lernen und erfahren durfte.
- ich mir die Liebe von meinem Hund holte und deshalb auch eine Ausbildung für meinen Traumberuf Tierpfleger machte.
- ich gelernt habe, Probleme nicht wie meine Mutter in mich hineinzufressen, sondern mir Hilfe hole, um diese zu verarbeiten.
- mir bewusst ist, dass ich sofort das tun sollte, was ich fühle und denke, damit ich nicht frustriert werde und damit meine Familie belaste.
- ich den Kreislauf unterbreche und versuche, es bei meinen Kindern besser zu machen.

6. Fragen Sie jetzt Ihren virtuellen Helfer, was Sie tun müssen, um die Situation für immer zu bereinigen. Hier ein paar Antworten meiner Kunden zum Thema „fehlende Mutterliebe“:

- Ich möchte meiner Mutter etwas sagen.
- Ich möchte meiner Mutter die Hand reichen.

- Ich möchte meine Mutter in den Arm nehmen.
- Ich möchte meiner Mutter verzeihen.
- Ich möchte das Thema abschließen, indem ich das Bild lösche.

7. Beobachten Sie vom Berg aus, wie Sie im Tal genau das tun, was Ihnen Ihr Helfer gesagt hat.
8. Überprüfen Sie jetzt Ihre Gefühle, wenn Sie an Ihre Frage und an die Situation denken.

Werkzeug 7

Gefühle auflösen durch Verzeihen

Jemandem zu verzeihen ist der schnellste, für viele aber auch der mühevollste Weg, Gefühle zu beeinflussen. Verzeihen ist deshalb so schwierig, weil man das, was man zuvor zu 100 Prozent als ungerecht und falsch eingestuft hat, im anderen Moment zumindest in neutral verwandeln muss. Im letzten Format haben wir uns bereits ein Stück an das Verzeihen herangetastet. Vielleicht ist es Ihnen auch schon in der letzten Übung gelungen, der Person, die Ihnen etwas angetan hat, zu verzeihen. Haben Sie das noch nicht ganz geschafft oder haben Sie eine weitere Erinnerung, bei der Sie jemand ungerecht behandelt hat, kann Ihnen dieses Format helfen, negative Gefühle endgültig zu löschen.

1. Nehmen Sie das Bild oder den Film, das/den Sie während Ihrer Vergangenheitsoptimierung vom Berg der Freiheit aus auf Ihrem Lebensweg gesehen haben, und bei dem Sie jemandem verzeihen möchten, und lassen Sie es/ihn zwei Meter darüber schweben.
2. Überlegen Sie, ob Sie einmal etwas getan haben, was Sie vielleicht später bereut haben, oder ob Sie irgendwann in einer Situation waren, in der Sie Ihren

Fehler nicht zugeben konnten. Bestimmt waren Sie selbst schon einmal ungerecht zu jemandem oder haben überreagiert, weil die äußeren Umstände nichts anderes zuließen.

3. Machen Sie sich bewusst, dass Menschen nur so handeln können, wie Sie es in Ihrer Vergangenheit gelernt haben. Menschen, die nie Liebe erfahren haben, können selten selbst Liebe geben. Menschen, die viel Negatives erlebt haben und selbst Kinder erziehen müssen, sind oft so sehr mit sich selbst beschäftigt, dass es sehr schwierig für sie ist, Kinder richtig zu erziehen. Menschen, die Alkohol trinken, machen das nicht aus Spaß, sondern sie haben von niemandem gelernt, wie man Gefühle anders steuern kann.
4. Betrachten Sie bitte jetzt die Person, die Sie ungerecht behandelt hat, vom Berg aus und beurteilen Sie, ob die Person wirklich aus tiefstem Herzen glücklich ist. Bestimmt stellen Sie fest, dass diese Person viele Probleme hat.
5. Beginnen Sie nun, diese Person jünger werden zu lassen, während Sie sich auf Ihr jetziges Alter heranwachsen sehen. Überlegen Sie, was dieser Person alles widerfahren sein könnte, dass sie als Erwachsener so unzufrieden wurde und diese Unzufriedenheit auf andere Menschen überträgt.
6. Vielleicht wissen Sie ja einiges über die Vergangenheit der Person, ansonsten lassen Sie Ihrer Fantasie freien Lauf.
7. Sehen Sie am Ende die Person als kleines, unbeholfenes Baby, neben dem Sie als erwachsene Person stehen. Sie hätten jetzt die Macht, mit diesem Kind alles zu tun, was Sie wollen. Doch Sie entschließen sich, den Kreis endgültig zu unterbrechen, weil Sie etwas aus Ihrer Vergangenheit gelernt haben.
8. Geben Sie dem Kind das, was ihm gefehlt hat, oder das, was Sie selbst zu einem früheren Zeitpunkt gebraucht und gewünscht hätten. Geben Sie ihm Aufmerksamkeit und Geborgenheit, spielen Sie mit ihm Fußball. Gehen Sie mit ihm ins Kino oder in den Freizeitpark. Ihrer Fantasie sind hier keine Grenzen gesetzt.
9. Beobachten Sie, wie das Kind dabei heranwächst, bis es schließlich wieder erwachsen ist. Es kann jetzt lachen, weil Sie ihm geholfen haben. Auch Sie können es nun mit anderen Augen sehen.
10. Sehen Sie, wie die Person auf Sie zugeht und um Verzeihung bittet. Und jetzt haben Sie die wunderbare Möglichkeit, ein für allemal damit abzuschließen und die Entschuldigung anzunehmen. Wie Sie das machen, ist Ihnen überlas-

sen. Geben Sie die Hand, nehmen Sie die Person in den Arm oder trinken Sie zusammen aus dem Glas der Vergebung.

Ich weiß, Verzeihen ist wohl eine der schwierigsten Übungen in diesem ganzen Buch, aber auch eine der großartigsten Möglichkeiten, um zu zeigen, dass man ein reifer, erwachsener Mensch ist, dem etwas an seiner Lebensqualität und seinem seelischem Gleichgewicht liegt. Wenn es Ihnen noch ein wenig schwerfällt zu verzeihen, benutzen Sie bitte das **Werkzeug 4: Schneller Austausch von zwei Bildern und deren Gefühlen.** Hier tauschen Sie das Bild, das Sie im Moment von dieser Person haben, mit einem Bild, auf dem Sie etwas Positives mit dieser Person erlebt haben. Es ist jetzt ganz gleich, ob Sie neutrale oder positive Gefühle bekommen, wenn Sie an die Person denken. Wichtig ist nur, dass Sie ab jetzt nicht mehr negativ fühlen müssen, wenn Sie sich an die Person erinnern oder Sie diese real sehen.

Einige Wochen nach der Anwendung dieses Werkzeuges berichten viele meiner Patienten, dass sich die Person, mit der sie ein Problem hatten, verändert habe. Sie sei zugänglicher geworden und man habe seit Langem wieder einmal eine angenehme Unterhaltung geführt. Ja, andere Menschen verändern sich natürlich ebenfalls, wenn Sie sich verändern. Wenn keine Wut mehr in einem brodelt, sendet man auch keine negativen nonverbalen und verbalen Signale aus. Der andere Mensch bekommt dadurch wieder mehr Handlungsspielraum, weil die zuvor gefühlte, aber nicht ausgesprochene „dicke Luft“ verschwunden ist.

Wenn du das tust, was du fühlst, bis du mit deinem Leben im Einklang

Kennen Sie das auch, dass einem immer erst dann einfällt, was man alles hätte tun oder sagen können, wenn ein Konflikt schon vorüber ist? Oft fehlt uns in einem Lebensabschnitt die nötige Reife, um die Dinge zu unternehmen, die wir zum damaligen Zeitpunkt hätten tun wollen. So kann man sich nur schwer gegen seine Eltern wehren, wenn sie ungerecht zu einem sind. Aktionen von Lehrern oder Mitschülern, die einen schlecht behandeln, muss man oft stumm über sich ergehen lassen. Der Chef oder die Arbeitskollegen nehmen sich manchmal das Recht heraus, Menschen vor anderen schlecht zu machen oder zu mobben. Ehepartner benutzen häufig ihre Macht, um den Partner zu unterdrücken oder auf dessen Gefühlen herumzutrampeln. Kurz gesagt, es gibt im Leben immer wieder Situationen, in denen Menschen ihre scheinbare „Größe" benutzen, um anderen Menschen wehzutun. Es gibt im Leben zwei Möglichkeiten, damit umzugehen: Entweder sagen wir gleich, was wir denken und fühlen und zeigen anderen Menschen dadurch ganz klar unsere Grenzen, oder wir fressen die Gefühle in uns hinein. Die Gefühle, die wir in uns hineinfressen, sind aber nicht vergessen, sondern sie tauchen immer wieder auf und werden mit jedem neuen, hinuntergeschluckten Gefühl größer und stärker.

Ich hatte vor einiger Zeit ein zwölfjähriges Mädchen in meiner Praxis, deren Mutter meinte, sie sei in der Schule oft frech und unkonzentriert. Dies wirke sich negativ auf ihre Noten aus und sie wolle doch, dass es ihrer Tochter einmal besser ergehe als ihr selbst. Ich war sehr überrascht, als die junge Dame dann vor mir stand und mir mit einem festen Händedruck signalisierte, dass sie mit beiden Beinen im Leben stand. Ich hatte bisher selten eine so junge, selbstbewusste Frau in meiner Praxis. Auch die Erzählungen aus ihrem Leben ließen mich spüren, dass sie mit zwölf Jahren schon viele Erfahrungen gesammelt hatte. Sie berichtete mir, dass sie im Alter von drei Jahren mit ihrer Mutter aus den USA nach Deutschland gekommen war und ihren Vater dort zurücklassen musste. Aus der Reihe von Ersatzvätern, die sie seitdem gehabt hatte, war offenbar keiner geeignet gewesen, den Titel Vater zu tragen. Ihre Mutter hatte sehr viel Probleme und ließ ihre Tochter ein halbes Jahr bei ihrer Oma in Deutschland zurück, während sie in den USA versuchte, etwas Geld zu verdienen.

Als sie wieder zurückkehrte, trank sie oft Alkohol, um ihre Schwierigkeiten zu verdrängen. Mittlerweile habe sie ihre Probleme aber einigermaßen im Griff und mache sich jetzt Sorgen, dass die Tochter die Schule nicht schaffe. Nachdem mir die junge Frau ihre Lebensgeschichte erzählt hatte, fragte ich sie: „Und was kann ich jetzt für dich tun?" Sie antwortete: „Ich kann mich nicht so gut konzentrieren in der Schule", worauf ich sagte: „Wenn ich in diesem Alter schon so viel mitgemacht hätte wie du, könnte ich mich auch nicht konzentrieren." „Ja, und dann bin ich ab und zu nicht so nett zu meinen Lehrern." Ich wollte wissen: „Was heißt für dich ‚nicht so nett sein'?" „Naja", erwiderte Sie, „der Lehrer fragt mich immer vor der ganzen Klasse ab, obwohl er genau weiß, dass ich ihm nicht antworten kann. Ich hakte nach: „Warum kannst du denn nicht antworten?" Sie meinte: „Weil mir so viel durch den Kopf geht und ich dadurch schlecht lernen kann." Ich fragte weiter: „Was machst du in einer solchen Situation?“ Sie erwiderte: „Ich ignoriere ihn einfach und male Blumen in mein Heft.“ Das ist aber ganz schön mutig“, sagte ich zu ihr, worauf sie antwortete: „Ja, das meinen meine Freundinnen auch, sie haben mich sogar einmal mit einem Handy dabei gefilmt und mir das Video später gezeigt.“ „Wie hast du es empfunden?“, wollte ich wissen. „Ich bin schon erschrocken, denn so cool wie ich auf dem Video herüberkomme, bin ich innerlich gar nicht!“ „Was sagt denn dein Lehrer dazu?“, fragte ich weiter. „Ich habe ihn damit schon ein paar Mal zur Weißglut gebracht.“ „Und was erwartest du jetzt von mir?“, wollte ich wissen. „Also, meine Mutter möchte, dass ich in der Schule besser mitarbeite, nicht so oft mit dem Lehrer Ärger habe und dass ich bessere Noten schreibe.“ Daraufhin sagte ich: „Mal abgesehen davon, was deine Mutter von dieser Therapie erwartet, was möchtest du?“

Ich bemerkte, dass ihr diese Frage ein Lächeln ins Gesicht zauberte und sie antwortete: „Ich möchte gerne einmal als Dolmetscherin arbeiten, doch meine momentanen Noten lassen das nicht zu.“ „Welche Sprachen interessieren dich denn am meisten?“, fragte ich weiter und sie antwortete: „Ich spreche ja schon drei Sprachen fließend: Englisch, Spanisch und Deutsch.“ Ich bekam während des Gesprächs immer wieder Gänsehaut, weil ich es kaum fassen konnte, dass gerade ein zwölfjähriges Mädchen vor mir saß. Sie hatte so viel Nachdruck in ihren Aussagen und war absolut klar im Kopf. Vor allem aber war sie alles andere als eine aufmüpfige Schülerin. Ich sagte zu ihr: „Ich werde dir auf keinen Fall helfen, dass du deinen Charakter änderst, damit du dich in Zukunft von deinem Lehrer oder anderen Menschen manipulieren lässt.“ Sie hob erstaunt ihre Augenbrauen und signalisierte mir, dass sie mit so einer Aussage nicht gerechnet hatte. Ich sprach weiter: „Zu mir kommen viele verzweifelte Eltern mit ihren Kindern, weil diese in der Schule gemobbt werden. Diese Eltern haben ihren Kindern immer wieder gepredigt, sei anständig, sei nett, widersprich nicht, benimm dich ordentlich usw.

Sie haben ihre Kinder quasi zum Stillschweigen erzogen und wundern sich dann, dass sie zum Spielball anderer Menschen werden. Natürlich verurteilt man zu Recht die Kinder oder Lehrer, die ungerecht sind oder sogar mit Gewalt gegen Kinder vorgehen, aber im Grund wurde den Mobbingopfern nie beigebracht, sich zur Wehr zu setzen und anderen ihre Grenzen zu zeigen. Menschen, die nie gelernt haben, zum Ausdruck zu bringen, was sie fühlen und denken, und damit ihre Grenzen abzustecken, werden im Leben immer wieder von ihren Mitmenschen ausgenutzt. Und das nicht nur in der Schule, sondern auch auf der Arbeit, von Freunden oder in der Partnerschaft. Wenn du also schon mit zwölf Jahren soweit bist, dass du deinem Lehrer durch stillen Protest – ohne ihn verbal zu beleidigen – zeigen kannst, dass du damit, wie er dich behandelt, nicht einverstanden bist, dann bekommst du von mir höchsten

Respekt. Wenn du dir treu bleibst und in allen Bereichen auf deine Gefühle achtest und das tust und aussprichst, was sie dir gerade übermitteln und dies auf eine Art und Weise tust, mit der du niemanden beleidigst, wirst du in deinem Leben erfolgreich und glücklich werden.“ Ich bemerkte, dass sie gerade ein wenig stolz auf sich war und zum ersten Mal erkannte, dass ihr Verhalten nicht negativ, sondern positiv für sie war. Sie entgegnete: „Ja, aber wenn ich dann schlechte Noten bekomme …“, worauf ich antwortete: „Egal, wie schrecklich dein Lehrer auch ist, wenn du lernst und gute Leistung bringst, kannst du keine schlechten Noten bekommen. Außerdem sind gute Noten nicht alles im Leben. Wenn ich Unternehmer wäre und du jetzt gerade in einem Vorstellungsgespräch sitzen würdest, würde ich dich vom Fleck weg einstellen, weil ich selten so eine selbstbewusste, klar denkende, junge Frau gesehen habe. Wir Menschen bestehen nicht nur aus Noten, sondern wir haben auch Charakter, Vorlieben und Leidenschaften.

Eine Note sagt nur, dass man zu einem bestimmten Zeitpunkt viel gelernt hat, nicht mehr und nicht weniger. Hast du dich schon einmal gefragt, warum die wenigsten Menschen, wenn sie von ihrer Schulzeit erzählen, gut über ihre Lehrer sprechen?“ Mit einem Lächeln auf ihrem Gesicht und einem leisen Kopfschütteln signalisierte sie mir, dass sie keine Antwort hatte und ich erzählte weiter: „Weil die meisten Lehrer nicht eingestellt werden, weil sie besonders gut mit Menschen umgehen können, sondern es werden die ausgesucht, die in ihrem Studium die besten Noten hatten. Und diese Lehrer stellen dann dieselben Ansprüche und Maßstäbe, die sie an sich gestellt haben, an ihre Schüler. Vor ein paar Wochen hatte ich das große Glück, eine Lehrerin kennenzulernen, die sehr beliebt und bekannt dafür ist, dass sie gut mit Schülern umgehen kann. Diese sagte wortwörtlich zu mir: ‚Ich kann mit den meisten Lehrern überhaupt nichts anfangen, das ist schon ein eigenes Volk.’ Ich möchte dir damit sagen, dass Lehrer nicht unfehlbar sind, sondern auch mit Problemen zu kämpfen haben, die sie oft an ihre Schüler weitergeben. Du erlebst im Moment noch eine Phase, in der sich andere Menschen im Vergleich zu dir für mächtiger halten.

Durch diesen Abschnitt müssen alle Menschen gehen. Die meisten ertragen einfach alles und verdrängen negative Dinge, aber du hast entschieden, dann zu reagieren, wenn deine Gefühle es dir sagen. Damit zeigst du deine Grenzen und dein Selbstbewusstsein.“ „Und was machen wir jetzt?“, fragte sie mich und ich antwortete: „Lass uns deine Vergangenheit anschauen und Gefühle von Erinnerungen löschen, die dich vielleicht heute noch belasten. Wenn wir dort aufgeräumt haben, bin ich mir sicher, dass du dich in der Schule wieder besser konzentrieren kannst.

Außerdem nehme ich dir noch eine CD auf, mit der du zuhause in einem entspannten Zustand schneller, leichter und einfacher lernen kannst.“ Begeistert sagte sie mir: „Genau so etwas brauche ich.“ Noch in derselben Sitzung schaffte sie es, ihre Vergangenheit hinter sich zu lassen und wir verabredeten uns zwei Wochen später zu einem neuen Termin. Da berichtete sie, dass sich vieles verändert habe, sie könne sich besser konzentrieren, könne mit der CD erfolgreicher lernen und habe sogar einmal ihrer Freundin abgesagt, weil sie lieber lernen wollte. Für mich war diese Mädchen etwas Besonderes. Zu oft wurde schon über ihren Kopf hinweg bestimmt, wo und mit wem sie leben und was sie tun sollte. Deshalb hatte sie an einem Punkt ihres Lebens beschlossen, selbst zu entscheiden, was Ihr guttat und sie teilte diese Entscheidung anderen mit, ohne sie zu verletzen. Von dieser jungen Frau können wir viel lernen, denn es ist der Schlüssel zum Glücklichsein, seinen Gefühle im Hier und Jetzt zu folgen, auch wenn es manchmal für den Moment unangenehm erscheint und es der einfachere Weg wäre, zu allem Ja und Amen zu sagen. Aber genau dann passiert es, dass uns die verdrängten Gefühle verfolgen. Diesen Gefühlen wollen wir uns jetzt im letzten Format dieses Kapitels widmen.

Werkzeug 8

Das tun, was man damals gerne getan hätte

Unser Gehirn sitzt normalerweise im Dunkeln ☺. Gefühle werden ausgelöst, indem entweder unsere Augen ein Bild an das Gehirn senden, welches dann die zugehörigen, damit erlebten Gefühle in den Körper schickt, oder indem wir ohne äußeren Auslösereiz an dieses Bild denken und dadurch die gleichen Gefühle ausgelöst werden. Wie schon einmal erwähnt, kennt unser Gehirn keinen Unterschied zwischen Realität und Vergangenheit. Aus diesem Grund können wir auch alle Dinge nachholen, die uns zum damaligen Zeitpunkt nicht möglich waren oder uns nicht eingefallen sind.

1. Nehmen Sie das Bild oder den Film, das/den Sie während Ihrer Vergangenheitsoptimierung vom Berg der Freiheit aus auf Ihrem Lebensweg gesehen haben, und bei dem Sie zum damaligen Zeitpunkt nicht das tun konnten, was Sie eigentlich tun wollten, und lassen Sie es/ihn zwei Meter darüber schweben.
2. Schauen Sie sich die Situation an und stellen Sie sich die Frage, was Sie mit Ihrem heutigen Wissen damals gerne getan hätten, wenn Sie die Möglichkeit, die Kraft und die Idee gehabt hätten. Dabei sind alle Antworten erlaubt, z. B. dass Sie jemandem das sagen möchten, was Sie ihm immer schon einmal sagen wollten, oder dass Sie einfach aus der Situation herausgehen möchten, oder dass Sie sich verteidigen wollen, um zu zeigen, dass Sie der Stärkere sind. Folgen Sie Ihrem Gefühl, dann liegen Sie richtig.
3. Sehen Sie jetzt vom Berg aus zu, wie Sie das ausführen, was Sie in der Situation schon immer gerne machen wollten und beschließen Sie dabei, dass Sie sich so etwas nie mehr im Leben von einem Menschen gefallen lassen. Versprechen Sie sich selbst, dass Sie ab jetzt immer gleich das tun oder sagen, was Sie denken und fühlen. Beobachten Sie bitte dabei, wie sich Ihre Gefühle verändern.
4. Sie können auch mehrere Möglichkeiten ausprobieren. Ziel ist es, dass Sie sich am Ende dieser Übung gut oder neutral fühlen, wenn Sie die Situation vom Berg aus betrachten.

Jetzt sind wir am Ende dieses Kapitels angelangt. Sie haben acht Werkzeuge kennengelernt, mit denen Sie die Gefühle der Bilder und Filme Ihrer Vergangenheit verändern können. Die ersten zwei haben Sie schon ausprobiert und die restlichen sechs werden wir in den nächsten Kapiteln im Rahmen Ihrer Vergangenheitsoptimierung besser kennen- und spüren lernen. Sie werden sehr schnell merken, welche Werkzeuge Ihnen den größten Erfolg bringen und welche vielleicht gar nicht zu Ihnen passen. Richtig gemacht haben Sie es, wenn Ihre Gefühle in Bezug auf alte Bilder und Filme anders geworden sind. Benutzen Sie einfach das Werkzeug, das bei Ihnen wirkt und üben Sie den Umgang damit ein, dass es so selbstverständlich wird wie das Zähneputzen. Für mich ist dieses Kapitel eines der wichtigsten in diesem Buch, denn hier werden keine Gefühle durch irgendwelche Drogen verdrängt, hier werden Gefühle zugelassen und verändert. Stellen Sie sich vor, Sie haben auf Ihrer Arbeit mit jemandem Streit. Abends liegen Sie im Bett und lassen den Tag Revue passieren. Sie suchen in Gedanken die Bilder oder Filme, die Ihr Gehirn von einem Streit abgespeichert hat. Sie löschen oder verändern die Informationen und können beruhigt einschlafen und am nächsten Tag neutral zur Arbeit gehen und Ihrem Arbeitskollegen gegenübertreten. Keine negativen Erlebnisse mit den dazugehörigen Gefühlen müssen in Ihre Geschichte eingehen. Sie sind zwar nicht zum „Herrn der Ringe" geworden, aber zum „Herrn über Ihre Erinnerungen und Gefühle".

---

kurz & bündig

- Auf Ihrem Lebensweg finden Sie ungeschliffene Diamanten und verrostete Münzen in Form von unbearbeiteten Erinnerungen.
- Diese sind die Schätze Ihres Lebens, in bearbeiteter Form können sie ihren Glanz auf Ihr ganzes Leben übertragen.
- Ihnen stehen acht Werkzeuge zur Verfügung, mit denen Sie Ihre Vergangenheit zum Glänzen bringen können.
- Bilder und Filme aus unserer Vergangenheit haben Untereigenschaften, mit deren Hilfe man Gefühle verändern kann.
- Ein Druck auf die Nasenspitze kann genügen, um die Gefühle einer Erinnerung zu verändern.
- In Gedanken gespielte Musik verändert die Gefühle alter Bilder.
- Die wichtigsten Erinnerungen für unser Gehirn sind die, welche mit negativen Gefühlen in Verbindung stehen.
- Filme berühren uns mehr als Bilder.
- Durch das schnelle Rückwärtslaufenlassen von Erinnerungen zerstört man alte Synapsenverbindungen.
- Einsichten können in wenigen Sekunden einen Gefühlswechsel auslösen.
- Verzeihen ist der Königsweg zur emotionalen Freiheit, aber auch der schwierigste.
- Da unser Gehirn keinen Unterschied zwischen Realität und Vergangenheit kennt, können wir jederzeit das nachholen, was wir uns früher nicht getraut haben.

---

14. Der Ablauf Ihrer Expedition

In diesem Kapitel erfahren Sie,

- welche drei verschiedenen Expeditionen Sie antreten können, um Ihre Vergangenheit zu optimieren,
- was die Sirene aus der Vergangenheit bedeutet,
- was uns der Donner über den Blitz verrät,
- welche zehn Aufgaben Sie während jeder Expedition erledigen dürfen,
- welche Erleuchtung ich beim Angeln hatte,
- was es mit dem Tine-Wittler-Tag meiner Frau auf sich hat.

Es ist Ihnen jetzt klar, wie Sie ganz schnell Ihr Basislager, also den Startpunkt für Ihre Expedition erreichen können. Sie wissen, dass Sie auf Ihrem Lebensweg nach Schätzen (Bildern und Filmen) suchen, die entweder noch vergaben sind, oder offen auf Ihrem Weg liegen. Es ist Ihnen bewusst, dass Sie Ihre Schätze bearbeiten müssen, damit sich ihr Glanz über Ihren ganzen Lebensweg ausbreitet. Und Sie wissen, welche Werkzeuge Ihnen dafür zur Verfügung stehen. Als Nächstes müssen wir klären, wie Sie Ihre Schätze finden. Es gibt in der Vergangenheitsoptimierung **3 verschiedene Expeditionen**, die Sie antreten können, um Ihre Schätze – die Bilder und Filme Ihrer Vergangenheit – zu erreichen.

1. Die Wanderung

Sie wissen genau, wo Ihr Schatz zu finden ist. Sie können ohne Umschweife diesen Ort erreichen und der Schatz liegt direkt auf Ihrem Lebensweg.

2. Die Schatzsuche

Es ist Ihnen klar, dass es einen Schatz auf oder in Ihrem Lebensweg gibt, Sie haben aber nicht die geringste Ahnung, wo Sie suchen sollen. Deshalb folgen Sie Ihrem Gefühl, das Sie wie ein Kompass zu Ihrem Schatz führen wird.

3. Das Abenteuer

Sie haben keine Anhaltspunkte ob, welche oder wie viele Schätze sich auf oder in Ihrem Lebensweg befinden. Sie bemerken nur anhand Ihrer jetzigen Situation, dass es notwendig ist, einmal nach den Bildern und Filmen aus Ihrer Vergangenheit zu suchen. Sie begeben sich sozusagen in ein Abenteuer, bei dem Sie sich überraschen lassen, welche verborgenen Schätze Sie bergen und bearbeiten dürfen.

Erläuterungen zu den verschieden Expeditionen

1. Die Wanderung

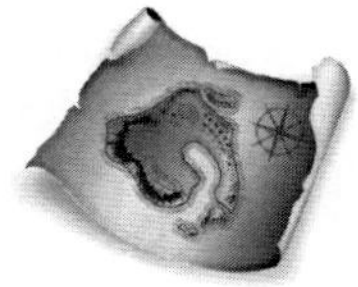

Die Wanderung ist für Ihre erste Expedition sicherlich die beste Wahl, sozusagen als Training für Schatzsuche und Abenteuer. Hierbei geht es um die Schätze, also die belastenden Bilder oder Filme Ihrer Vergangenheit, die Ihnen bekannt und deshalb auch bewusst sind. In Gedanken sind Sie regelmäßig dorthin gewandert, wussten aber bis jetzt nicht, wie Sie diesen Diamanten und die Münzen zum Strahlen bringen. Wanderungen sind oft sehr kurz, weil die Erinnerungen meist aus dem Erwachsenenalter stammen. Vielleicht ist es ein Streit mit dem Partner, der Schwiegermutter, dem Chef oder mit einem Arbeitskollegen. Oder es beschäftigt Sie ein Unfall, eine Trennung oder eine andere schwierige Lebenssituation. Im Grunde sind es Ereignisse, die Ihnen negative Gefühle bereiten und die Sie ohne große Suche in Ihr Gedächtnis rufen können. Kurz gesagt, es ist Ihnen bewusst, welches Ereignis in Ihnen im Moment die negativen Gefühle auslöst.

2. Die Schatzsuche

Zu dieser Art von Expedition möchte ich Ihnen eine Geschichte aus meinem Leben erzählen.

Die Sirene aus der Vergangenheit

Ich lag neben meiner Frau im Bett und wir hatten das Schlafzimmerfenster weit geöffnet. Unser Grundstück grenzt direkt an eine große Wiese, sodass wir beim Einschlafen die Grillen zirpen hören, den Duft von getrocknetem Gras riechen und ab und zu sogar einen leichten Windhauch spüren. Es ist ein herrliches Gefühl mit diesen Eindrücken in den Schlaf zu sinken, um dann früh durch Vogelgezwitscher und die aufgehende Sonne wieder geweckt zu werden. In dieser Nacht allerdings wurde ich unsanft aus meinem tiefen Schlaf gerissen. Es war circa 2 Uhr, als ich aufschreckte und wie erstarrt in meinem Bett saß. Der Grund dafür war der laute Ton der örtlichen Sirenen, der schrill in unser Zimmer drang. Ich saß sofort senkrecht im Bett, sprang auf, schaute aus dem Fenster und sagte zu meiner Frau: „Es ist etwas Schlimmes passiert.“ Nicht gerade erfreut über die nächtliche Störung erwiderte sie im Halbschlaf:

„Was soll denn passiert sein, das ist bestimmt ein Fehlalarm!“ Ich konnte es nicht fassen, dass meine Frau so ruhig blieb und sagte zu ihr: „Außer zu Übungszwecken ist die Sirene in den letzten zehn Jahren nicht mehr ausgelöst worden, denn jeder Feuerwehrmann hat mittlerweile einen Funkwecker. Wenn also trotzdem die Sirene ertönt, soll die Bevölkerung vor etwas gewarnt werden.“ – „Wovor sollen wir denn gewarnt werden?“, fragte meine Frau und ich antwortete aufgeregt: „Entweder vor Krieg oder einem Atomunfall.“ Meine Frau schüttelte verwundert den Kopf.

Als ich wie ein aufgescheuchtes Reh an ihr vorbeirannte, rief sie hinter mir her: „Was ist denn bloß los mit dir, so kenne ich dich gar nicht!“ In der Küche betätigte ich den Einschaltknopf des Radios, um mehr Informationen über die vermeintliche Katastrophe zu bekommen. „Country roads take me home …“, erklang es aus dem Radio. Schnell sprintete ich zum Fernseher. Vielleicht erfuhr ich dort mehr über die aktuellen Geschehnisse. Langsam wurde das Bild vor meinen Augen klar, doch ich sah nur eine altbekannte Dauerwerbesendung, die versuchte, mir einen Wunder-Bauchweg-Gurt zu verkaufen. Weder im Radio noch im Fernsehen gab es Informationen über ein Unglück. Ich war völlig verwirrt und merkte erst jetzt, dass ich im Moment nicht mehr Herr meiner Sinne war.

Stattdessen wurde ich panisch von einem Angstgefühl gelenkt, das meine bewusste Steuerung ausgeschaltet hatte. „Dieses Gefühl konnte nicht von der Situation im Hier und Jetzt ausgelöst worden sein“, dachte ich und setzte mich in meinen Couchsessel. Ich schloss die Augen, löste meinen Berganker aus und befand mich schnell auf meinem virtuellen Berg der Freiheit. Ich konzentrierte mich dabei ganz auf das Gefühl in meinem Körper und spürte deutlich in meinem Bauch eine kreisende Angst. Ich begann meine Wanderung in die Vergangenheit und kam schnell an einen Punkt, an dem meine Angst schlagartig verschwunden war. Scheinbar war ich gerade über den Punkt gelaufen, an dem ich die Angst zum ersten Mal gespürt hatte. Ich schaute hinab auf meinen Lebensweg und sah ein Bild, das immer deutlicher wurde.

Ich erkannte ein großes Fenster, an dem der Rollladen bis auf einen kleinen Schlitz fast ganz geschlossen war. Durch die obere Ritze schien das Licht der Straßenlampe. Ich erkannte mein altes Kinderzimmer aus der Zeit, als ich ungefähr fünf Jahre alt war. Auf dem Bild sah ich mich in der Mitte meines Kinderzimmers stehen. In der linken Hand hielt ich meinen Teddy, während ich auf dem Weg zum Bett meiner Eltern war. Die Sirene hatte mich damals aus dem Schlaf gerissen. Auch jetzt hörte ich ihren schrillen Ton, der den ganzen Raum erfüllte. Ich ging direkt über dieses Ereignis und spürte genau das Gefühl, welches mich eben aus dem Schlaf gerissen hatte. Zur damaligen Zeit gab es noch keine Funkwecker und es passierte sehr oft, dass ich durch das Geräusch der Sirene unsanft geweckt wurde. Obwohl ich 38 Jahre alt war, zog mich mein Unterbewusstsein in die Vergangenheit zurück und machte mich von einer Sekunde zur nächsten zu einem verängstigten fünfjährigen Kind. Später stellte sich heraus, dass ein Kurzschluss die Sirene ausgelöst hatte und meine Ängste vor Krieg oder einem Atomunfall Gott sei Dank nicht bestätigt wurden. Anhand meines Erlebnisses wurde mir wieder einmal bewusst, wie machtvoll alte Erinnerungen waren, und wie extreme Emotionen meine bewusste Steuerung ausschalteten, sodass ich nicht mehr vernünftig handeln und denken konnte. Bei meinem Erlebnis war es der Ton der Sirenen, der in meinem Gehirn das Bild meines alten Kinderzimmers hervorrief und mir gleich darauf die Angst in meinen Körper schickte.

Dieser Ablauf wäre mir natürlich nie bewusst geworden, wenn ich mir nicht die Zeit genommen hätte, mich mit dem Thema zu beschäftigen. Die Situation ist vergleichbar mit einem Gewitter, bei dem ein Blitz vom Himmel zuckt. Meist bemerken wir erst durch den Donner, dass es zuvor geblitzt haben muss. Wenn es donnert, ist die Gefahr aber schon vorüber, denn nur der Blitz kann wirklich Schaden anrichten. Haben Sie schon einmal probiert, einen Blitz zu fotografieren? Es ist nahezu unmöglich, denn Sie wissen nicht, wann er kommt. In dem Moment, wo Sie ihn sehen und den Auslöser Ihres Fotoapparates betätigen, ist er schon wieder verschwunden.

Auf ähnliche Weise arbeitet unser Gehirn. Es lässt kurz ein Bild in uns aufblitzen, das aber genauso wie ein Blitz schnell wieder verschwindet. Kurze Zeit später donnert es dann in unserem Körper, und zwar in Form eines Gefühls, das uns erschrecken lässt. Gegen Donner kann man genauso wenig ankämpfen wie mit Zigaretten, Alkohol, übermäßigem Essen, Tabletten oder anderen Drogen gegen seine Gefühle. Wir sollten deshalb keine Strategie anwenden, die die Gefühle verdrängt, sondern eine Strategie bevorzugen, die die Gefühle dazu benutzt, an das Ereignis heranzukommen, welches die Emotionen ausgesendet hat.

Mithilfe der von mir vorgestellten acht Werkzeuge können wir dann die wirkliche Ursache des Gewitters beseitigen, sodass in Zukunft keine negativen Gefühle mehr ausgesendet werden. Die Gefühle dienen Ihnen sozusagen als Kompass, der Sie zielgenau zu den Bildern und Filmen Ihrer Vergangenheit führt, die die eigentliche Ursache für Ihre geminderte Lebensqualität darstellen. Wenn Sie ständig Gefühle wie Wut, Trauer, Neid, Hass, Schuld oder Angst überfallen, Sie jedoch nicht wissen, wer oder was diese Gefühle wirklich auslöst, ist es an der Zeit, auf Schatzsuche zu gehen.

3. Das Abenteuer

Viele Menschen suchen immer wieder neue Herausforderungen und stürzen sich von einem Abenteuer ins andere. Seltsamerweise haben diese Personen oft Angst davor, ihr eigenes Lebensabenteuer zu bestreiten. Dabei ist der Kick derselbe, man begibt sich auf Gebiete, die man vorher noch nicht kannte. Man entdeckt Neues, muss schnelle Entscheidungen treffen und Lösungen für schwierige Situationen finden.

Wenn man dann sein Ziel erreicht hat, überkommt einen ein unbeschreibliches Gefühl von Freiheit. Ich empfehle jedem Klienten, die Expedition in sein eigenes Abenteuer zu wagen. Nur so können Sie sicher sein, dass Ihre Zukunft nicht mehr von unpassenden Gefühlen aus der Vergangenheit bestimmt wird. Bei Ihrem Abenteuer geht es darum, dass Sie auf dem Bergweg, der parallel zum Lebensweg im Tal verläuft, langsam von der Geburt bis in Ihre Gegenwart wandern und darauf achten, welche Schätze (Bilder und Filme) im Tal auf oder in Ihrem Lebensweg liegen. Wenn Sie dann mithilfe Ihrer Werkzeuge Ihre Schätze Stück für Stück bearbeiten, sind Sie am Ende der Expedition wirklich im Hier und Jetzt angekommen. Sie wissen, dass es keine versteckten unangenehmen Ereignisse mehr auf Ihrem Lebensweg gibt, sodass Ihr Leben eine neue Lebensqualität bekommt.

Die 10 Aufgaben in jeder Expedition

Sie haben nun die drei Standard-Expeditionen der Vergangenheitsoptimierung kennengelernt. Wir beschäftigen uns jetzt mit dem genauen Ablauf einer Expedition. Ganz egal, ob Sie eine Wanderung, eine Schatzsuche oder ein Abenteuer unternehmen wollen, alle drei Expeditionen beinhalten diese **zehn Aufgaben**:

1. **Steigen Sie auf Ihren Berg der Freiheit (Berganker auslösen).**
2. **Wandern Sie von Ihrem Basislager zum gesuchten Schatz (Bilder und Filme) aus Ihrer Vergangenheit.**
3. **Nehmen Sie das Bild oder den Film aus dem Lebensweg und lassen Sie es/ihn zwei Meter über dem Lebensweg schweben.**
4. **Wählen Sie das passende Werkzeug und verändern Sie die Gefühle des Ereignisses.**
5. **Suchen Sie die Lernerfahrung und bewahren Sie diese auf.**

6. **Suchen Sie alte Glaubenssätze, bearbeiten Sie diese und bewahren Sie diese auf.**
7. **Suchen Sie unpassende Gewohnheiten und wandeln Sie diese in passende um.**
8. **Geben Sie das Bild oder den Film zurück in den Lebensweg und verändern Sie alle Ereignisse, die mit dieser Situation in Verbindung stehen (roter Faden).**
9. **Transportieren Sie Gewohnheiten in die Zukunft und genießen Sie die Auswirkungen der Veränderung mit allen Sinnen.**
10. **Steigen Sie vom Berg der Freiheit herunter in Ihre Realität (Hier-und-Jetzt-Anker).**

Die Punkte 1 bis 4 haben wir ja schon besprochen, die Erklärung zu den Punkten 5 bis 9 gebe ich Ihnen jetzt.

Punkt 5
Suchen Sie die Lernerfahrung und bewahren Sie diese auf

Nachdem ich mit Anfang 20 von zuhause ausgezogen war, machte ich gleich in den ersten Wochen eine interessante Erfahrung. Eines Tages stand ein junger, ungepflegter Mann vor meiner Haustür. An seinem Geruch erkannte ich, dass er entweder nie gelernt hatte sich zu pflegen, oder ihm die Stadtwerke das Wasser abgedreht hatten. Er stellte sich vor und erzählte mir, dass er im Moment in einem Heim untergebracht sei und es erst vor Kurzem geschafft habe, von der Droge Heroin loszukommen. Er stehe noch unter Betreuung und müsse jetzt beweisen, dass er Verantwortung übernehmen könne. Er erzählte mir von einem Punktesystem, bei dem er für jede verkaufte Zeitung mehrere Punkte erhalte. Ab einer bestimmten Punktzahl stehe ihm dann ein Ausbildungsplatz zu. Ich weiß nicht, wo ich an jenem Tag mein Gehirn abgelegt hatte. Während ich diese Zeilen schreibe, rollen sich meine Fußnägel hoch aufgrund des Schwachsinns, der mir damals erzählt wurde. Aber aus Blauäugigkeit abonnierte ich an jenem Tag die Zeitschrift Bunte. Ich war zu diesem Zeitpunkt fest davon überzeugt, ein gutes Werk getan zu haben und warf wöchentlich die ungelesene Bunte in den Mülleimer, denn eigentlich benötigte ich gar keine Zeitschrift. Drei Monate später saß ich gemütlich am Mainufer und hielt bei aufgehender Sonne die Angel ins Wasser.

Ich befestigte gerade ein neues Maiskorn am Haken, als mich ein junger Mann mit den Worten ansprach: „Waren Sie schon erfolgreich?“ – „Nur ein paar Rotaugen“, antwortete ich und ließ ihn einen Blick in den Eimer werfen. Er sagte dann zu mir: „Ich angle auch, aber nicht am Main, sondern an der Lahn“, worauf ich erwiderte: „Du bist wohl nicht von hier?“ Er grinste und sagte: „Nein, ich bin beruflich hier.“ Jetzt wurde ich neugierig und fragte: „Was arbeitest du denn?“ – „Naja, eine seriöse Arbeit kann man das nicht nennen, ich arbeite in einer Drückerbande. Morgens werden meine Kollegen und ich mit Bussen in die Ortschaften gefahren. Wir gehen dann von Haus zu Haus und erzählen, dass wir drogenabhängig waren und durch den Verkauf von Zeitungen an eine Arbeitsstelle kommen können.“ Ich merkte, wie sich in meinem Genick die Nackenhaare aufstellten und ich überlegte kurz, ob ich den Typ in den Main werfen sollte. Als ich mich wieder gefangen hatte, sagte ich mit einem ironischen Unterton zu ihm: „Das ist ja toll! Vor ein paar Monaten habe ich bei einem Kollegen von dir die Bunte abonniert“, worauf wir beide lachen mussten.

Ich konnte dem Typen nicht böse sein, weil er eigentlich total nett war und fragte ihn deshalb: „Warum machst du denn so etwas?“ – „Weißt du, Heiko“, sagte er, „ich bin schon mit 14 Jahren von zuhause abgehauen, weil mein Vater Alkoholiker war und mich ständig geschlagen hat. Auf der Straße triffst du Menschen, die dich zwar irgendwie auffangen, weil sie oft dasselbe Schicksal haben, aber man kommt eben in Kreise, die nicht immer die besten Einfälle haben.“ Ich lauschte interessiert, aber auch betroffen seinen Worten. Er sprach weiter: „Natürlich sucht man dann nach Wegen, um schnell ein paar Mark zu verdienen und das Geschäft mit den Zeitungen ist sehr lukrativ.“ – „Aber nur, wenn man lügen kann, ohne dabei rot zu werden“, fügte ich hinzu. Beide mussten wir herzhaft lachen. „Lange will ich das auch nicht machen, denn eigentlich habe ich keinen Bock, auf diese Art mein Geld zu verdienen, aber im Moment sichert mir das mein Überleben.“ Er öffnete seinen Geldbeutel mit den Worten: „Wie viel hast du denn für dein Jahresabo bezahlt?“ Ich antwortete: „45 Mark“, worauf er einen Zwanzigmarkschein hervorholte und meinte: „Mehr habe ich leider im Moment nicht.“

In diesem Augenblick merkte ich, dass in diesem jungen Mann trotz allem doch ein guter Kern steckte und sagte zu ihm: „Behalt bloß dein Geld, du hast es sicherlich nötiger als ich. Die 45 Mark habe ich für mein Leben investiert, wer weiß, für was dies irgendwann gut sein wird." Mit den Worten: „Vergiss nicht, dein Abo drei Monate vor Ablauf zu kündigen", verabschiedete sich der junge Mann bei mir und ich war mir in diesem Moment sicher, dass wir beide in der vergangenen halben Stunde etwas für unser Leben gelernt hatten. Seit diesem Ereignis sind 20 Jahre vergangen. Vor Kurzem klingelte es wieder an meiner Haustür. Meine Frau öffnete und ich hörte, wie sie sich mit einem Mann unterhielt. Es vergingen fünf Minuten, bis ich sie sagen hörte: „Moment, da hole ich meinen Mann." Ich ging zur Tür, an der ein gut gekleideter Herr stand, der scheinbar ein gutes Angebot für uns hatte. Ich kannte schließlich die leuchtenden Augen meiner Frau. Es ging um den Bau eines günstigen Wintergartens in unserem Haus und ich wunderte mich sehr, woher der Typ wusste, dass wir schon länger über die Anschaffung eines solchen nachdachten. Leider waren die Kosten für einen Wintergarten im Moment für unser Budget zu hoch.

Ich sagte zu dem Herrn: „Tut mir leid, ich kaufe nichts an der Tür", worauf mich meine Frau am Ärmel zog und sagte: „Lass uns doch wenigstens anhören, welches Angebot uns der Herr macht!" Weil ich wusste, dass ihr ein Wintergarten sehr am Herzen lag, gab ich ihrem Drängen nach und bat den Herrn in unser Wohnzimmer. Wir saßen zu dritt an unserem Tisch und er erzählte uns, dass wir Glück hätten, dass es hier in der Gegend noch kein Referenzobjekt gebe, weshalb sie uns ausgewählt hätten. Der Mann referierte minutenlang über die Vorteile seines Angebots, erwähnte aber den Preis nicht. Erst auf meine Nachfrage antwortete er: „Sie bekommen ein Top-Schnäppchen, denn normalerweise würde der Bau Ihres Wintergartens 35.000 Euro kosten. Und jetzt halten Sie sich fest, weil es ein Referenzobjekt ist, zahlen Sie lediglich 19.000 Euro. Dafür müssen Sie nur ab und zu einmal interessierten Personen ihren Wintergarten zeigen." Er beeinflusste uns durch seine Rhetorik sehr geschickt. Die Augen meiner Frau leuchteten hell auf und sogar ich glaubte fast, dass wir es hier mit einem Schnäppchen zu tun hätten. Ich sagte zu ihm: „Gut, dann lassen Sie die Unterlagen da und ich lese Sie mir in den nächsten Tagen in Ruhe durch." Darauf erwiderte er: „Das Angebot läuft nur für kurze Zeit, Sie müssen sich heute entscheiden, denn es gibt ja noch viele andere Haushalte, die gerne dieses Angebot nutzen wollen. Sie müssen nur hier unterschreiben." Als ich das Wort „Unterschreiben" hörte, klingelten bei mir die Alarmglocken. Ich sagte in strengem Ton zu dem Herrn: „Sie glauben doch nicht im Ernst, dass ich etwas unterschreibe, wo es um 19.000 Euro geht, ohne dass ich mir den Vertrag genau durchgelesen und darüber geschlafen habe!" Meine Frau schaute mich mit großen Augen an. Am liebsten hätte sie wohl gesagt: „Hast du eine Meise, dir so ein gutes Geschäft entgehen zu lassen!" Als ich mich standhaft dagegen wehrte zu unterschreiben, schlug auf einmal die Stimmung um. Der Mann war nicht mehr so freundlich, sondern wurde motzig und aggressiv. Mit fadenscheinigen Erklärungen versuchte er zu rechtfertigen, warum er mir die Unterlagen nicht dalassen könne. Schließlich sagte ich zu ihm: „Wenn Ihnen wirklich etwas daran liegen würde, uns als Referenzobjekt zu bekommen und Sie nichts zu verbergen hätten, dann würden Sie uns die Unterlagen dalassen.

Wenn Sie aber glauben, Sie können uns irgendetwas andrehen, sind Sie bei uns an der falschen Adresse." Ich bat ihn, sofort unser Haus zu verlassen. Er packte wütend seine Tasche und ging zähneknirschend. Meine Frau war ganz entsetzt und konnte einen Moment lang gar nicht einordnen, was gerade passiert war. Sie hatte noch nie erlebt, dass ein Mensch, der anfangs einen netten, zuvorkommenden und ehrlichen Eindruck machte, plötzlich ein ganz anderes Gesicht zeigte. Kurz nach dem Erlebnis sagte ich zu meiner Frau: „Lass uns mal im Internet googeln." Wir wurden sehr schnell fündig und stießen auf eine Website, auf der Menschen ihr Leid klagten, die mit genau dieser „Wintergartenmasche" übers Ohr gehauen worden waren. Sie hatten alle viel Geld verloren und bekamen dafür weder einen Wintergarten noch Gäste, die ihn anschauen wollten. Erst im Nachhinein kam mir bewusst mein Erlebnis mit dem Bunte-Abo in den Sinn. Ich erinnerte mich, dass ich damals beschlossen hatte, nie mehr an der Haustür Geschäfte zu machen, nichts mehr sofort zu unterschreiben und über alle Entscheidungen eine Nacht zu schlafen.

Genau diese Lernerfahrung war es, die verhindert hatte, dass ich mich von diesem Betrüger hinters Licht führen ließ. Heute bin ich dankbar dafür, dass ich für 45 Mark ein Jahr die Bunte abonnieren durfte, denn das ersparte mir den Verlust von 19.000 Euro. Auch meine Frau hat davon profitiert. Sie weiß seit diesem Erlebnis, dass nicht jeder Mensch, der sie anspricht, etwas Gutes im Schilde führt, und dass es Menschen gibt, die für Geld alles tun würden. Es ist ganz normal, dass wir im Leben hier und da einmal in ein Fettnäpfchen treten müssen, vor allem, wenn wir mit Situationen konfrontiert werden, die wir noch nicht kennen. Umso wichtiger ist es, dass wir die Erfahrung aus der Situation beibehalten, damit uns nicht noch einmal dasselbe passiert. Diesen Aspekt beherzigen wir auch in der Vergangenheitsoptimierung. Egal, welche Bilder oder Filme Ihrer Vergangenheit Sie mit Ihren Werkzeugen verändern, es ist wichtig, dass die Lernerfahrung aus diesem Ereignis erhalten bleibt. Aus diesem Grund fragen Sie sich bitte immer, nachdem Sie die Gefühle eines Bildes oder Filmes verändert haben, was Sie aus der Situation gelernt haben. Diese Information schreiben Sie dann mit einem virtuellen Leuchtstift auf das veränderte Bild oder den Film.

Punkt 6
Suchen Sie alte Glaubenssätze, bearbeiten Sie diese und bewahren Sie diese auf

Wir fassen das, was wir über uns und die Welt denken, gerne in sogenannten Glaubenssätzen zusammen. Ich habe Ihnen ja schon in Kapitel 7 erklärt, welche Macht der Glaube über uns hat. Wir sollten deshalb beim Thema Veränderung auch unsere Glaubenssätze mit einbeziehen. Oft sprechen wir die Sätze aus, häufig lassen wir sie auch nur durch den Kopf gehen. „Ich kann das nicht“ oder „Das Leben ist kein Spaßprogramm“ sind zwei Beispiele aus tausend verschiedenen Möglichkeiten für Glaubenssätze. Es gibt unterschiedliche Wege, wie Glaubenssätze entstehen können. So passieren manchmal Dinge, die uns zwingen, die Welt mit anderen Augen zu sehen. Personen, die von ihrem Partner betrogen wurden, könnten z. B. diese Glaubenssätze bilden:

- Ich bin nicht attraktiv genug.
- Ich bin hässlich.
- Ich bin wertlos.
- Alle Männer/Frauen sind Schweine.
- Nie mehr gehe ich eine Beziehung ein.
- Ich vertraue niemandem mehr.

Alle diese Glaubenssätze laufen unbewusst in unserem Kopf ab und hindern uns daran, unsere eigentlichen Wünsche zu verwirklichen. So kann es vorkommen, dass eine Frau, die von ihrem Mann betrogen wurde, bewusst wieder eine Partnerschaft eingehen möchte, aber dass sie unbewusst alles tut, damit sich keine neue Beziehung entwickeln kann. Würde die betroffene Person das Auslöseereignis löschen, könnte sie zwar gelassener leben, weil die Gefühle Angst, Demütigung, Hilflosigkeit oder Traurigkeit verschwunden wären, aber einer der oben genannten Glaubenssätze könnte weiter aktiv sein und sie an einer neuen Partnerschaft hindern.

Der Glaubenssatz „Ich kann das nicht" wird das Leben eines Menschen in eine ganz andere Richtung führen als der Glaubenssatz „Ich glaube an mich." Wenn jemand fest davon überzeugt ist, dass er etwas nicht kann, wird er z. B. aus Angst, einen Korb zu kassieren, in der Disco den Menschen, der sein Herz höher schlagen lässt, nicht ansprechen. Eine Person, die nicht an ihre Fähigkeiten glaubt, wird selten einen Beruf wählen, der sie wirklich glücklich macht, weil sie glaubt, dass die Anforderungen zu hoch sind. Betroffene führen dann oft ein unzufriedenes Leben mit dem falschen Partner und haben eine Arbeit, die sie nur des Geldes wegen ausüben. Dagegen wird eine Person, die an sich und ihre Fähigkeiten glaubt, meistens das tun, was sie fühlt, weil sie keine Angst hat, auch mal in ein Fettnäpfchen zu treten.

Solche Menschen machen sich selten Gedanken darüber, was sie können, sondern meist darüber, was sie wollen. Sie werden ein zufriedenes Leben führen, weil sie nicht den Glaubenssätzen anderer Menschen nachgeeifert haben und sich später nie den Vorwurf machen müssen, etwas im Leben versäumt zu haben.
„Ich kann das nicht" sind im ersten Moment nur vier unscheinbare Worte, aber letztendlich besitzen sie mehr Macht über deren Besitzer als alle realen Dinge des Lebens. Aus diesem Grund achtet man bei jeder Vergangenheitsoptimierung auch auf eventuell unpassende Glaubenssätze, die man dann in positive Glaubenssätze umwandelt. Anschließend schreibt man den positiven Glaubenssatz wieder mit einem virtuellen Leuchtstift auf das zuvor veränderte Bild oder den Film.

Punkt 7
Suchen Sie unpassende Gewohnheiten und wandeln Sie diese in passende um

Meine Frau hatte vor Kurzem mal wieder einen Tine-Wittler-Tag. Tine Wittler ist die etwas kräftigere Frau, die bei RTL Räume und Wohnungen verschönert. Zweimal im Jahr hat meine Frau so einen Tine-Wittler-Moment und beginnt, alles in unserem Haus umzuräumen. Wenn ich nach Hause komme, sehe ich dann schon an ihren leuchtenden Augen, dass heute wieder Tag der Veränderung im Hause Vandeven gewesen ist. Freudestrahlend präsentiert sie mir ihre neuesten Einfälle und ich muss zugeben, dass sie ein Gespür für das Gestalten von Wohnräumen hat. Ich frage mittlerweile nicht mehr nach, warum sie was wohin geräumt hat, denn oft gibt es gar keine plausible Erklärung dafür. An jenem Tag offenbarte sie mir, dass sie meine T-Shirts und Strümpfe vom großen Schlafzimmerschrank in den kleinen Beistellschrank unseres Schlafzimmers geräumt hatte. Jetzt kommt der schwierige Teil dieser Geschichte.

Obwohl mich meine Frau über die umgeräumten Socken und T-Shirts aufgeklärt hatte, führte mich mein Unterbewusstsein jeden Morgen zuerst an den falschen Schrank. Vielleicht kennen Sie das Gefühl, einen Schrank zu öffnen und hundertprozentig davon überzeugt zu sein, dass sich darin das gesuchte Objekt befindet. Erst wenn man hineinschaut, wird einem bewusst, dass der Gegenstand eben nicht an dieser Stelle ist. In solchen Situationen macht sich ein Gefühl der Ratlosigkeit breit, und man fragt sich: „Warum hast du immer noch nicht kapiert, dass deine Socken im anderen Schrank liegen?“ Dieses Szenario spielte sich anfangs täglich ab, bis ich schließlich verinnerlicht hatte, dass sich die Socken jetzt im kleinen Beistellschrank im Schlafzimmer befanden. Zumindest solange, bis „Tine Wittler“ ihren nächsten Einsatz hatte.Ich bin mir sicher, dass Sie Ähnliches auch schon erlebt und einige Tage benötigt haben, um sich eine neue Gewohnheit anzueignen. Irgendwann habe ich mir die Frage gestellt, warum mein Gehirn so lange braucht, bis es neue Dinge versteht, und bin zu folgender Lösung gekommen. Wenn wir das erste Mal etwas tun, ist dafür unsere ganze Aufmerksamkeit nötig. Denken Sie z. B. an Ihre ersten Fahrstunden mit dem Auto oder daran, wie Sie zum ersten Mal einen Nagel in die Wand geschlagen haben. Je öfter wir jedoch etwas tun, desto leichter geht es uns von der Hand, wir sagen dann gerne, es ist uns in Fleisch und Blut übergegangen. Neurologisch gesehen werden die Synapsenverbindungen in unserem Gehirn stärker und die Elektronen können schneller fließen. Dadurch müssen wir die Abläufe nicht mehr bewusst steuern, sondern unser Unterbewusstsein übernimmt die Verantwortung für immer wiederkehrende Verhaltensmuster und wir sprechen von einer Gewohnheit. Eigentlich eine tolle Einrichtung von unserem Gehirn, denn so kann meine Frau gleichzeitig bügeln, „Sturm der Liebe" im Fernsehen anschauen und mich daran erinnern, dass ich den Müll noch hinausbringen muss. Störend wird die Einrichtung jedoch, wenn wir beschließen, etwas in unserem Leben zu verändern. Im Grunde ist es ganz logisch.

Stellen Sie sich vor, Sie fahren jeden Tag von A nach B. Eines Tages beschließen Sie aus irgendeinem Grund, diese Strecke nicht mehr zu benutzen. Sie wollen nach B, doch der Weg dorthin gefällt Ihnen nicht mehr. In der Praxis könnte es sich um einen Raucher handeln, der durch die Zigarette (sein Weg) zu seiner Entspannung (B) kommt. Durch den Entschluss, Nichtrauer zu werden, blockiert er diesen Weg zur Entspannung. Trotzdem wird er natürlich weiterhin mit demselben Stress konfrontiert, den er bereits hatte, bevor er mit dem Rauchen aufgehört hat. Das heißt, der Betroffene steht jetzt vor zwei Möglichkeiten: Entweder legt er in Zukunft keinen Wert darauf, nach B zu fahren, das heißt, er verzichtet in Zukunft auf Entspannung, oder er benötigt einen neuen Weg. Kein Mensch kann dauerhaft ohne Entspannung leben, also wird sich das Unterbewusstsein einen neuen Weg suchen.

Natürlich kann unser Unterbewusstsein nur etwas benutzen, was es schon kennt und was liegt da näher, als sich an einer Tüte Chips, einer Tafel Schokolade oder einem Sauerbraten zu ergötzen. Das ist der Hauptgrund, warum aus vielen ehemaligen Rauchern schwere Jungs werden. Besser ist es jedoch, wenn man sich zuvor Gedanken macht, wie man in Zukunft entspannen möchte, ohne zu rauchen. Sport, lesen, Yoga, autogenes Training, Sauna, eine Tasse Tee usw. könnten neue Wege sein, um in Zukunft das Ziel B (Entspannung) zu erreichen. Es gibt aber noch eine dritte Lösung: Der Betroffene benutzt einfach den alten Weg. Das heißt, er beschließt wieder zu rauchen, um zu seiner Entspannung zu kommen. Das ist in der Regel für unser Gehirn der logischste und einfachste Weg. Warum soll es in eine neue Straße viel Zeit, Geld, Teer, Maschinen und Arbeitskräfte investieren, wenn schon eine gut funktionierende Autobahn vorhanden ist? Wenn unser Gehirn also die Wahl hat, benutzt es die vorhandenen Wege am liebsten. Ein weiterer Grund für die Liebe zu den alten Wegen ist, dass unser Gehirn natürlich weiß, dass auf diesen Wegen kaum Gefahren lauern. Bei neuen Straßen dagegen, die durch unbekannte Gebiete führen, muss unser Gehirn immer mit Schwierigkeiten rechnen. Fazit: Wenn unser Gehirn die Möglichkeit hat, über gewohnte Wege zu laufen, wird es den Baubeginn von neuen Straßen hinausschieben, oder den Bau ganz vermeiden. Kurz gesagt, Veränderungen sind in unserem Leben nicht gerade unsere Lieblingsbeschäftigung, denn sie gehen meist mit einem unguten Gefühl einher. Nicht immer aber haben wir die Wahl, uns für eine Veränderung zu entscheiden oder nicht. Oft gibt es auch Situationen, bei denen alten Wege von einem Moment auf den anderen nicht mehr zu dem gewünschten Ziel führen und somit unbrauchbar geworden sind. Durch das Umräumen meiner Socken wurde mein Gehirn gezwungen, einen neuen Weg einzurichten, denn mein alter Weg führte mich nicht mehr zu meinen Strümpfen. Am Anfang benutzte ich immer noch die alte Straße, denn diese war natürlich größer, komfortabler und deshalb auch einfacher zu gehen. Erst die ständige Enttäuschung, dass mich mein alter Weg nicht mehr zu meinen Socken führte, zwang mich schließlich dazu, einen neuen Weg zu bauen.

Mein Sockenproblem ist natürlich kein Vergleich zu unvorhersehbaren Ereignissen im Leben. Eine Kündigung vom Arbeitgeber z. B. zwingt Betroffene dazu, neue Wege anzulegen, die über unbekannte Gebiete führen. Nur durch den Bau dieser Straßen erreichen Betroffene in Zukunft ihr altes Ziel: Geld zu verdienen. Auch Krankheiten oder Trennungen verlangen von unserem Gehirn ein spontanes Umdenken und den Bau von neuen Wegen. Solche erzwungenen Lebensveränderungen werfen uns meist aus der Bahn, weil unser Gehirn die Wege, die ihm Sicherheit bieten, nicht mehr gehen kann. Andererseits existieren auch noch keine neuen Wege, die nötig wären, um die alten Ziele wieder zu erreichen. Gewohnheiten (Wege) geben uns also in erster Linie Sicherheit, erfüllen aber auch immer einen Zweck. Meistens ist uns der Nutzen, den uns eine Gewohnheit bringt, weniger bewusst als die Gewohnheit selbst.

So wissen Menschen mit einem Putzfimmel zwar, dass sie ständig aufräumen, saugen und putzen müssen, nicht aber, warum sie es tun. Sie orientieren sich vielmehr an ihrem Gefühl, das heißt, Sie fühlen sich bei Unordnung schlecht und räumen auf, weil sie wissen, dass dadurch ihr schlechtes Gefühl wieder verschwindet. Das dahinter oft eine dominante Mutter steht, der man es nie recht machen konnte oder die bei Unordnung ihre Kinder bestrafte, bleibt meist im Verborgenen. Gewohnheiten resultieren also meist aus Erlebnissen aus der Vergangenheit, die in Form von Bildern und Filmen in unserem Gehirn abgespeichert sind. Durch die Bearbeitung dieser Bilder und Filme verliert die Gewohnheit an Bedeutung. Wenn eine Person mit Putzfimmel bei Unordnung keine Angst mehr vor Bestrafung hat, braucht sie nicht mehr so penibel auf Sauberkeit zu achten. Trotzdem reicht die alleinige Bearbeitung des Auslöseereignisses meist nicht aus, um auch die nachfolgende Gewohnheit komplett zu löschen. Der Grund dafür ist, dass Auslöser und Gewohnheit zwei verschiedene Synapsenverbindungen sind, die deshalb auch getrennt voneinander bearbeitet werden müssen. Tut man das nicht, kann es sein, dass das Verhalten weiter aktiv ist und weiterhin Probleme bereitet. Bei einer Spinnenphobie könnte sich das so äußern: Die Person hätte zwar erst einmal keine Angst mehr vor einer Spinne, aber das Verhalten, Spinnen zu meiden, wäre weiter aktiv. Das ständige Meiden von Spinnen resultiert zwar dann nicht mehr aus der Angst, sondern aus der Gewohnheit, die Angst könnte sich aber letztendlich wieder verstärken und die Spinnenphobie zurückkommen. Die Frage ist nun, wie man eine unbrauchbare Gewohnheit schnell und dauerhaft verändern kann. Im Grunde ist es ganz einfach: Wenn man den alten Weg nicht mehr gehen möchte, benötigt man einen neuen Weg, mit dem man in Zukunft sein Ziel erreichen kann. Wenn dieser neue Weg logischer, einfacher und schneller ist als der alte, ist es möglich, eine Gewohnheit in Sekunden zu verändern. Stellen Sie sich vor, Sie benötigen 45 Minuten zu Ihrer Arbeitsstelle. Durch den Bau einer neuen Straße sind Sie aber jetzt in 25 Minuten dort. Wie oft werden Sie noch die alte Straße nutzen? Ich bin mir ziemlich sicher, dass Sie die alte Straße nur noch dann entlangfahren, wenn Sie dort vielleicht einen Bekannten besuchen möchten. Wenn man eine Gewohnheit verändern möchte, ist es also sinnvoll, ein Verhalten zu finden, mit dem man sein Ziel einfacher und schneller erreicht. Eine zweite Möglichkeit ist, dass man das Ziel verändert. Ein Mann beschließt z. B., dass er einen Marathon laufen möchte (neues Ziel). Er stellt fest, dass er nur zu Höchstleistungen fähig ist, wenn er das Rauchen aufgibt. Dies stellt für ihn kein Problem mehr dar, da das Rauchen für ihn unwichtig geworden ist. Die Entspannung, die ihm früher das Rauchen gebracht hat, erreicht er nun durch das Laufen.

Wie sieht dies in der Praxis aus?

Vor Kurzem kam ein Mann mit dem Wunsch in meine Praxis, Nichtraucher zu werden. Nach einer kurzen Begrüßung sagte er zu mir: „Ich kann mir nicht vorstellen, morgen nicht mehr zu rauchen.“ Dieser Satz heißt übersetzt: Ich habe noch nicht begonnen, mir einen neuen Weg zu bauen, oder noch besser, ich weiß gar nicht, dass ich einen neuen Weg benötige. Ich sagte ironisch zu ihm: „Dann kommst du wieder, wenn du es dir vorstellen kannst.“ Er schaute mich mit großen Augen an und ich fragte ihn: „Fliegst du gerne in den Urlaub?“, worauf er etwas verwirrt antwortete: „Ja, natürlich.“ „Buchst du diesen in einem Reisebüro?“, wollte

ich wissen und er erwiderte: „Ja, in der Regel schon." Mit einem Lächeln auf den Lippen bemerkte ich: „Beim nächsten Mal gehst du in das Reisebüro und sagst, ich kann mir gar nicht vorstellen, bei euch eine Reise zu buchen und schaust dann, wie die Angestellten reagieren." Sein etwas offen stehender Mund formte sich jetzt zu einem leichten Lächeln, denn er begann langsam zu verstehen, was ich meinte. „Natürlich musst du dir vorstellen können, morgen nicht mehr zu rauchen", sprach ich weiter, „oder glaubst du, Thomas Edison, der Erfinder der Glühbirne, hat diese mit den Worten erfunden: ‚Ich kann mir nicht vorstellen, dass ich es jemals schaffe, diese Birne zum Glühen zu bringen.' Nein, das Gegenteil war der Fall, trotz seiner vielen Fehlversuche hat er immer daran geglaubt, dass die Birne irgendwann brennt." Aufmerksam hörte mein Kunde zu und ich fuhr fort: „Wenn du in den Urlaub fliegen möchtest, beschäftigst du dich schon Monate vorher mit dem Reiseziel.

Bevor du deine Reise antrittst, bis du bestimmt unzählige Male in Gedanken im Urlaub gewesen. Bestimmt hast du vom Flugzeug aus den Sonnenuntergang beobachtet und virtuell die schönsten Strände der Welt besucht." – „Ja, natürlich träume ich oft von meinem Urlaub", antwortete er und ich sprach weiter: „Genau das machen wir jetzt, wir träumen von deinem morgigen Tag, an dem du endlich frei bist. Keine Zigarette bestimmt mehr dein Leben. Es wird wunderbar sein, frei durchzuatmen und am Strand die pure Meeresluft genießen zu dürfen. Es fühlt sich gut an, wenn einen niemand mehr zwingt, 20 krebserregende Stoffe in die Lunge zu ziehen. Es ist ein tolles Gefühl, seinen Kindern ein Vorbild zu sein, um nicht später sehen zu müssen, wie die eigenen Kinder ihre Gesundheit ruinieren. Stell dir vor, wie viele Reisen du mit dem gesparten Geld machen kannst und welche Geschmackserlebnisse du haben wirst, wenn in deinem Mund nicht mehr der beißende Rauch deine Geschmacksnerven lähmt.

Hört sich das alles gut an für dich?" Sein Gesicht hatte sich aufgehellt und er meinte: „Ja, auf jeden Fall." In einer leichten Trance animierte ich ihn dann, sich die vielen positiven Aspekte des Nichtrauchens in bunten Farben vorzustellen, was letztendlich dazu führte, dass er sich einen neuen Weg (Synapsenverbindung) aufbaute und heute als glücklicher Nichtraucher leben kann. Wollen wir eine Gewohnheit verändern, schaffen wir das nur, wenn wir uns vorstellen, was wir stattdessen haben möchten. Diese Vorstellung erschafft in unserem Gehirn neue Wege oder neurologisch gesehen neue Synapsenverbindungen. Hier ist es unserem Gehirn wieder einmal egal, ob wir die neuen Wege nur in Gedanken gehen und dadurch unsere Synapsenverbindung stärken oder ob wir dies durch reelles Erleben tun. Mit einer Möglichkeit von beiden müssen wir aber das alte Muster durchbrechen, um neue Verhaltensweisen einzurichten. Sich in einem entspannten Zustand neue Verhaltensweisen in bunten Farben auszumalen, ist natürlich leichter, als diese gleich real zu verwirklichen. Es ist ja auch der gängige Weg, dass wir zuerst denken und dann handeln. Kein Mensch kann etwas erfinden, wenn er nicht weiß, was er erfinden will. Sie werden kaum in den Urlaub fahren können, wenn Sie sich nicht vorher Gedanken gemacht haben, wo Sie hin wollen. Kurzum: Wir müssen alle Verhaltensweisen und Gewohnheiten schon im Kopf vorinstalliert haben, bevor wir sie in eine reale Handlung umwandeln.

Selbst wenn wir denken, dass wir gerade etwas Neues bewusst tun, haben wir uns zuvor Gedanken darüber gemacht (eine Synapsenverbindung geschaffen), wie wir dies verwirklichen können. Beschleunigen können wir die Bildung einer Synapsenverbindung noch, wenn neue Wege aus eigenen Ideen heraus entstehen und es möglichst viele positive Gründe gibt, um eine neue Straße zu errichten. Denken Sie nur an eine zündende Idee, die Sie schon hatten, bei der Sie auf Anhieb Feuer und Flamme waren. Bestimmt ist Ihnen dabei alles leicht von der Hand gegangen, weil Sie mit Herzblut bei der Sache waren.

Wenn ich meine Socken damals selbst umgeräumt hätte, um den freien Platz für meine Bestseller-Büchersammlung zu verwenden, hätte ich sicherlich gleich verinnerlicht, dass die Socken an einem anderen Ort gelagert sind. Alle Erlebnisse der Vergangenheit können also Spuren in Form einer Gewohnheit in unserem Gehirn hinterlassen. Da diese Gewohnheiten nicht bewusst, sondern unterbewusst installiert werden, fallen sie uns kaum auf. Wir sprechen dann gern von unserer Art, unserem Charakter, unserem Sternzeichen oder unserer Vererbung. Das ist natürlich Quatsch, denn es hört sich so an, als müssten wir uns mit unpassenden Verhaltensweisen abfinden, weil diese unveränderbar sind.

Wie schon oben beschrieben, kann man sie natürlich zu jedem Zeitpunkt des Lebens verändern, das wichtigste dabei ist, dass man störende Verhaltensweisen erkennt. Aus diesem Grund halten wir nach jeder Veränderung in der Vergangenheit Ausschau nach Gewohnheiten, die sich aus dem Auslöseereignis heraus entwickelt haben können.Danach suchen wir nach einem neuen Verhalten, das uns hilft, unsere Ziele leichter, schneller oder überhaupt zu erreichen. Im Kopf visualisieren wir dann ein paar Mal unsere neue Verhaltensweise und erschaffen uns so eine neue Autobahn (Synpasenverbindung), die unser Leben wieder ein Stück einfacher macht.

Punkt 8

Verändern Sie alle Ereignisse, die mit einer bestimmten Situation in Verbindung stehen

Bestimmt kennen Sie den Spruch: „Immer passiert mir das.“ Einmal erlebte Ereignisse werfen ihre Schatten voraus, sodass bestimmte Muster immer wieder auftreten. Man findet jedes Mal den falschen Partner, man wird immer wieder gemobbt oder verliert regelmäßig Geld. Am Ende hat man den sogenannten roten Faden, der sich durch das eigene Leben schlängelt. Viele Betroffene resignieren und können einfach nicht verstehen, warum ständig dasselbe passiert. Der Grund dafür ist, dass wir aus einem Erlebnis nur etwas lernen können, wenn wir es nicht verdrängen, sondern aufgearbeitet haben. Das heißt, dass Personen, die sich wieder einmal von ihrem Partner trennen, weil er nicht zu ihnen passt, in die nächste Partnersuche mit denselben Verhaltensweisen und Sprüchen oder derselben nonverbalen Kommunikation gehen, womit sie auch schon ihre vorherigen Partner angezogen haben. Am Ende reiht sich eine Enttäuschung an die andere und der rote Faden wird immer länger. Wenn man das Ursprungsereignis gefunden und verändert hat, gibt es natürlich noch viele andere Ereignisse, die auf diesem aufbauen. Bei einer einmal erlebten Wut z. B. werde ich durch jede neue Wut noch wütender, bis mich schließlich die Stecknadel im Heuhaufen aufregt. All diese Wutausbrüche habe ich natürlich auch auf meinem Lebensweg als Bild oder Film abgespeichert und sie belasten mich gleichermaßen wie das Ursprungsereignis. Wir müssen aber nicht alle Nachfolgeerlebnisse einzeln behandeln, sondern es gibt einen einfachen Weg, alle zugehörigen Erlebnisse schnell zu verändern. Dazu stecken wir einfach das veränderte Bild / den veränderten Film des Ursprungsereignisses samt

Lernerfahrung, neuem Glaubenssatz und Gewohnheit in den Lebensweg zurück und bitten unser Unterbewusstsein, alle sonstigen Ereignisse auf unserem Lebensweg, die mit diesem Ereignis in Verbindung stehen, ebenfalls positiv zu verändern. Anschließend müssen Sie nur noch vom Berg der Freiheit aus darauf achten, was sich alles mit verändert. Meist wird der Lebensweg dadurch heller und bunter und man sieht, wie sich die anderen Ereignisse ins Positive wenden.

Punkt 9
Transportieren Sie Gewohnheiten in die Zukunft und genießen Sie die Auswirkungen der Veränderung mit allen Sinnen

Zum Abschluss ist es noch wichtig, dem Gehirn die Anweisung zu geben, wie das Leben nach der Vergangenheitsoptimierung aussehen soll. Dazu wandern wir in die Zukunft und bleiben mitten auf dem Lebensweg stehen. Hier stellen wir uns mit allen Sinnen vor, wie wir die früheren Situationen, in denen wir die alte Gewohnheit verwendet haben, mit der neuen Gewohnheit meistern.

So können wir z. B. die Situationen, die uns einst wütend gemacht haben, jetzt ganz gelassen genießen. Außerdem malen wir uns aus, was sich nun alles positiv verändern wird, weil sich das Ursprungsereignis geändert hat. Dabei ist es wichtig, alle Sinne mit einzubeziehen. Je mehr Motivation wir in diese Vorstellung hineinbringen, desto stärker werden die Synapsenverbindungen und umso einfacher wird nachher das reale Erleben. Danach gehen wir kurz auf den Berg und schauen von oben auf alle Veränderungen, die wir jetzt in Zukunft erleben werden.

Sie kennen jetzt die 3 Arten von Expeditionen in der Vergangenheitsoptimierung, nämlich die **Wanderung**, die **Schatzsuche** und das **Abenteuer**. Außerdem wissen Sie nun, welche **zehn Aufgaben** Sie in jeder Expedition bearbeiten dürfen. Im nächsten Kapitel stelle ich Ihnen ein paar Beispiel aus meiner Praxis vor, damit Sie sich ein besseres Bild von der praktischen Anwendung einer Vergangeheitsoptimierung machen können.

kurz & bündig

- Es gibt drei verschiedene Expeditionen, die Sie während einer Vergangenheitsoptimierung antreten können: Wanderung, Schatzsuche oder Abenteuer.
- Bei jeder Expedition haben Sie zehn Aufgaben zu erledigen.
- Es ist im Leben ganz normal, dass Sie hier und da in ein Fettnäpfchen treten.
- Wenn Sie etwas Neues tun wollen, braucht Ihr Gehirn zuerst einen neuen Weg (Synapsenverbindung).
- Der Schlüssel, mit dem Sie eine Gewohnheit verändern, ist die Vorstellung von dem, was Sie stattdessen haben möchten.
- Je mehr gute Gründe und Motivationen Sie in eine Verhaltensveränderung mit einbringen, desto schneller wird sich die neue Gewohnheit etablieren.
- Bei jeder Veränderung ist es wichtig, die Lernerfahrung zu ergründen und beizubehalten.
- Bei jeder Vergangenheitsoptimierung halten Sie Ausschau nach störenden Glaubenssätzen und passen diese an Ihre Ziele an.
- Bei jeder Expedition halten Sie Ausschau nach unpassenden Gewohnheiten und verändern diese bei Bedarf.

15. Beispiele aus der Praxis

In diesem Kapitel erfahren Sie,

- welche Hintergründe Wut und Misstrauen haben können,
- wie man in Gedanken die Schwiegermutter verändert,
- wieso ein Mann seine Frau nicht beschützen konnte,
- wie sich ein Mädchen ungewollt Schuld aufgeladen hat,
- warum Unruhe im Mutterleib zu Lebensproblemen führen kann,
- was es mit dem Neid auf den Bruder auf sich hat.

Bevor wir in Kapitel 16 Ihre erste Expedition starten, möchte ich Ihnen anhand von Beispielen aus meiner Praxis zeigen, wie verschiedene Vergangenheitsoptimierungen ablaufen können. Ich beginne mit einem ausführlichen Protokoll, in dem meine Klientin über ständige Wut und Misstrauen klagte, aber nicht wusste, wo die beiden Gefühle herkamen. Ich begab mich also mit ihr auf eine Schatzsuche.

Im Folgenden noch einmal die einzelnen Stationen, die Sie bei jeder Vergangenheitsoptimierung durchlaufen:

1. ***Steigen Sie auf Ihren Berg der Freiheit (Berganker auslösen).***
2. ***Wandern Sie von Ihrem Basislager zum gesuchten Schatz (Bilder und Filme) aus Ihrer Vergangenheit.***
3. ***Nehmen Sie das Bild oder den Film aus dem Lebensweg und lassen Sie es/ihn zwei Meter über dem Lebensweg schweben.***
4. ***Wählen Sie das passende Werkzeug und verändern Sie die Gefühle des Ereignisses.***
5. ***Suchen Sie die Lernerfahrung und bewahren Sie diese auf.***
6. ***Suchen Sie alte Glaubenssätze, bearbeiten Sie diese und bewahren Sie diese auf.***
7. ***Suchen Sie unpassende Gewohnheiten und wandeln Sie diese in passende um.***
8. ***Geben Sie das Bild oder den Film zurück in den Lebensweg und verändern Sie alle Ereignisse, die mit dieser Situation in Verbindung stehen (roter Faden).***
9. ***Transportieren Sie Gewohnheiten in die Zukunft und genießen Sie die Auswirkungen der Veränderung mit allen Sinnen.***
10. ***Sie steigen vom Berg der Freiheit herunter in ihre Realität (Hier-und-Jetzt-Anker).***

Schatzsuche

Unkontrollierbare Wut und Misstrauen

Laura*, 28 Jahre

* Die Namen der Patienten in diesem Kapitel wurden aus Datenschutzgründen geändert.

H: Hallo Laura, schön dass du da bist, wie geht es dir?
L: Eigentlich ganz gut, bloß werde ich oft sehr wütend und ärgere mich nachher darüber, dass ich mich nicht unter Kontrolle hatte! Außerdem bin ich sehr misstrauisch.
H: Wie äußert sich das bei dir?
L: Eigentlich in allen Bereichen meines Lebens.
H: Kannst du mir das ein wenig genauer erklären?
L: Ja z. B. in Bezug auf meinen Freund. Ich habe ihn ungeheuer lieb und weiß auch, dass er mit treu ist, trotzdem habe ich kein Vertrauen, wenn er alleine unterwegs ist.
H: Vertrauen in was?
L: Na, dass er mit anderen Frauen flirtet oder so.
H: Aha, du weißt also genau, dass er dir treu ist, aber du hast irgendetwas in dir, das trotzdem daran zweifelt.
L: Ja, genau so ist es.
H: Interessant, dass man zwei Dinge auf einmal glauben kann, oder?
L: Ja, das stimmt.
H: Wo liegt deiner Meinung nach der Unterschied zwischen den beiden Stimmen in dir?
L: … Hm … das Wissen, dass er nicht fremdgeht, kommt mehr aus meinem logischen Denken … und der Zweifel an seiner Treue ist eher so ein Gefühl.
H: Okay, was ist stärker?
L: Das Gefühl, weil ich das nicht kontrollieren kann.
H: Was ist das für ein Gefühl?
L: Wenn er allein weggeht, ist es glaube ich Wut, die ich in mir spüre, obwohl ich genau weiß, dass es schwachsinnig ist. Das strapaziert natürlich unsere Beziehung, aber ich kann es nicht steuern.

H: Ist es nur Wut oder spürst du noch etwas anderes?
L: … Ich spüre auch Misstrauen, obwohl er mir dafür noch nie einen Grund gegeben hat.
H: Was passiert, wenn du wütend und misstrauisch wirst?
L: Naja, ich beschuldige meinen Freund, dass er mit anderen Frauen rummacht und so.
H: Und dann?
L: Meistens eskaliert es, weil ich ihm, obwohl er immer wieder beteuert, dass er mich über alles liebt, nicht glauben kann.
H: Was möchtest du denn gerne verändern? Was muss passieren, dass du dich besser fühlst?
L: Ich möchte nicht mehr wütend und misstrauisch sein.
H: Nie mehr?
L: Na ja, zumindest möchte ich es kontrollieren können.
H: Ah, ab und zu ist es ja auch mal ganz gut, wenn man misstrauisch ist, z. B. wenn einem jemand auf einer Kaffeefahrt eine Heizdecke für 400 Euro andrehen möchte.
L: (lacht) Ja, das stimmt, ein bisschen Misstrauen ist nicht schlecht.
H: Ja, alle Gefühle haben eine Berechtigung in unserem Leben, solange sie im Jetzt entstehen und nicht durch die Vergangenheit gesteuert werden.
L: Ja, das stimmt.
H: Was macht dich denn noch wütend im Leben?
L: … Situationen, in denen es um das Thema Ehrlichkeit geht.
H: Hast du Beispiele dafür?
L: Ja, wenn mich jemand anlügt oder wenn ich mich auf jemanden nicht verlassen kann.
H: Wer zum Beispiel?
L: Meine Mutter oder Freunde.
H: Okay, es ginge dir also besser, wenn du nicht mehr so schnell wütend würdest und dein Misstrauen weniger wäre.
L: Ja, das wäre super, es würde schon reichen, wenn mich diese Gefühle nicht mehr so überfallen würden.
H: Okay, dann lass uns doch mal schauen, wo diese Gefühle entstanden sind.

1. Steigen Sie auf Ihren Berg der Freiheit (Berganker auslösen)

Es folgt die Visualisierung des Berges der Freiheit und Ihres Lebensweges und die Installation des Bergankers.

H: Drück jetzt bitte deinen Berganker und sag mir, wenn du oben angekommen bist.

L: … Okay, ich sitze auf der Wiese.
H: Du weißt, hier oben ist alles möglich, dass dies so ist, möchte ich dir beweisen. Kennst du den Spruch, wer Schmetterlinge lachen hört, weiß, wie Wolken duften?
L: Nein, den habe ich noch nicht gehört, aber er klingt nach Freiheit.
H: Stell dir vor, neben dir auf einer Blume sitzen zwei Schmetterlinge und du kannst hören, wie sie Witze machen und sich darüber kaputtlachen. … Kannst du sie hören?
L: … Ja, ich kann sie hören … ist ein cooles Gefühl.
H: So und jetzt leg dich zurück und schau in den Himmel. Beobachte, wie die Wolken langsam und sanft über deinen Kopf ziehen. Eine Wolke streift sogar dein Gesicht, du atmest tief ein und zum ersten Mal nimmst du wahr, wie Wolken duften. Und wie duften Wolken?
L: … Irgendwie wie Orange, das ist ein tolles Erlebnis.

(Ich rege mit dieser Übung gerne die Fantasie meiner Kunden an, denn Fantasie ist ein wichtiger Baustein im Leben. Aus Fantasie werden Träume erschaffen. Im Traum machen wir scheinbar Unmögliches möglich und erschaffen uns Synapsenverbindungen, die später helfen, unsere Träume zu realisieren. Während der Vergangenheitsoptimierung benötigen wir auch Fantasie und Kreativität, weil wir festgefahrene Wege (Synapsenverbindungen) durch Visualisierungen verändern müssen.)

H: Denk daran, von hier oben aus ist alles möglich, denn für dein Gehirn ist alles Realität, was du denkst, darum kannst du jetzt auch gleich alle Erinnerungen nach deinen Wünschen so verändern, dass sie so sind, wie du sie haben möchtest.
L: Okay.
H: Wie geht es dir im Moment?
L: Prima, ich habe ja alles so eingerichtet, damit es wunderschön ist.
H: Okay, dann lass uns mal beginnen. Zuerst fragst du jetzt dein Unterbewusstsein, ob es in Ordnung
ist, heute an den Auslöser deiner Wut und deines Misstrauens zu wandern, diesen offen anzuschauen, um ihn dann loszulassen.
L: … Es ist in Ordnung.
H: Beachte bitte, dass du immer am Berg oben bleibst und nur ins Tal gehst, wenn ich es dir sage.
L: Okay.
H: Gut, dann wandere jetzt den Bergweg entlang zurück in deine Vergangenheit bis zu dem Punkt, an dem du zuletzt diese Wut gespürt hast.
L: Da muss ich gar nicht weit laufen, das war erst gestern.
H: Okay, dann geh den kurzen Weg zurück und schau auf deinen Lebensweg ins Tal. Wie hat dein Gehirn diese Information für dich abgespeichert?

L: Ich sehe, wie ich mit meinem Freund streite.
H: Ist es ein Bild oder ein Film?
L: Ein Bild.
H: Was passiert mit deinen Gefühlen, wenn du das Bild betrachtest?
L: Ich spüre Wut in meinem Körper.
H: Wo genau spürst du die Wut?
L: In meinem Bauch.
H: Kannst du Sie im Moment kontrollieren?
L: Ja, weil ich Abstand dazu habe. Jetzt mischt sich auch noch Misstrauen in meine Gefühle.
H: Warum bist du misstrauisch?
L: Ja, weil mein Freund mit seinen Freunden allein in die Disco gehen will.
H: Und das macht dich wütend und misstrauisch?
L: Ja, ich weiß ja nicht sicher, ob ich ihm in Bezug auf andere Frauen vertrauen kann.
H: Bist du bereit für ein kleines Abenteuer, um zu sehen, wo die Wut und dein Misstrauen entstanden sind?
L: Ja.
H: Gut, dann möchte ich jetzt, dass wir zusammen eine kleine Wanderung machen.
L: Okay.

2. Wandern Sie von Ihrem Basislager zum gesuchten Schatz (Bilder und Filme) aus Ihrer Vergangenheit

H: Alle Gefühle, die du heute erleben kannst, muss du irgendwann zum ersten Mal gespürt haben. Das heißt, es gab eine Zeit, da kanntest du das Gefühl Wut und Misstrauen noch nicht. Wir kommen nämlich nicht auf die Welt und sind wütend auf die Hebamme, die uns am Kopf gezogen hat.
L: (lacht)
H: Wir kommen auch nicht mit Misstrauen auf die Welt, ganz im Gegenteil, unser angeborenes Urvertrauen hilft uns, Dinge schnell anzunehmen und zu lernen.
L: Okay.
H: Mit den Gefühlen Wut und Misstrauen, die du eben durch das Betrachten deines abgespeicherten Bildes ausgelöst hast, wandere jetzt bitte auf dem Bergweg, der parallel zu deinem Lebensweg im Tal verläuft, in Richtung deiner Vergangenheit. Geh bitte soweit, bis die Gefühle verschwunden
sind. Das passiert dann, wenn du über das Ereignis hinweggelaufen bist, bei dem du zum ersten Mal in deinem Leben wütend und misstrauisch warst. Wenn die Wut und/oder das Misstrauen verschwunden sind, bleib bitte stehen und sag mir Bescheid. Hast du alles verstanden?

L: Ja, ich laufe los … jetzt.
H: Wo ist die Wut nun?
L: Keine Ahnung, sie ist weg, ich spüre sie auf einmal nicht mehr.
H: Bist du noch misstrauisch?
L: Nein, mein Misstrauen ist auch verschwunden!
H: Tolles Gefühl, oder?
L: Ja!
H: Okay, dann schau jetzt Richtung Zukunft auf deinen Lebensweg und sag mir, was du siehst.
L: Es ist eine dunkle Stelle auf meinem Weg.
H: Mach sie mal ein bisschen heller.
L: Wie soll ich das machen?
H: Lass einfach die Sonne daraufscheinen.
L: Okay … Es wird heller.
H: Wie alt bist du und was siehst du?
L: Ich bin drei Jahre und sehe mich, wie ich den ersten Tag im Kindergarten bin.
H: Ist es ein Bild oder ein Film?
L: Ein Bild.

3. Nehmen Sie das Bild oder den Film aus dem Lebensweg und lassen Sie es/ihn zwei Meter über dem Lebensweg schweben.

H: Okay, dann nimm das Bild aus deinem Lebensweg heraus, sodass es ein paar Meter über deinem Weg schwebt.
L: … Okay, es schwebt.
H: Erzähl mir mehr über das Bild.
L: Meine Mutter hatte mir versprochen, dass sie bei mir bleibt.
H: Aha, und was ist dann passiert.
L: Ich spielte zwar in der Puppenecke, beobachtete aber die ganze Zeit mit einem Auge meine Mutter, die mit dem Rücken zu mir stand und sich mit einer anderen Mutter unterhielt.
H: Und was passierte dann?
L: Ich sehe den Moment noch ganz deutlich: ihren blauen, langen Mantel und ihre blonden Haare. Auf einmal drehte sie ihr Gesicht zu mir und ich bemerkte, dass dies gar nicht meine Mutter war, sondern eine andere Frau, deren Mantel und Frisur der meiner Mutter ähnelten.
H: Was hast du dann gemacht?

L: Ich war wie erstarrt, weil ich mir zuvor vollkommen sicher war, dass meine Mutter bei mir ist. Ich bin dann ganz entsetzt und voller Angst losgerannt, um nach meiner Mutter zu suchen.

H: Hast du sie gefunden?

L: Nein, sie hat sich einfach davongeschlichen, obwohl sie mir versprochen hatte, dass sie bei mir bleibt!

H: Geh mal direkt über das Ereignis und sag mir, was du fühlst.

L: … Hilflosigkeit gemischt mit etwas Angst … jetzt bemerke ich, dass ich wütend werde!

H: Was macht dich wütend?

L: Dass ich mich nicht auf meine Mutter verlassen kann und dass sie ihr Wort gebrochen hat!

4. Wählen Sie das passende Werkzeug und verändern Sie die Gefühle des Ereignisses

H: Kannst du heute deiner Mutter für ihr damaliges Verhalten verzeihen?

L: Nein! Dafür hat sie mich zu sehr enttäuscht!

H: Gab es denn Momente in deinem Leben, wo du dich auf deine Mutter verlassen konntest?

L: Nein, ab diesem Zeitpunkt konnte ich ihr **nie** mehr vertrauen!

(Es ist in der Regel so, dass wir nach einem einschneidenden Erlebnis alle nachfolgenden Ereignisse so interpretieren, dass sie zu dem Ursprungsereignis passen. Das heißt, dass sich unsere Wahrnehmung ändert. In diesem Fall erwartet die Frau nicht mehr, dass sie sich auf ihre Mutter verlassen kann. Das hat zur Folge, dass sie belanglose Dinge wie ein Wort, eine Geste, einen Gesichtsausdruck, ein Ereignis so interpretiert, dass es ihr Ursprungsereignis bestätigt. Im Gegenzug werden alle Momente, die das Gegenteil beweisen würden, also dass sie ihrer Mutter vertrauen kann, einfach ausgeblendet. Wir sprechen dann von sogenannten Wahrnehmungsfiltern, die verhindern, dass wir unsere Glaubenssätze verändern können.)

H: Ich bin mir sicher, dass jede Mutter ihrem Kind Sicherheit, Geborgenheit und Vertrauen schenkt, auch wenn sich eine Mutter dagegen wehren wollte. Es liegt z. B. im Mutterinstinkt, dem Kind die Brust zu geben, es warmzuhalten und ihm dabei das Gefühl zu geben, dass es gut aufgehoben ist.

Auch wenn deine Mutter für dich gekocht hat, dir die Wäsche gewaschen hat, mit dir zum Arzt gegangen ist oder dir eine Gute-Nacht-Geschichte vorgelesen hat, sind das alles Zeichen dafür gewesen, dass sie dich liebt und dass du dich auf sie verlassen kannst.

(Genauso wie niemand ***immer*** *Kopfweh haben kann, es aber oft von Betroffenen so interpretiert wird, kann auch der Satz „Ich konnte mich* ***nie*** *auf meine Mutter verlassen" nicht stimmen.* ***Alle, jeder, immer, nie, jedes Mal, ständig, überall, grundsätzlich*** *sind Worte, die man hinterfragen sollte, denn es gibt meistens Ausnahmen. Hinter diesen Worten steht häufig ein Glaubenssatz, also eine Überzeugung, wie man über sich oder die Welt denkt. Ich habe in diesem Fall versucht, meiner Patientin deutlich zu machen, dass sie sich auf ihre Mutter verlassen konnte. Ich habe sie animiert, nach Ausnahmen zu suchen, indem ich nach bestimmten Situationen gefragt habe und ihr beschrieben habe, wie sich mütterliche Fürsorge äußert.)*

L: So habe ich das noch nicht gesehen, ich schaue mal … Ja, es gibt tatsächlich eine Situation, wo wir
an Weihnachten auf dem Sofa sitzen, sie mich im Arm hat und mir eine Geschichte vorliest.
H: Wie fühlt sich das an, wenn du die Situation betrachtest?
L: … Ich fühle Wärme und Geborgenheit.
H: Auch Vertrauen?
L: … Ja, in dieser Situation schon.
H: Bist du in dieser Situation misstrauisch oder wütend?
L: Nein, natürlich nicht!
H: Ist es ein Bild oder ein Film?
L: Ein Bild.

(Mit Werkzeug 4: Schneller Austausch von zwei Bildern und deren Gefühlen verändere ich nun die Gefühle Wut und Misstrauen, indem ich sie mit dem Gefühl Vertrauen verknüpfe.)

H: Bring das Bild vor dein Gesichtsfeld.
L: … Okay, habe ich.
H: Okay, dann schieb dieses Bild jetzt von dir weg und mach es dabei immer dunkler, solange bis du es ganz weit von dir entfernt als kleinen schwarzen Punkt wahrnimmst.
L: … Okay.
H: Nimm nun das Bild vom Kindergarten, auf dem du wütend auf deine Mutter bist. Halt es vor dein Gesicht.

L: Okay.
H: Mach nun bitte Folgendes, schieb das Bild mit den negativen Emotionen weit weg und lass es dabei immer dunkler werden, bis es schließlich im Nichts verschwindet. Im selben Moment lass das Bild mit den positiven Emotionen wieder an dich heranfliegen, wobei es größer und heller wird. Am Ende siehst du nur noch das positive Bild vor dir.
L: ... Das ist gar nicht so leicht.
H: Das kann sein, du veränderst ja gerade eine Synapsenverbindung, die schon 25 Jahre unberührt und verstaubt in deinem Kopf herumliegt. Das ist so ähnlich, wie wenn du versuchst, ein verrostetes Scharnier wieder gleitfähig zu machen.
L: (lacht) Hast du mal ein bisschen Öl für mich?
H: (lacht) Du hast schon begonnen, es zu ölen. Mach den Austausch dieser Bilder jetzt zehnmal, dabei sollte ein Austausch nicht länger als eine Sekunde dauern.
L: …Okay, fertig.
H: Das ging ja wie geschmiert.
L: Ja, mit einem Tropfen Öl (lacht).
H: Gut, dann darfst du dich jetzt noch auf dem Berg umschauen.
L: Die Schmetterlinge lachen wieder.
H: Ja, sie freuen sich mit dir. Schau jetzt bitte noch einmal auf das Bild aus dem Kindergarten und sag mir, was du siehst.
L: Das ist ja komisch, das Bild hat sich verändert, es ist viel heller und irgendwie unwirklich geworden.
H: Und was fühlst du jetzt?
L: Nichts mehr, es ist irgendwie neutral! Das ist ja der Hammer!
H: Was glaubst du, warum deine Mutter dir zu dem damaligen Zeitpunkt nicht gesagt hat, dass sie weggeht?

(Erst jetzt versuche ich durch das Werkzeug 6: Gefühle auflösen durch Erkenntnis, Einsicht und Verstehen meine Patientin dahin zu bringen, dass sie selbst erkennt, dass ihre Mutter nicht aus Boshaftigkeit gehandelt hat, sondern dass ihr zum damaligen Zeitpunkt keine andere Lösung zur Verfügung stand. Hätte ich diese Frage gestellt, bevor ich durch Werkzeug 4 die Gefühle des Ursprungsereignisses verändert habe, hätte meine Patientin durch ihre zu starken Emotionen sicherlich noch keinen Zugriff auf neue Lösungen zugelassen.)

L: … Wenn sie es mir gesagt hätte, hätte ich wahrscheinlich geweint und es wäre genauso schwierig gewesen.
H: Wie würdest du es denn bei deinen Kindern machen?

(Hier versuche ich, sie selbst in die Lage zu bringen, in der ihre Mutter damals war, damit sie noch besser verstehen kann, warum ihre Mutter so gehandelt hat.)

L: Ich glaube, das ist gar nicht so einfach, weil es ja die erste Abnabelung von der Mutter ist. Zumindest würde ich meinem Kind sagen, dass ich weggehe, auf die Gefahr hin, dass es weinen würde.
H: Glaubst du, dass dir deine Mutter absichtlich weh tun wollte, weil sie einfach gegangen ist, oder wollte sie vermeiden, dass sie dich weinen sieht und es dann für sie selbst schwer geworden wäre, dich im Kindergarten zu lassen.

(Hier lasse ich noch einmal eine neue Sichtweise einfließen, wie die Mutter gedacht und gefühlt haben könnte.)

L: Nein, absichtlich hat sie das bestimmt nicht gemacht. Ich glaube eher, dass sie sich den Abschied ersparen wollte, weil es ihr selbst das Herz zerrissen hätte und dass sie dann vielleicht hätte weinen müssen. Gefühle vor anderen Menschen zu zeigen, war nicht ihre Art.
H: Also war ihr damaliges Handeln auch eine Art Selbstschutz.
L: Ja, das glaube ich schon.
H: Spricht jetzt noch irgendetwas aus deinem Leben und von deinem Gefühl dagegen, deiner Mutter zu verzeihen?
L: … Nein.
H: Dann kannst du jetzt deiner Mutter verzeihen?
L: … Ja.

(Hier versuche ich durch Werkzeug 7: Gefühle auflösen durch Verzeihen zu erreichen, dass auch wirklich alles bereinigt und alle negativen Gefühle aufgelöst sind. Ich finde Verzeihen dann wichtig, wenn es sich um sehr nahe stehende Personen handelt, mit denen man häufig Kontakt hatte oder noch hat. Wenn es sich nur um ein kurzes Erlebnis handelt, z. B. mit einem Schulkollegen, der in dem eigenen Leben keine Rolle mehr spielt, könnte man die Situation auch einfach löschen.)

H: Wie willst du das machen?
L: Ich möchte sie einfach mal in den Arm nehmen.
H: Okay, dann darfst du ausnahmsweise hinuntergehen auf deinen Lebensweg und deine Mutter in den Arm nehmen. Lass dir Zeit und wenn es für dich in Ordnung ist, komm bitte wieder hoch auf den Berg und sag mir Bescheid.
L: Okay …. jetzt bin ich wieder da.
H: Wie geht es dir jetzt?

L: Ich fühle mich leichter.
H: Und was siehst du nun auf dem Bild, das über dem Lebensweg schwebt?
L: Wie mich meine Mutter im Arm hält.
H: Spürst du jetzt noch deine Wut und das Misstrauen?

(Hier teste ich noch einmal, ob die Gefühle auch wirklich verschwunden sind.)

L: Nein, beide Gefühle sind verschwunden.

5. Suchen Sie die Lernerfahrung und bewahren Sie diese auf

H: Was hast du denn aus dieser Erfahrung Positives gelernt?
L: … Dass man Dinge von mehreren Seiten beleuchten soll ….
H: Das ist eine gute Lernerfahrung. Gibt es noch etwas?
L: … Vielleicht, dass es wichtig ist, zu verzeihen, weil das sehr befreiend ist
H: Gut, dann schreibe diese beiden Sätze mit einem Leuchtstift auf das Bild.
L: … Okay, habe ich.

6. Suchen Sie einen alten Glaubenssatz und bearbeiten Sie diesen

H: Hast du dir denn aus diesem Ereignis irgendeinen Glaubenssatz gebildet, der dich seitdem in deinem Leben behindert?
L: … Dass ich niemandem mehr vertrauen werde.
H: Was wäre denn ein besserer Glaubenssatz für dich?
L: … Ich habe ein gesundes Vertrauen …
H: Lass dir den Satz bitte ein paar Mal durch den Kopf gehen und sag mir, ob er für dich stimmig ist?
L: …Ja, der hört sich gut an.
H: Gut, dann schreib auch diesen Glaubenssatz auf dein Bild.
L: …Okay, fertig.
H: Betrachte bitte jetzt noch einmal das Bild mit deiner Lernerfahrung und deinem neuen Glaubenssatz und teste anhand deiner Gefühle, ob für dich alles stimmig ist.
L: Ja, ich fühle mich gut damit.

7. Suchen Sie unpassende Gewohnheiten und ersetzen Sie diese durch passende

H: Hast du aus diesem Ereignis irgendeine störende Gewohnheit gebildet, die du nicht mehr haben möchtest?

L: … Ja, ich war sehr misstrauisch gegenüber anderen Menschen und sehr schnell wütend, wenn mich jemand enttäuscht hat.
H: Brauchst du dieses Verhalten jetzt noch?
L: … Nein.
H: Was möchtest du denn stattdessen machen?
L: Ich möchte wieder vertrauen und nicht mehr bei jeder Kleinigkeit wütend werden.
H: Okay, dann schau noch einmal auf dein Bild und stell fest, wie du Vertrauen schenken kannst und wie du frei von Wut bist.
L: … Okay, das fühlt sich echt gut an.
H: Diese Gewohnheit werden wir jetzt gleich in deine Zukunft einbauen. Doch zuvor machen wir noch einen tollen Trick.
L: Da bin ich aber gespannt.

8. Verändern Sie alle Ereignisse, die mit dieser Situation in Verbindung stehen (roter Faden)

H: Aus diesem Ereignis resultieren ganz viele andere Situationen deines Lebens, die sich wie ein roter Faden durch dein Leben schlängeln. Es sind Momente, die mit Misstrauen oder Wut in Verbindung standen, und die negative Auswirkungen auf dein Leben hatten. Dein Unterbewusstsein weiß am besten, welche Situationen es waren, und deshalb machst du jetzt
Folgendes: Du wirst gleich das bearbeitete Bild mit der Lernerfahrung, dem neuen Glaubenssatz und der neuen Gewohnheit in deinen Lebensweg zurückgeben. Dabei achtest du darauf, wie sich vor und nach dem Ereignis alle Situationen mit verändern, die in Verbindung mit dem Ereignis stehen. Gut, dann steck jetzt das Bild zurück.
L: … Wow! Mein ganzer Lebensweg wird heller …
H: Wie fühlst du dich jetzt?
L: Wie wenn eine Last von mir abgefallen ist.
H: Gut, dann lass uns den letzten Schritt unternehmen.

9. Transportieren Sie Gewohnheiten in die Zukunft und genießen Sie die Auswirkungen der Veränderung mit allen Sinnen

L: So, was fehlt denn noch?
H: Dass du deine neue Gewohnheit in die Zukunft transportierst, damit du dich in Zukunft anders verhalten kannst.
L: Okay, was muss ich dafür tun?
H: Wandere bitte jetzt auf deinem Bergweg, parallel zum Lebensweg im Tal, in deine Zukunft.

L: … Okay, ich bin da.
H: Komm bitte jetzt vom Berg herunter und stell dich direkt auf deinen Zukunftsweg.
L: …Ja, ich bin unten.
H: Du hast ja vorhin gesagt, wie du dich jetzt verhalten möchtest, weißt du noch wie?
L: Ich möchte wieder vertrauen und nicht mehr bei jeder Kleinigkeit wütend werden.
H: Gut, dann möchte ich jetzt, dass du mit allen Sinnen die Situationen erlebst, in denen du vor Kurzem noch wütend wurdest, und bei denen du jetzt ganz ruhig und gelassen bleibst. Erlebe auch mit allen Sinnen die Situationen, in denen du früher misstrauisch warst, und in denen du jetzt Vertrauen schenken kannst. Erlebe es in bunten, hellen Farben und genieße dein neues Leben.
L: … Das fühlt sich prima an.
H: Dann stell dir jetzt vor, was sich alles positiv in deinem Leben verändern wird, weil du das vergangene Ereignis zugelassen und verändert hast. Erlebe es bitte wieder mit allen Sinnen. Was siehst du, was hörst du, was schmeckst und riechst du, und vor allem wie fühlt es sich an.
L: … Ja, wunderbar.
H: Wie geht es dir jetzt?
L: Ich fühle mich sehr gut!
H: Gut, dann steig noch einmal auf den Berg und betrachte von oben, was du gerade auf deinem
Lebensweg erlebt und kreiert hast.
L: ... Okay, das ist gut.
H: Brauchst du jetzt noch irgendetwas?
L: … Nein, ich fühle mich gut.

10. Steigen Sie vom Berg der Freiheit hinunter in Ihre Realität (Hier-und-Jetzt-Anker).

H: Okay, dann steig vom Berg hinunter und stell dich entsprechend deinem Alter an deinen Lebensweg.
L: … Okay, ich bin unten.
H: Drück jetzt bitte deinen Tranceauflösungsanker und komm in deiner Geschwindigkeit ganz ins Hier und Jetzt zurück. Wenn du deine Augen öffnest, bist du hellwach und munter und fühlst dich einfach wunderbar.

So sieht ein Beispiel für eine komplette Vergangenheitsoptimierung aus. Ich habe hier verschiedene Werkzeuge aus Kapitel 13 verwendet, um die Gefühle alter Erinnerungen zu verändern. Ich bin dabei immer sehr flexibel und springe gerne von einem Format ins andere. Es ist nicht ausschlaggebend, dass jedes einzelne Wort der von mir dargestellten Werkzeuge erwähnt wird. Ziel ist es, die Gefühle alter Erinnerungen zu verändern, wie man das letztendlich erreicht, ist ganz egal. Ich habe dieses Beispiel aus meiner Praxis bewusst so detailliert geschildert, damit Sie sehen, was man in einer Therapie oder bei einem Coaching alles einfließen lassen kann. Wenn man wie ich schon jahrelang therapiert und coacht, sind einem die einzelnen Dinge, die man sagt und anwendet, natürlich nicht mehr so bewusst. Es passiert dann einfach, je nachdem, was einem das Gefühl gerade rät. Im Folgenden möchte ich Ihnen in Kurzform einige Wanderungen, Schatzsuchen und Abenteuer aus meiner Praxis vorstellen, damit Sie sich von den Abläufen der verschiedenen Expeditionen ein besseres Bild machen können.

Wanderung

Nicht immer sind es Themen aus der Kindheit, die uns belasten. Oft sind es auch aktuelle Ereignisse, die in unserem Gehirn Unruhe verursachen. Häufig ist uns nicht klar, wie wir mit ihnen umgehen sollen. Diese Schätze können wir aber ganz schnell erreichen, weil wir wissen, wo sie sich auf unserem Lebensweg befinden.

Die böse Schwiegermutter

Karin*, 32 Jahre

Eine Frau kam zu mir in die Praxis und klagte darüber, dass ihre Schwiegermutter so bösartig sei. Sie wohne im selben Haus und drangsaliere sie ständig, obwohl sie selbst versuche, ihr alles recht zu machen. Sie wisse sich nicht mehr zu helfen, am liebsten würde sie ausziehen. Leider gehe das aber nicht, denn sie habe mit ihrem Mann sehr viel Geld in den Ausbau der Wohnung gesteckt. Ich fragte sie, ob ihre Schwiegermutter auch ihren Sohn drangsaliere, worauf sie mir antwortete: „Nein, vor ihm hat sie viel zu viel Respekt." – „Wie hat er denn das gemacht, dass er Respekt von seiner

Mutter erhält?", fragte ich weiter, worauf sie mir antwortete: „Na ja, er sagt, was er denkt und fühlt, und lässt sich von ihr nichts gefallen." Ich sagte zu ihr: „Ja, genau so ist es im Leben, es gibt Menschen, denen können wir sagen, was wir denken, und es gibt Menschen, vor denen haben wir so großen Respekt, dass wir das, was wir denken, lieber hinunterschlucken. Wenn wir jemanden kennenlernen, wissen wir noch nicht, welchen Charakter diese Person hat, erst im Laufe der Zeit, kristallisiert sich dann heraus, wer welche Stellung einnimmt. So kannst du vielleicht deiner Schwiegermutter oder deinem Chef nicht das sagen, was du denkst, aber deiner Tochter, Freundin oder deinem Hund schon." Das Nicken meiner Klientin zeigte mir, dass es scheinbar auch bei ihr eine solche Rangfolge gab. Ich sprach weiter: „Es gibt immer zwei Personen in diesem Spiel, eine, die ihre scheinbare Macht ausspielt, und eine, die das Spiel mitmacht. Es gibt dabei keine Schuld. Es geht letztendlich nur um zwei verschiedene Verhaltensweisen. Das heißt, deine Schwiegermutter tut dir weh, weil sie weiß, dass sie bei dir ihren Frust, denn sie scheinbar auf irgendetwas hat, ablassen kann.

Andererseits spürt sie, dass du immer wieder angekrochen kommst, weil du alles versuchst, über irgendeinen Weg doch noch ihre Gunst zu bekommen. Kannst du dich in dieser Beschreibung wiederfinden?" Sie antwortete: „Ja, total." Ich fuhr fort: „Du bist für deine Schwiegermutter wie ein Zaubertrichter, oben wirft sie Müll hinein und unten kommt Gold heraus. Je mehr Müll sie hineinwirft, desto stärker spürt sie deine Bemühungen, ihr alles recht zu machen." Aufmerksam hörte mir meine Klientin zu und meinte: „Ja, und wie kann ich meine Schwiegermutter ändern?" Darauf sagte ich: „Gar nicht, niemand kann einen anderen Menschen verändern, wenn er das nicht möchte. Es ist auch nicht deine Aufgabe, aus deiner Schwiegermutter einen glücklichen Menschen zu machen, dafür muss sie schon selbst sorgen."

Etwas verwirrt meinte meine Kundin: „Und wie können wir das Problem lösen?", worauf ich antwortete: „Im Grunde ist es einfach, du musst nur dafür sorgen, dass der Müll, den deine Schwiegermutter in deinen Trichter wirft, auch unten wieder herauskommt. Wenn sie dann merkt, dass sie in ihrem eigenen Müll erstickt, wird sie vielleicht auch einmal Hilfe suchen bei einem Therapeuten." Immer noch etwas ungläubig sagte meine Klientin: „Und was muss ich dafür tun?", worauf ich erwiderte: „Du reagierst nicht auf deine Schwiegermutter an sich, sondern auf Erinnerungen, in denen dir deine Schwiegermutter gezeigt hat, dass sie stärker ist als du. Ich bin mir sicher, dass es Erlebnisse gab, wo du ihr gegenüber standest und dich schwach fühltest oder sogar Angst hattest." Ich sah, wie meine Klientin die Lippen zusammenpresste und mit dem Kopf nickte. Ich sprach weiter: „Wir gehen zusammen auf den Berg der Freiheit. Von dort aus wandern wir an die Erinnerungen, die mit deiner Schwiegermutter und negativen Gefühlen in Verbindung stehen. Wir verändern diese Erinnerungen so, dass du in Zukunft nicht mehr mit diesen konfrontiert wirst, wenn du deine Schwiegermutter siehst. Außerdem trainieren wir ein neues Verhalten ein. Damit werden dir in Zukunft die verbalen Attacken deiner Schwiegermutter gleichgültig sein. So bietest du ihr keine Angriffsfläche mehr und wenn es zu sehr unter die Gürtellinie geht, kannst du in einem ruhigen, sachlichen Ton das sagen, was du gerade denkst und fühlst. Deine Schwiegermutter wird dann sehr schnell merken, dass ihr altes Verhalten nicht mehr zum Ziel führt, weil sie dadurch keine Aufmerksamkeit mehr von dir bekommt. Wenn sie wieder deine Aufmerksamkeit möchte, muss sie sich anders verhalten. Ich erlebe sehr oft, dass dann die zuvor gehassten Menschen auf einmal handzahm werden, weil sich die Rollenverhältnisse verändert haben." – „Das hört sich gut an, genau das will ich haben." (lacht)

Hier eine Kurzbeschreibung der Wanderung meiner Patientin:

Wandern Sie von Ihrem Basislager zum gesuchten Schatz (Bilder und Filme) aus Ihrer Vergangenheit

Sehr schnell war meine Klientin bei den Bildern, die sie mit ihrer Schwiegermutter erlebt hatte.

Wählen Sie das passende Werkzeug und verändern Sie die Gefühle des Ereignisses

Hilflosigkeit, Angst und Wut lösten wir mit dem Werkzeug 8: Das tun, was man damals gerne getan hätte und Werkzeug 3: Ein Bild löschen.

Suchen Sie eine Lernerfahrung und bewahren Sie diese auf

Ihre Lernerfahrung war, dass sie in Zukunft selbstbewusster durch ihr Leben geht und sagt, was sie denkt und fühlt.

Suchen Sie alte Glaubenssätze, bearbeiten Sie diese und bewahren Sie diese auf

Ihr alter Glaubenssatz war „Ich muss es jedem recht machen." Diesen wandelte sie um in: „Ich lebe mein Leben, indem ich meinen Gefühlen folge."

Suchen Sie unpassende Gewohnheiten und wandeln Sie diese in passende um

Ihre unpassende Gewohnheit war, dass sie die Schuld immer bei sich gesucht und versucht hatte, die Liebe anderer Menschen um jeden Preis zu erlangen. In Zukunft möchte sie ihre Energie, die sie früher benutzt hat, um es jedem recht zu machen, für sich und ausschließlich für die Menschen nutzen, die ihr guttun.

Geben Sie das Bild oder den Film zurück in den Lebensweg und verändern Sie alle Ereignisse, die mit dieser Situation in Verbindung stehen (roter Faden)
Viele Situationen vor und nach dem Ereignis veränderten sich beim Zurückstecken des Bildes in den Lebensweg. Auch hier erkannte sie, dass sich die Gewohnheit, es jedem recht zu machen, wie ein roter Faden durch ihr gesamtes Leben gezogen hatte.
Transportieren Sie Gewohnheiten in die Zukunft und genießen Sie die Auswirkungen der Veränderung mit allen Sinnen
Auf ihrem Zukunftsweg stellte sich meine Klientin ihr Leben mit neuem Verhalten, Glaubenssätzen und Lernerfahrung vor. Bei einem weiteren Treffen nach zwei Wochen berichtete mir die Frau ganz begeistert, dass sich ihre Schwiegermutter verändert habe und sie jetzt mehr respektiere als zuvor.

Der Reitunfall

Rainer*, 43 Jahre

Mein Kunde hatte vor zwei Jahren einen schweren Reitunfall. Nachdem er genesen war, wollte er eigentlich seiner Reitleidenschaft wieder nachgehen. Verständlicherweise schickte sein Unterbewusstsein ihm aber immer, wenn er ein Pferd sah oder an das Reiten dachte, eine Angst in den Körper. Das veranlasste ihn, sich nicht mehr auf ein Pferd zu setzen. Wenn er es doch wagte, übertrug sich die Angst, die er hatte, auf sein Pferd und dieses wurde unkontrollierbar.Er saß in einer Zwickmühle, weil er bewusst reiten wollte, aber sein Unterbewusstsein ihm einen Strich durch die Rechnung machte. Bei solchen Problemen kann man in der Regel ziemlich schnell helfen. Erstens ist das Ereignis noch nicht so lange her und zweitens ist es in einem Alter entstanden, in dem die eigene Persönlichkeit schon viel gefestigter ist als im Kindesalter. Außerdem führte der Mann privat und beruflich ein zufriedenes Leben, was jede Vergangenheitsoptimierung begünstigt. Hier die Kurzfassung der Vergangenheitsoptimierung.

Wandern Sie von Ihrem Basislager zum gesuchten Schatz (Bilder und Filme) aus Ihrer Vergangenheit
Es dauerte nur Sekunden, bis mein Klient zu seinem Reitunfall gewandert war.

Wählen Sie das passende Werkzeug
Mit Werkzeug 5: Einen Film löschen bearbeitete mein Klient seinen Film, bis die Angstgefühle verschwunden waren. Am Ende sah er nur noch ein Bild, auf dem er mit seinem Pferd das Meer entlangritt.

Suchen Sie die Lernerfahrung und bewahren Sie diese auf
Seine Lernerfahrung war, dass auch ein sehr braves Pferd ein Tier bleibt, das aus irgendeinem Grund unkontrollierbar werden kann.

Suchen Sie alte Glaubenssätze, bearbeiten Sie diese und bewahren Sie diese auf
Er hatte sich aus diesem Ereignis keinen Glaubenssatz gebildet.

Suchen Sie unpassende Gewohnheiten und wandeln Sie diese in passende um
Die unpassende Gewohnheit war, dass er seit zwei Jahren mit seinem Willen, also mit seinem Bewusstsein, erfolglos versucht hatte, wieder zu reiten. Er weiß aber, dass gerade bei der Arbeit mit Tieren viel Gefühl notwendig ist. Durch die verschwundene Angst kann er jetzt wieder seinen Gefühlen folgen.

Geben Sie das Bild oder den Film zurück in den Lebensweg und verändern Sie alle Ereignisse, die mit dieser Situation in Verbindung stehen (roter Faden)
Hier gab es keine weiteren Ereignisse, also keinen roten Faden, der sich aus diesem Ereignis entwickelt hatte.

Transportieren Sie Gewohnheiten in die Zukunft und genießen Sie die Auswirkungen der Veränderung mit allen Sinnen

Auf seinem Zukunftsweg stellte sich mein Klient vor, wie er im Urlaub durch die Lüneburger Heide galoppierte und an der Nordsee bei Sonnenuntergang am Strand entlangritt. Nicht immer bilden sich aus einem Ereignis Glaubenssätze, unpassende Gewohnheiten oder ein roter Faden. Trotzdem sollte man sich diese Fragen bei jeder Vergangenheitsoptimierung stellen. Bei den folgenden Praxisprotokollen verzichte ich darauf, den genauen Ablauf der Bearbeitung von Lernerfahrung, Glaubenssatz und Gewohnheit zu erklären. Hier ist mir wichtig, dass Sie erkennen, welches Erlebnis aus der Vergangenheit zu welchem Problem in der Gegenwart führen kann. Selbstverständlich arbeite ich in der Praxis auch an den Lernerfahrungen, den Glaubenssätzen und Gewohnheiten meiner Klienten.

Schatzsuche

Starr vor Angst

Klaus*, 38 Jahre

Ein 38-jähriger Mann erzählte mir, dass er nicht fähig sei, seine Frau zu beschützen, wenn er mit ihr unterwegs ist. Er berichtete, dass sie vor Kurzem von einem Besoffenen belästigt worden sei und er wie erstarrt daneben gestanden habe, weil er vor lauter Angst nicht eingreifen konnte. Obwohl er schon eine Kampfsportausbildung absolviert habe und ein selbstbewusster und geschäftlich erfolgreicher Mann sei, fühle er sich in solchen Situationen absolut hilflos. Seine Frau wüsste nichts von seiner Angst und er wolle diese ihr gegenüber auch nicht zugeben. Das Ausgehen mit seiner Frau könne er aber nicht mehr genießen, weil er ständig angespannt und voller Furcht sei, dass er wieder in eine solche Situation geraten würde. Mit fadenscheinigen Begründungen versuche er, seine Frau zu überzeugen, dass er die Wochenenden lieber zuhause am Fernseher verbringen wolle. Diese Angstvermeidungsstrategie führe immer mehr zu seiner Isolation und Schwierigkeiten in seiner Ehe. Während der Vergangenheitsoptimierung animierte ich meinen Klienten, auf dem Bergweg über die Stelle zu wandern, an der er zum letzten Mal die Angst gespürt hatte. Als er die Angst durch das Betrachten der letzten Ereignisse wieder ein wenig wahrnahm, bat ich ihn, mit diesem Gefühl so lange auf dem Berg in die Richtung seiner Geburt zu laufen, bis das Gefühl weg sei.

An der Stelle, an der er acht Jahre war, war die Angst urplötzlich verschwunden. Auf meine Frage, was die Angst ausgelöst habe, beschrieb er mir eine Filmsequenz, die er auf seinem Lebensweg sah. Er war mit seinem älteren Bruder unterwegs, wobei dieser von einem fremden Mann mit einem Messer bedroht wurde. Im Verlauf seines Filmes stach dieser Mann zu und verletzte seinen Bruder. Er sah sich neben seinem Bruder stehen, starr vor Angst und unfähig, irgendetwas zu tun. Er erklärte mir, dass er genau diese Hilflosigkeit spüre, wenn er mit seiner Frau unterwegs sei. Ich fragte, ob er denn nun stark genug sei, heute das zu tun, was er früher hätte tun wollen (Werkzeug 8: Das tun, was man damals gerne getan hätte), was er bejahte.

Er beobachtete vom Berg aus, wie er jetzt seinem Bruder half und er schaffte es, den fremden Mann in die Flucht zu schlagen. Es fiel eine große Last von ihm. (Das tun, was man früher gerne getan hätte, ist immer ein guter Anfang, um eingefrorene Gefühle wie Schuld oder Hilflosigkeit loszuwerden.) Ich fragte ihn, ob er die Erinnerung so belassen wolle oder ob sie ihn noch belaste. Es sei schon deutlich besser geworden, aber er sah weiterhin seinen blutenden Bruder. Durch Werkzeug 5: Einen Film löschen veränderten wir schließlich noch das Bild und die Gefühle des Filmes. Nach der Speicherung der Lernerfahrung und der Glaubenssätze steckte er den Film zurück in seinen Lebensweg. Dabei veränderte er auch alle anderen Ereignisse, die mit diesem Gefühl in Verbindung standen. Natürlich stellte sich mein Klient am Ende noch vor, wie er in Zukunft reagieren wird und konnte seit diesem Tag wieder die Wochenenden mit seiner Frau genießen.

Schuldig, aber warum?

Eva*, 24 Jahre

Eine junge Frau, 24 Jahre alt, erzählte mir, dass sie oft Schuldgefühle und Wut auf sich selbst habe. Sie begann ihre Wanderung, nachdem das Schuldgefühl in ihrem Körper entstanden war. Im Alter von sieben Jahren erlosch das Gefühl. Sie beobachtete eine Szene auf ihrem Lebensweg, wo sie alleine im Zimmer ihres Bruders spielte. Sie erzählte mir, dass sie ihren Bruder vergöttert habe und er für sie ein großes Vorbild gewesen sei. Für ihn hätte sie alles getan, denn sie seien nicht nur Bruder und Schwester gewesen, sondern auch ganz dicke Freunde.

Während er in der Arbeit war und seine Ausbildung im ersten Lehrjahr absolvierte, spielte sie oft in seinem Zimmer, weil das viel cooler eingerichtet war als ihres. An jenem Tag fand sie durch Zufall etwas in seinem Zimmer, von dem sie nicht wusste, was es sein sollte. Kurzerhand zeigte sie den unbekannten Fund ihrer Mutter. Das entsetzte Gesicht derselben konnte mir die 24-jährige Frau noch genau beschreiben, denn es waren Drogen, die sie ihrer Mutter unter die Nase hielt. Zum damaligen Zeitpunkt war die Reaktion ihrer Mutter für die junge Frau unerklärlich, denn sie konnte mit dem Wort Drogen noch nichts anfangen. Als ihr Bruder nach Hause kam und von der Mutter zu Rede gestellt wurde, eskalierte die Situation.

Nachdem ihr Bruder erfahren hatte, dass sie es war, die der Mutter die Drogen gezeigt hatte, sagte er in seiner Erregung zu ihr: „Du Verräterin, ab heute bis du nicht mehr meine Schwester.“ Eine Welt brach für das damals siebenjährige Mädchen zusammen, denn Sie konnte in diesem Alter noch nicht begreifen, was passiert war. Sie spürte eine Traurigkeit, aber hauptsächlich Schuld, weil sie es war, die ihrem Bruder und ihrer Mutter wehgetan hatte.

Die Beziehung zu ihrem Bruder wurde nie mehr so, wie sie einmal war, wofür sie sich auch heute noch schuldig fühlte. Hier konnte ich der jungen Frau zuerst mit Werkzeug 4: Schneller Austausch von zwei Bildern und deren Gefühlen helfen, mehr Abstand zu den starken Schuldgefühlen zu bekommen. Mit dem Werkzeug 6: Gefühle auflösen durch Erkenntnis, Einsicht und Verstehen war sie in der Lage zu erkennen, dass sie keine Schuld traf, weil sie ein kleines Mädchen war und nicht wissen konnte, was sie mit dem Fund auslöste.

Zum Abschluss verwendete ich noch das Werkzeug 7: Gefühle auflösen durch Verzeihen. Hier erklärte sie ihrem Bruder, dass sie nicht wusste, was sie mit dem Fund ausgelöst hatte. Sie entschuldigte sich bei ihm, worauf er sich auch bei ihr für die harten Worte bei ihr entschuldigte. Die Frau erzählte mir später, dass sie sich seit der Vergangenheitsoptimierung wieder besser mit ihrem Bruder verstehe. Außerdem könne sie offen mit ihm über die damalige Situation reden und ihre Schuldgefühle seien verschwunden.

Traurigkeit durch Verlust

Sabine*, 43 Jahre

Eine 43-jährige Frau berichtete mir, dass sie oft von einer großen Traurigkeit eingeholt würde. Sie müsse dann – ohne für sie erkennbaren Grund – weinen. Auf ihrem Weg in die Vergangenheit blieb sie im Alter von neun Jahren auf dem Bergweg, der parallel zu ihrem Lebensweg im Tal verläuft, stehen. Sie fand von hier aus eine Situation, die sie sehr traurig gemacht hatte. Es war der Tod ihrer Oma. Zu diesem Zeitpunkt war sie die wichtigste Bezugsperson, da ihre Eltern kaum Zeit für sie hatten, sodass sie mehr oder weniger von ihrer Oma großgezogen wurde.

Die Oma war immer da und hatte Verständnis für sie und ihre Probleme. Von ihr bekam sie Wärme und Geborgenheit, was sie von ihren Eltern nicht erhielt. Sie hatte sich nie von ihrer Oma verabschieden können, sie war einfach von heute auf morgen nicht mehr da gewesen. Mit neun Jahren trifft einen der Tod einer so nahe stehenden Person natürlich sehr. Es ist ein unerwartetes Ereignis, mit dem man sich gedanklich meist noch nie beschäftigt hat, und außerdem noch zu jung ist, um es zu verstehen. Wenn jemand im Kindesalter eine solche Erfahrung machen muss, hinterlässt dies fast immer Spuren im weiteren Leben. Meist entwickeln sich daraus auch Verlustängste, die einem im weiteren Leben immer wieder Lebensqualität rauben. Bei meiner Klientin kam erschwerend hinzu, dass sie ihre Oma tot auffand und sich die Bilder vermischt mit dem Schock und dem Schmerz sehr stark in ihrem Gehirn verankert hatten. So kam es, dass sie bei Erinnerungen an ihre Oma nicht an die schönen Zeiten dachte, sondern ein Film abgespielt wurde, wie sie ihre tote Oma auffand. Mit Werkzeug 5: Einen Film löschen entfernten wir komplett dieses belastende Ereignis und ersetzten die Stelle durch ein Bild, das die Oma zeigte, wie sie diese gerne in Erinnerung behalten wollte. Dadurch bekam sie wieder Zugang zu den vielen schönen Momenten, die sie mit ihrer Oma erlebt hatte. Natürlich war die Traurigkeit noch da, weil sie ja wusste, dass die Momente nie mehr kommen würden. Werkzeug 6: Gefühle auflösen durch Erkenntnis, Einsicht und Verstehen verwendete ich nun in einer leicht abgewandelten Form, um die Warum-Frage aufzulösen.

Da die meisten Menschen Probleme haben mit den Worten „verabschieden" oder „loslassen" verwende ich diese Worte im Coaching und in der Therapie nicht. Es hat etwas Endgültiges und diesen Eindruck kann man nicht gebrauchen, wenn man den seelischen Schmerz nach Trauerfällen bearbeitet. Ich erkläre meinen Kunden in einer leichten Trance Folgendes. Wir wollen hier niemanden verabschieden oder loslassen, dazu war die Person viel zu wichtig in deinem Leben. Mein Vorschlag wäre, dass du deine Oma näher an dich heranholst, sodass sie dir Kraft und Geborgenheit geben kann. Meist bemerke ich schon am Gesicht meiner Klienten, dass dies eine bessere Version ist, als jemanden zu verabschieden.

Ich erkläre dann weiter, dass die Oma in der Form, in der sie früher da war, nicht mehr da sein kann, aber wenn du es zulässt, kann sie virtuell näher sein als je zuvor und dir Kraft und Ratschläge geben, so wie sie es früher gemacht hat. Viele fragen dann, was sie dafür machen müssen. Meine Antwort darauf lautet: „Als Erstes kann dir deine Oma natürlich nur Kraft geben, wenn du nicht mehr um sie weinen musst, darum würde ich vorschlagen, dass du hinuntergehst auf deinen Lebensweg, sie in den Arm nimmst und ihr alles sagst, was du ihr noch sagen wolltest (Werkzeug 8: Das tun, was man damals gerne getan hätte). Ist das in Ordnung für dich? Bisher fand keiner meiner Patienten diese Idee schlecht. Danach frage ich meine Klienten, ob sie jetzt noch traurig sind. Bei vielen ist dann die Traurigkeit komplett verschwunden oder es ist noch eine kleine Traurigkeit da, die aber nicht schlimm ist, solange sie keinen Einfluss auf das tägliche Leben hat. Am Ende sage ich meinen Klienten, sie sollen sich vorstellen, dass die Person jetzt immer an ihrer Seite ist. Ganz egal, ob sie Kraft, Geborgenheit, Sicherheit oder einfach nur einen Ratschlag brauchen.

Sie können Fragen stellen und werden bald darauf eine Antwort bekommen. Viele meiner Klienten berichteten mir später, dass es wunderbar sei, einen Ansprechpartner zu haben, der auf alles einen Rat weiß. Dabei ist es ganz egal, ob der Ansprechpartner Gott, Buddha, Allah oder eine nahe stehende, verstorbene Person ist. Zum Schluss merke ich immer noch an, dass viele Menschen an ein Leben nach dem Tod glauben und wir vielleicht eines Tages alle Personen wieder treffen werden.

Unruhe im Mutterleib

Torsten*, 36 Jahre

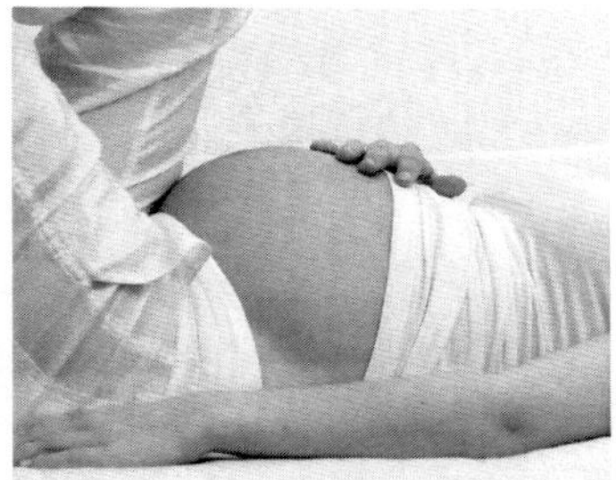

Ein 36-jähriger Mann berichtete mir, dass er sehr unruhig und zappelig sei. Die Ärzte hatten bei ihm ADHS diagnostiziert, womit er sich aber nicht abfinden wollte. Auf meine Frage, ob er sich denn erinnern könne, wann diese Unruhe begonnen habe, meinte er, dass er diese eigentlich schon immer in sich habe. Auf die Frage, welche Gefühle er denn hauptsächlich spüre, erwiderte er, dass diese nur schwer zu definieren wären, er glaube aber, dass diese mit Angst und Unsicherheit zu tun hätten. Er lief ein ganzes Stück in seine Vergangenheit und bemerkte schließlich, dass er an der Stelle am Berg stehen blieb, wo er sich noch im Mutterleib befand. Er war sehr überrascht und stellte mir die Frage, ob das sein könne. Ich erklärte ihm, dass wir auch schon im Mutterleib Dinge wahrnehmen würden, die in unserem Gehirn abgespeichert sind. Auf meine Frage, was er sehen könne, antwortete er natürlich, dass alles dunkel sei ☺. Ich fragte ihn nach seinen Gefühlen und er meinte, dass er Unruhe, Unsicherheit und Angst spüre. „Sind das deine Gefühle oder kommen die Gefühle von einer anderen Stelle?“, war meine nächste Frage.

Nach kurzem Überlegen antwortete er überrascht: „Das sind gar nicht meine Gefühle, die kommen von außen.“ Auf meine Frage, was er glaube, wo die Gefühle herkommen würden, meinte er: „Von meiner Mutter.“ Ich fragte ihn, warum seine Mutter so unruhig und ängstlich sei. Es dauerte einen Moment und ich sah in seinem Gesicht einen überraschten, aber verstehenden Ausdruck, als er zu mir sagte: „Mein Vater ist in der Zeit verunglückt, sie hat ihn sehr geliebt und war voller Traurigkeit, Unruhe und Zukunftsängste. Ja, genau, das ist es, was ich gerade spüre. Ich fragte ihn, was er jetzt gerne hätte (Werkzeug 8: Das tun, was man damals gerne getan hätte) und er meinte, dass sich seine Mutter einmal hinsetzen und mit ihrer Hand über den Bauch streicheln solle. Ich wies ihn an, sich das so vorzustellen und bemerkte, wie mein Klient sichtlich ruhiger wurde. Allein die Erkenntnis (Werkzeug 6: Gefühle auflösen durch Erkenntnis, Einsicht und Verstehen), dass die Unruhe nicht von ihm kam, sondern von seiner Mutter, veränderte sein Leben gewaltig. Durch die Streicheleinheiten seiner Mutter bekam er dann noch die nötige Ruhe und Sicherheit, die für ein ungeborenes Kind sehr wichtig sind. Der Mann wurde durch diese Vergangenheitsoptimierung wesentlich ruhiger und konnte ohne Tabletten sein Leben genießen. Die Arbeit mit diesem Kunden zeigte mir wieder einmal, dass wir bereits im Mutterleib Signale empfangen. Hier bemerken wir schon, ob etwas gut oder schlecht für uns ist, was sich letztendlich später in unserem Leben in irgendeiner Form bemerkbar machen kann.

Misstrauen: ein Gefühl, das einsam macht

Roland*, 42 Jahre

Ein Mann, 42 Jahre alt, besuchte mich in meiner Praxis, weil er sehr misstrauisch war. Früher hatte ihn das nicht sonderlich gestört, aber im Moment bescherte ihm sein Misstrauen immer wieder große Probleme in seinem Leben. Sein Misstrauen war verantwortlich dafür, dass er sich nicht auf Beziehungen einlassen konnte. Außerdem hatte er weder Freunde im Privatleben noch auf seiner Arbeit. Auch die Kunden, die er betreuen musste, wurden mit ihm nie richtig warm, weil er ihnen mit Misstrauen begegnete. Auf meine Frage, wem er eigentlich vertraue, sagte er: „Nur mir selbst." Auch er lief bei der Vergangenheitsoptimierung weit zurück auf dem Bergweg, der parallel zu seinem Lebensweg im Tal verläuft, bis er schließlich sagte: „Ist ja irre, mein Misstrauen ist verschwunden." Ich sagte ihm, dass er jetzt Richtung Zukunft schauen solle, um mir zu sagen, was er auf seinem Lebensweg sehe. Anfangs war alles sehr milchig und es fiel ihm schwer, etwas zu erkennen. Schließlich jedoch sprach er: „Ich sehe mich als Einjährigen in einem Kinderbett liegen." Ich fragte ihn, wo er sich aufhalte und nach einigem Zögern sprach er: „Im Krankenhaus und ich fühle mich sehr einsam und allein gelassen."– „Wo ist deine Mutter?" wollte ich wissen, worauf er meinte: „Die hat mich einfach hier abgeliefert und allein gelassen." Gerade im ersten Lebensjahr wissen Säuglinge nicht, dass sie eigenständige Personen sind, sie sind quasi eins mit der Mutter. Fällt in dieser Zeit die wichtigste Bezugsperson weg, ist dies ein einschneidendes, prägendes Erlebnis, das sich meist auf das ganze Leben auswirkt. Leider war es früher normal, dass in Krankenhäusern Kinder rigoros von den Eltern getrennt wurden. Heute gibt es Gott sei Dank die Möglichkeit, dass Mütter neben dem Krankenbett schlafen können und so dem sowieso mit der Situation überforderten Kind wenigstens noch ein bisschen Geborgenheit und Liebe geben können. Auf die Frage, was er denn damals gerne gehabt hätte, meinte er: „Meine Mutter zu mir holen." Mit Werkzeug 8: Das tun, was man damals gerne getan hätte holte er sich seine Mutter ins Krankenhaus, die ihn dann mit nach Hause nahm. Das allein reichte aus, um die Erinnerung zu verändern und das Misstrauen abzulegen.

Neid auf den Bruder

Christine*, 26 Jahre

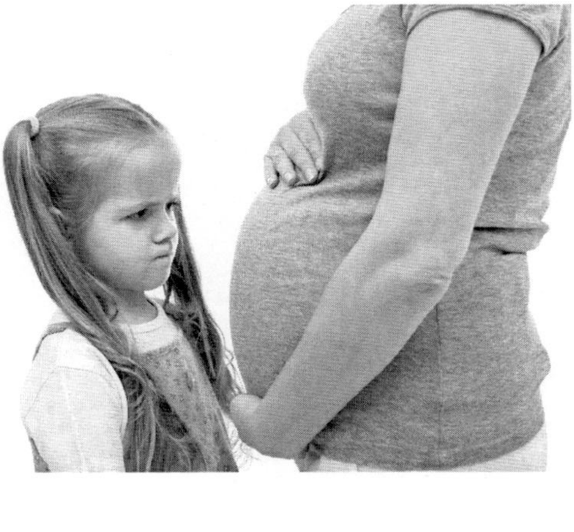

Eine 26-jährige Frau besuchte mein Seminar, weil sie sehr oft Neid verspürte. Wir starteten mit dem Gefühl Neid auf ihrem Bergweg und die Frau wurde sehr schnell an die Ursache ihres Problems geführt. Sie sah, wie sie vier Jahre alt war und ihr Bruder auf die Welt kam. Auf ihrem Bild stand die ganze Familie einschließlich Oma und Opa am Kinderbett und bestaunte den Nachwuchs. Sie sah sich unbeachtet abseits davon stehen. „Ab diesem Tag war nichts mehr wie früher“, berichtete sie. Alles drehte sich nur um ihren Bruder, der zudem eine chronische Krankheit hatte. So war sie plötzlich nur noch zweite Wahl.

Sie erzählte mir, dass sie zuvor der Liebling ihrer Eltern gewesen sei, aber seit diesem Tag habe sich alles total verändert. Ich fragte sie, wie sie sich denn heute mit ihrem Bruder verstehe, worauf sie antwortete: „Ich habe mich noch nie richtig gut mit ihm verstanden, wir haben uns immer gestritten und auch heute noch wird er von meinen Eltern bevorzugt.“An diesem Beispiel ist gut zu erkennen, dass die Frau in der Kindheit für sich festgestellt hat, dass sie benachteiligt wird. Daraus entwickelte sich der Neid auf ihren Bruder. Vielleicht haben die Eltern beide Kinder ja gleich behandelt und meine Patientin bekam nur seit der Geburt ihres Bruders nicht mehr die ganze Aufmerksamkeit allein – was ja eine logische Konsequenz ist. Das Bild und der Glaubenssatz, dass ihr Bruder immer bevorzugt werde, reichten bei ihr aus, sich immer benachteiligt zu fühlen und somit den Neid auf ihren Bruder aufrechtzuerhalten.

Ich sagte zu meiner Klientin, sie solle sich vorstellen, dass sie ein paar Schritte vorgehe und sich in die Familie mit einreihe. Das konnte sie aber nicht. Also ließ ich sie ein Bild suchen, auf dem sie die volle Aufmerksamkeit von ihren Eltern bekam. Es war nicht ganz einfach, es war sehr vergraben. Mit dem Werkzeug 4: Schneller Austausch von zwei Bildern und deren Gefühlen tauschten wir die Gefühle der zwei Bilder aus, sodass sie es am Ende doch noch zuließ, sich bei ihrer Familie mit einzureihen, um ihren Bruder zu bestaunen. Nachfolgend fanden wir einige Situationen, wo sie im Mittelpunkt der Familie stand und konnten somit auch ihren Glaubenssatz, dass ihr Bruder immer bevorzugt würde, löschen.

Abenteuer

Bei einem Abenteuer wandere ich mit meinen Klienten vom Basislager aus so lange den Berg entlang Richtung Vergangenheit, bis sie oberhalb Ihrer Geburt stehen. Ab hier beginnt das eigentliche Abenteuer. Ich weise meine Klienten dann an, ganz langsam Richtung Zukunft zu laufen und auf Folgendes zu achten.

- Gibt es Bilder oder Filme, die plötzlich auftauchen?
- Gibt es dunkle Flecken, Knicke oder Nebel im Lebensweg?
- Entstehen negative Gefühle beim Betreten einer bestimmten Stelle?
- Gibt es etwas Unangenehmes zu hören, riechen oder schmecken?

Im Endeffekt geht es darum, alle Informationen zu finden, welche das Gehirn mit etwas Negativem in Verbindung bringt. Bei jeder Auffälligkeit bitte ich meine Klienten, stehen zu bleiben und ihre Gefühle zu kontrollieren. Meine Klienten entscheiden dann, ob dieses Ereignis noch negative Auswirkungen auf ihr Leben hat (das ist in der Regel bei den meisten gefundenen Situationen der Fall). Dann arbeite ich zusammen mit dem Klienten das Ereignis mit den Werkzeugen aus Kapitel 13 auf. Der Ablauf ist dabei genauso wie bei den anderen Expeditionen.

So durchforste ich mit meinen Klienten Stück für Stück ihre Vergangenheit und löse unangenehme Gefühle, aber auch die unpassenden Glaubenssätze und Gewohnheiten auf. Für ein solches Abenteuer benötigt man oft länger, weil ja verschiedene Themen angesprochen werden. Meist braucht man drei bis vier Sitzungen, um die Vergangenheit komplett von unbrauchbarem Ballast zu reinigen.

Ich verzichte hier auf ein Praxisprotokoll, denn ich denke, dass Ihnen der Ablauf einer Vergangenheitsoptimierung klar geworden ist. Nun ist es soweit, Sie haben alle Informationen, die Sie benötigen, um Ihre eigene Vergangenheitsoptimierung zu beginnen. Deshalb starten wir in Kapitel 16 Ihre eigenen Expeditionen, die Sie zu mehr Freiheit und Lebensqualität führen werden.

---

kurz & bündig

- Es gibt für alles eine Lösung, und diese liegt meist in der Vergangenheit.

---

16. Ihre Expedition beginnt

In diesem Kapitel erfahren Sie,

- welche Werkzeuge Sie für Ihre erste Expedition in Ihren Rucksack packen dürfen,
- wie die Kurzbeschreibung für Ihre Wanderung lautet,
- welche Wirkung die Worte „Der Friede sei mit dir“ haben können,
- wie die Kurzbeschreibung für Ihre Schatzsuche lautet,
- wie die Kurzfassung für Ihr Abenteuer heißt.

Jetzt ist es soweit, Sie stehen kurz vor der ersten Expedition in Ihre Vergangenheit. Ganz wichtig, Ihren Berg-der-Freiheit-Anker und den Hier-und-Jetzt-Anker sollten Sie installiert haben, sodass Sie auf Knopfdruck auf den Berg und wieder vom Berg herunter ins Hier und Jetzt kommen können. Wenn das noch nicht der Fall ist, gehen Sie bitte zurück zu **Kapitel 12** zum **Format 6: Ihr Basislager auf dem Berg Ihrer Freiheit** und durchlaufen Sie das Format, damit Sie ohne Probleme Ihre Expedition starten und beenden können. An dieser Stelle möchte ich auch meinen Hinweis wiederholen, dass Sie einen Therapeut für Vergangenheitsoptimierung oder einen anderen Psychotherapeuten aufsuchen sollten, wenn Sie ein Traumata erlebt haben. Versuchen Sie nicht, dieses alleine aufzuarbeiten. Fragen Sie sich vor jeder Expedition in die Vergangenheit: „Bin ich bereit und stark genug, meine Bilder aus der Vergangenheit aufzuarbeiten?“ In der Regel wird das der Fall sein. Sollte Ihnen aber Ihre innere Stimme etwas anderes sagen, respektieren Sie es und holen Sie sich professionelle Hilfe.

Vier Standardwerkzeuge sollten Sie auf Ihre erste Expedition mitnehmen

Sie haben in Kapitel 13 schon zwei Werkzeuge kennengelernt und angewendet:

Werkzeug 1:  **Die Positiv-denken-Maschine**

Werkzeug 2:  **Neuvertonung**

Diese beiden Werkzeuge packen Sie jetzt in Ihren virtuellen Rucksack. Wenn Sie während der Vergangenheitsoptimierung Ihr Bild aus dem Lebensweg genommen haben, sodass es zwei Meter darüber schwebt, betrachten Sie dieses vom Berg aus. Drücken Sie dann Ihre Nasenspitze und verändern Sie so die Untereigenschaften des Bildes ins Positive **(Werkzeug 1)**. Beginnen Sie nun, während Sie das Bild weiter anschauen, ein lustiges Lied im Kopf mitzusingen **(Werkzeug 2)**. Diese beiden Werkzeuge können Sie in Zukunft immer als Erstes verwenden, wenn Sie ein belastendes Bild vor sich haben. Kontrollieren Sie danach wieder Ihre Gefühle. Wenn noch negative Gefühle vorhanden sind, arbeiten Sie mit

Werkzeug 4:  **Schneller Austausch von zwei Bildern und deren Gefühlen,**

welches Sie bitte auch in Ihren Rucksack einpacken, weiter an Ihrem Bild. Sie haben die Funktion dieses Werkzeuges ja schon kennengelernt, zum besseren Verständnis und zum Einüben gebe ich Ihnen hier noch einmal eine Kurzbeschreibung.

Kurzbeschreibung

Werkzeug 4: Schneller Austausch von zwei Bildern und deren Gefühlen

1. Suchen Sie sich ein Bild, dessen Inhalt genau das Gegenteil zu Ihrem negativen Bild darstellt.

   Das heißt, wenn Sie auf dem einen Bild wütend sind, suchen Sie sich ein Bild, auf dem Sie ruhig und ausgeglichen sind. Wenn Sie auf dem negativen Bild traurig sind, suchen Sie sich ein Bild, auf dem Sie fröhlich durchs Leben gehen.
2. Das positive Bild schieben Sie in Gedanken von sich weg und lassen es dabei kleiner und dunkler werden. Wenn Sie in der Ferne nur noch einen schwarzen Punkt sehen, lassen Sie ihn dort stehen.
3. Jetzt halten Sie Ihr negatives Bild aus Ihrem Lebensweg vor Ihr Gesicht. Tauschen Sie nun die beiden Bilder ganz schnell gegeneinander aus. Ihr negatives Bild fliegt von Ihnen weg und wird kleiner und dunkler, während gleichzeitig Ihr positives Bild auf Sie zufliegt und größer und heller wird. Das Ganze machen Sie zehnmal und werden dabei immer schneller. Am Ende soll jeder Austausch nur noch eine Sekunde dauern.

Dieses Werkzeug ist sehr effektiv, wenn danach aber trotzdem noch negative Gefühle vorhanden sind, wiederholen Sie den Austausch ein paar Mal. Sollten anschließend immer noch Reste von negativen Gefühlen vorhanden sein, suchen Sie sich ein anderes positives Bild, mit dem Sie den Austausch erneut zehnmal durchführen.
Sie haben jetzt drei Werkzeuge in Ihrem Rucksack. Damit Sie bei Ihrem ersten Einsatz noch flexibler reagieren können, legen wir auch

Werkzeug 3:  Ein Bild löschen

mit hinein. Ich wiederhole hier die Kurzbeschreibung für dieses Werkzeug.

Kurzbeschreibung

Werkzeug 3: Ein Bild löschen

1. Lassen Sie das Bild in Gedanken in Ihren beiden Händen schweben und beginnen Sie, es in eine Million Teile zu zerreißen. Stecken Sie die Schnipsel in eine Feuerwerksrakete.
2. Zünden Sie die Rakete an und sehen Sie, wie diese in den Abendhimmel zischt und am Himmel explodiert. Beobachten Sie, wie über Ihrem Kopf eine Million bunte Funken verglühen und Ihnen ein wunderbares Feuerwerk zaubern.
3. Irgendjemand hat von Ihrem Ursprungsbild noch eine Raubkopie gemacht. Aber Sie wissen ja, wie das bei Raubkopien ist, sie sind unscharf, blass, verkrumpelt und man erkennt fast nichts mehr auf dem Bild.
4. Nehmen Sie jetzt diese Raubkopie und schockgefrieren Sie diese. Dann schlagen Sie mit einem großen Hammer auf das Bild und lassen es in eine Milliarde Eiskristalle zerspringen, die gleich darauf von der Sonne in Nichts aufgelöst werden.
5. Irgendjemand hat von der Raubkopie des Ursprungsbildes noch eine Raubkopie gemacht, auf der man so gut wie nichts mehr erkennen kann. Nehmen Sie die Raubkopie in die linke Hand und in die andere Hand ein Feuerzeug, mit dem Sie das Bild anzünden. Während die Flammen das Bild langsam zu Asche verwandeln, singen Sie wieder ein lustiges Lied in Ihrem Kopf mit. Wenn Sie nur noch Asche auf der Hand halten, pusten Sie einmal kurz und das Bild ist endgültig verschwunden.

Sie können auch eigene Ideen einbringen und die Kopie von der Kopie von der Kopie auf Ihre Art auflösen. Ihrer Fantasie sind dabei keine Grenzen gesetzt. Wenn drei Runden noch nicht ausreichen, um die Gefühle des Bildes zu verändern, machen Sie vier, fünf, sechs, … ja einfach so viele, bis Sie mit dem Ergebnis zufrieden sind. Meist bleibt am Ende nur noch ein weißes, helles Bild übrig. Wichtig ist, dass Sie dieses Bild dann durch ein neues ersetzen, das Ihnen positive Gefühle vermittelt. Ich denke hier an Bilder, auf denen Sie lachen, selbstbewusst etwas erschaffen oder an Ihrem Traumstrand liegen und chillen. Entweder verwenden Sie ein altes, Ihnen bekanntes Bild oder Sie kreieren ein neues. Sie haben nun vier Werkzeuge in Ihrem Rucksack, deren Benutzung Ihnen leicht von der Hand gehen sollte. Mit diesen vier Hilfsmitteln starten Sie gleich Ihre erste Vergangenheitsoptimierung. Benutzen Sie diese einfach der Reihe nach, so wie ich sie gerade wiederholt habe. Vor und nach der Anwendung eines Werkzeuges kontrollieren Sie jeweils Ihre Gefühle bei der Betrachtung der Erinnerung. Wenn Ihre negativen Gefühle verschwunden sind, brauchen Sie natürlich nicht mehr mit den anderen Werkzeugen weiterarbeiten.

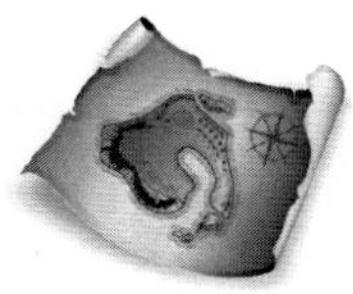

Ihre Wanderung

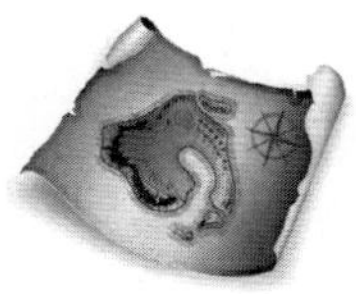

Ihre erste Expedition wird eine Wanderung sein, die ich Ihnen gleich anhand einer Kurzbeschreibung vorstellen möchte. Bei der Wanderung kennen Sie das Ziel, nämlich ein Ereignis aus der Vergangenheit, an das Sie öfter denken müssen, weil es in Ihnen negative Gefühle auslöst. Ich empfehle Ihnen, lesen Sie sich diese Beschreibung mehrmals durch, damit Sie während Ihrer Expedition wissen, was zu tun ist. Sie können auch jeden Punkt einzeln durchlesen und ihn dann in Gedanken auf einen virtuellen Zettel schreiben. Wenn alle Punkte auf Ihrem Zettel stehen, stecken Sie diesen einfach in Ihren Rucksack. Wenn Sie während Ihrer Expedition einen Punkt vergessen, ist das kein Beinbruch, aber auf lange Sicht gesehen sollten Sie darauf achten, dass Sie alle Schritte ohne Unterbrechung durchlaufen.

Wenn Sie an einer Stelle nicht weiter wissen, gehen Sie wieder in Ihr Basislager, drücken Sie Ihren **Hier-und-Jetzt-Anker**, öffnen Sie die Augen und lesen Sie nach, was Sie noch zu tun haben. Danach steigen Sie wieder auf den Berg der Freiheit und wandern an den Ort, an dem Sie Ihren Schatz bearbeiten möchten. Besser ist es jedoch, wenn Sie Ihre Expedition ohne Unterbrechungen absolvieren. Nicht immer muss man aus einem Ereignis etwas gelernt, einen Glaubenssatz oder eine Verhaltensweise gebildet haben. Trotzdem berücksichtigen wir bei jeder Vergangenheitsoptimierung diese drei Fragen. **Die wichtigste Regel jeder Expedition lautet: Bleiben Sie immer auf Ihrem Berg der Freiheit!** Achten Sie darauf, dass Sie nicht in Bilder oder Filme Ihres Lebensweges hinein assoziiert werden. Sollte dies doch passieren, drücken Sie einfach Ihren **Hier-und-Jetzt-Anker** und beginnen Sie von neuem. Nur wenn Sie beim **Werkzeug 5 einen Film löschen** in Ihr Standbild schlüpfe, oder wenn Sie sich bei Punkt 10 auf Ihren Zukunftsweg stellen, um Ihre Zukunft live zu erleben dürfen Sie Ihren Berg kurz verlassen. Bei Ihrer ersten Wanderung verändern wir erst einmal nur ein Bild aus Ihrer Vergangenheit. Selbstverständlich können Sie zu einem späteren Zeitpunkt auch Filme aufsuchen und verändern. Dann benötigen Sie zusätzlich das **Werkzeug 5: Einen Film löschen** in Ihrem Rucksack. Diese Kurzbeschreibung werde ich später bei der Schatzsuche wiederholen. Doch lassen Sie uns Stück für Stück vorgehen, damit Sie den Überblick über die Expeditionen und Werkzeuge behalten.

Kurzbeschreibung
Wanderung

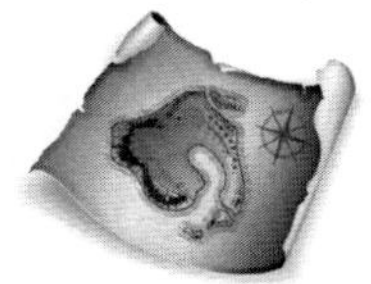

1. Steigen Sie auf Ihren Berg der Freiheit (**Berganker** auslösen und dabei sagen: „Ich gehe auf meinen Berg der Freiheit.“)
2. Fragen Sie sich: „Bin ich bereit und stark genug, meine Bilder aus der Vergangenheit aufzuarbeiten?“ Ist die Antwort nein, akzeptieren Sie dieses. Probieren Sie es dann noch mal an einem andern Tag, oder holen Sie sich professionelle Hilfe.
3. Bei einem ja, **Wandern** Sie von Ihrem Basislager aus auf dem Bergweg, der parallel zu Ihrem Lebensweg im Tal verläuft, zum gesuchten Schatz (Bilder) aus Ihrer Vergangenheit und bleiben Sie direkt über ihm stehen.
4. Nehmen Sie das **Bild** aus dem Lebensweg und lassen Sie es **zwei Meter** über diesem **schweben**.
5. **Bewerten** Sie kurz das Bild anhand Ihrer **Gefühle** und benutzen Sie dann, wie oben beschrieben, die vier Werkzeuge aus Ihrem Rucksack, um die Gefühle des Bildes zu verändern.
6. **Schauen Sie sich** nach jedem Einsatz Ihres Werkzeuges **kurz auf Ihrem Berg um und** betrachten Sie noch einmal Ihr Bild oder Ihren Film und **bewerten Sie Ihre Gefühle erneut.**
7. Wenn Sie mit den Gefühlen, die jetzt Ihr **Bild/Film** ausstrahlt, **zufrieden** sind, machen Sie **weiter mit Punkt 7,** ansonsten arbeiten Sie mit einem anderen Werkzeug weiter.

8. Wenn Ihr Bild/Film **komplett gelöscht** wurde, setzen Sie **an diese Stelle** ein **positives Bild**/einen **positiven Film** von sich.
9. **Fragen Sie** sich jetzt, was Sie aus dem Ereignis Positives gelernt haben. Schreiben Sie die **Lernerfahrung** gegebenenfalls mit Leuchtstift auf Ihr Bild.
10. **Fragen Sie** sich nun, ob Sie sich aufgrund dieses Ereignisses einen **negativen Glaubenssatz** gebildet haben. Wenn ja, **suchen Sie sich** einen gegenteiligen **positiven Glaubenssatz,** der Ihre Ziele unterstützt. Schreiben Sie Ihren neuen Glaubenssatz gegebenenfalls mit Leuchtstift auf Ihr Bild.
11. **Fragen Sie** sich, ob sich aus dieser Erinnerung eine **unpassende Gewohnheit** entwickelt hat. Wenn ja, beobachten Sie sich auf dem Bild, wie Sie eine **Gewohnheit ausüben, die** Ihre **Ziele unterstützt.**
12. Geben Sie das **Bild** jetzt **zurück in** Ihren **Lebensweg** und **verändern Sie auf Ihrem gesamten Lebensweg alle Ereignisse,** die mit diesem Bild in Verbindung stehen. (Selten kommt es vor, dass sich ein Ereignis nicht mit verändert. Das ist aber kein Problem, laufen Sie einfach anschließend über dieses Ereignis und verändern Sie es in gewohnter Weise mit Ihren Werkzeugen.)
13. Wandern Sie den Bergweg entlang in Ihre Zukunft. **Steigen Sie vom Berg herunter** und stellen Sie sich mitten auf Ihren **Lebensweg. Genießen Sie** jetzt **assoziiert** Ihre **neue Gewohnheit** und all das, was sich durch die Veränderung Ihres Erlebnisses in Ihrer **Zukunft positiv verändern wird.**
14. **Gehen Sie** auf Ihren **Berg** der Freiheit und **genießen Sie** den **Ausblick auf Ihre Zukunft.** Schauen Sie sich alles an, was Sie eben kreiert haben.
15. Machen Sie sich bewusst, dass Sie wieder vom Berg der Freiheit heruntersteigen in Ihre Realität und **drücken Sie** Ihren **Hier-und-Jetzt-Anker.** Sagen Sie dabei: „Ich öffne ganz leicht meine Augen, bin hellwach und munter im Hier und Jetzt angekommen."

Wenn Sie die Zeilen durchgelesen und verinnerlicht haben, legen oder setzen Sie sich bequem hin schnappen Sie sich Ihren Rucksack, schließen Sie Ihre Augen und steigen Sie auf den Berg der Freiheit, um von Ihrem Basislager aus Ihre Expedition in Ihre Vergangenheit zu beginnen. Ich warte wieder einmal im Buch auf Sie. ☺

……………………………………………………………………………………..

Nun haben Sie Ihre Expedition hinter sich gebracht und Sie haben gespürt, dass es möglich ist, Ihre Vergangenheit nachträglich zu verändern. Gerne können Sie jetzt die anderen Werkzeuge aus Kapitel 13 während Ihrer Wanderung ausprobieren. Im Laufe dieses Kapitels werde ich diese ebenfalls noch in Kurzfassung wiederholen. Je öfter Sie Ihre Werkzeuge anwenden oder Expeditionen in Ihre Vergangenheit starten, umso einfacher wird für Sie eine Vergangenheitsoptimierung. Denken Sie bitte daran, dass alles, was Sie zum ersten Mal in Ihrem Leben gemacht haben, etwas Zeit gebraucht hat, bis es Ihnen in Fleisch und Blut übergegangen ist. Hier gilt das Motto: Übung macht den Meister.

Ihre Schatzsuche

Wenn Sie nun einige Wanderungen absolviert haben und bekannte Ereignisse so bearbeitet haben, dass diese nur noch neutrale oder positive Gefühle ausstrahlen, dann sind Sie bereit für eine Schatzsuche. Der Unterschied zur Wanderung ist, dass Sie vor der Expedition noch nicht wissen, welche Erinnerung in Ihnen die negativen Gefühle auslöst. Bemerkbar macht sich das meist so: Sie sind auf Ihre Kinder, Ihren Partner oder Ihren Hund wütend, aber diese Wut rechtfertigt nicht wirklich das, was gerade passiert ist. Im Grunde geht es bei der Schatzsuche um immer wiederkehrende, unkontrollierbare, starke Gefühle wie Wut, Hass, Trauer, Hilflosigkeit, Schuld, Angst usw. Diese Gefühle werden Sie bei Ihrer Schatzsuche wie ein Kompass an den tatsächlichen Auslöser der Emotionen führen. Es kommt dabei oft zu einem Aha-Erlebnis, weil die gefundenen Auslöseereignisse meist nicht bewusst mit dem aktuellen Problem in Verbindung gebracht werden. Außerdem tauchen häufig Bilder auf, an die man sich schon lange nicht mehr bewusst erinnert hat. Die Expedition Schatzsuche startet wie immer im Basislager auf Ihrem Berg der Freiheit.

Sie wandern zuerst auf dem Bergweg bis zu der Stelle, wo Sie über dem Ereignis stehen, bei dem Sie **zuletzt** das störende, immer wiederkehrende Gefühl erlebt haben. Meist ist das nur ein paar Tage vom Basislager entfernt. Beobachten Sie vom Berg aus das dazugehörige Bild oder den Film. Sie werden jetzt das Gefühl in einer abgemilderten Form spüren, weil Sie sich durch den Berg der Freiheit genügend Abstand zu Ihrem Ereignis verschafft haben und es deshalb dissoziiert erleben.

Behalten Sie das Gefühl in Ihrem Körper und wandern Sie – ohne ins Tal zu schauen – langsam auf Ihrem Bergweg, der parallel zu Ihrem Lebensweg verläuft. Nehmen Sie dabei Ihre Emotion als Kompass. Laufen Sie bitte bis zu dem Punkt, an dem Ihr Gefühl verschwunden ist. Das wird dann geschehen, wenn Sie über das Ereignis hinweglaufen, welches in Ihnen **zum ersten Mal** das später immer wiederkehrende Gefühl ausgelöst hat. Verlassen Sie sich darauf, Ihr Gehirn weiß genau, wo der Schatz vergraben ist.

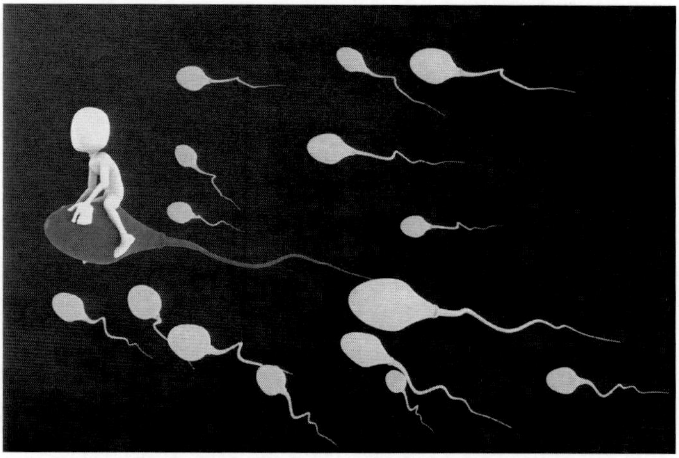

Wichtig: Ihr Lebensweg endet bei Ihrer Geburt. Sie können zwar noch an den Punkt gehen, wo Sie im Mutterleib waren, aber nicht weiter, oder wollen Sie erleben, wie Sie sich als Sperma gefühlt haben?☺ Aber Spaß beiseite, im Mutterleib endet Ihre Reise, denn hier hat Ihr Leben begonnen.

Wenn Sie über den Punkt gelaufen sind, an dem Sie zum ersten Mal das gesuchte Gefühl erlebt haben, drehen Sie sich um und schauen ins Tal auf Ihren Lebensweg. Betrachten Sie nun das Ereignis, welches in Ihnen zum ersten Mal in Ihrem Leben das negative Gefühl ausgelöst hat. Natürlich wird es sich nicht immer gleich offenbaren, denn Sie sind ja schließlich auf Schatzsuche. Vielleicht versperrt Ihnen dichter Nebel die Sicht oder Sie entdecken lediglich einen dunklen Fleck oder einen Knick in Ihrem Lebensweg. Vielleicht sehen Sie auch nur eine Markierung auf Ihrem Weg, die Ihnen zeigt, wo Sie graben müssen. Kurzum, nicht immer möchte Ihr Gehirn lang verdrängte Dinge auf Anhieb preisgeben. Halten Sie in einem solchen Fall kurz inne, und stellen Sie Ihrem inneren Helfer die Frage: „ist der Zeitpunkt richtig und bin ich bereit und gefestigt genug, dass Ereignis alleine anzuschauen und aufzulösen?" Wenn Sie von Ihrem inneren Helfer ein nein bekommen, respektieren Sie dieses. Beenden Sie in einem solchen Fall Ihre Schatzsuche, in dem Sie ins Basislager zurücklaufen und Ihren Hier-und-Jetzt-Anker drücken. Suchen Sie dann einen erfahrenen Coach oder Therapeuten auf, der Ihnen helfen wird, auch dieses Ereignis aus Ihrer Vergangenheit aufzulösen. Gerne können Sie in einem solchen Fall auch mich kontaktieren.

Wenn Ihr innerer Helfer nichts dagegen hat, dass Sie Ihre Erinnerung anzuschauen und aufzulösen wollen, fragen Sie Ihn bitte was Sie tun müssen, um das Bild oder den Film sichtbar zu machen. Hier ein paar Vorschläge:

- **Lassen Sie bei Nebel einen warmen Sommerwind über Ihren Lebensweg streifen, der den Nebel wegbläst.**
- **Lassen Sie bei Dunkelheit oder einem schwarzen Fleck die Bergsonne darauf scheinen.**
- **Wenn die Bilder und Filme vergraben sind: Lassen Sie eine Quelle neben der Stelle entspringen, deren Wasser ähnlich wie beim Goldwaschen den Sand solange wegspült, bis das Gesuchte sichtbar wird.**

Auch hier sind Ihrer Fantasie keine Grenzen gesetzt. Alles, was Ihrem inneren Helfer einfällt, ist für Sie geeignet. Sollten Sie trotz aller Bemühungen nicht fündig werden, dann akzeptieren Sie dies. Vielleicht sind Sie doch noch nicht soweit, dieses Ereignis allein anzuschauen und aufzuarbeiten. Probieren Sie es ein paar Tage später ein weiteres Mal. Wenn Sie auch dann keinen Erfolg haben, kontaktieren Sie mich oder begeben Sie sich in die Hände eines anderen professionellen Coaches oder Therapeuten.

Wenn Sie nun Ihr Bild oder Ihren Film entdeckt haben, ist der Ablauf der weiteren Schatzsuche identisch mit dem einer Wanderung. Bei einer Schatzsuche sollten Sie neben den bereits erwähnten Hilfsmitteln unbedingt das

Werkzeug 5:  Einen Film löschen

in Ihrem Rucksack haben. Erstens ist dieses Werkzeug sehr effektiv und zweitens trifft man bei einer Schatzsuche oft auf Filme. Bevor Sie Ihre Schatzsuche beginnen, möchte ich deshalb hier das **Werkzeug 5: Einen Film löschen** in Kurzform wiederholen.

Kurzbeschreibung

Werkzeug 5: Einen Film löschen

1. Lassen Sie den Film, der einen Meter über Ihrem Lebensweg schwebt, schwarz-weiß werden und betrachten Sie ihn **dissoziiert** vom Berg der Freiheit aus. Achten Sie darauf, dass Sie auf dem Berg bleiben und die Szene nur als Betrachter wahrnehmen. Wenn der Film zu Ende ist, lassen Sie das letzte Bild als Standbild im Tal stehen.
2. Schweben Sie vom Berg aus ins Tal und gehen Sie in dieses Standbild hinein, sodass Sie nun **assoziiert** sind.
3. Machen Sie das Bild jetzt farbig.
4. Lassen Sie den Film ganz schnell rückwärts laufen und singen Sie dabei in Gedanken ein lustiges Lied mit. Spulen Sie so weit, dass Sie am Ende wieder auf dem Berg sitzen und das Ganze von oben betrachten.
5. Schweben Sie anschließend ein weiteres Mal in das letzte Standbild, drehen Sie wieder in Ihren Gedanken die Musik ganz laut und spulen Sie den Film noch schneller zurück.
6. Wiederholen Sie den Vorgang bitte zehnmal und werden Sie dabei immer schneller. Am Ende soll das Spulen nur noch eine Sekunde dauern.
7. Blicken Sie sich kurz auf der Bergwiese um.
8. Schauen Sie abermals ins Tal und achten Sie darauf, was Sie nun sehen und fühlen.
9. Wenn der Film komplett verschwunden ist, ersetzen Sie die Stelle mit einem positiven Bild/Film von sich.

Wenn Ihnen die Benutzung dieses Werkzeugs in Fleisch und Blut übergegangen ist, stecken Sie es bitte auch in Ihren Rucksack zu den anderen Werkzeugen. Damit Sie noch flexibler werden, möchte ich ein weiteres Werkzeug wiederholen, nämlich das

Werkzeug 7:  Gefühle auflösen durch Verzeihen.

Verzeihen ist – wie schon einmal erwähnt – einer der schwierigsten Wege, aber auch der, der am meisten befreit. Ich denke, dass 70 % unserer Probleme damit zusammenhängen, dass uns jemand verletzt, wütend oder traurig gemacht hat. Verzeihen ist gerade bei Menschen wichtig, die uns sehr nahe stehen. Ich spreche hier von Mutter, Vater, Geschwistern, Opa, Oma, eigenen Kindern und dem Partner. Wenn es mit diesen Menschen irgendwelche Ungereimtheiten gibt, wird Sie das immer stärker belasten als bei anderen Personen. Machen Sie sich bitte an dieser Stelle bewusst, dass die negativen Gefühle, die Sie vielleicht für einen Menschen entwickelt haben, nur Sie allein belasten. Die Emotionen werden Sie für immer bedrücken, wenn Sie darauf warten, dass sich die betreffende Person so verändert, dass sie in Ihr Weltbild passt. Ich habe viele Menschen kennengelernt, die schon ein Leben lang Hass empfinden oder wütend sind, und diesen Groll sogar mit in ihr Grab genommen haben. Blöd, oder? Denn diese negativen Gefühle rauben uns Tag für Tag Lebensenergie und machen uns letztendlich krank.

Neue Wege führen zu anderen Ergebnissen

Kürzlich hatte ich eine 75-jährige, sehr gläubige Frau in meiner Praxis. Sie hatte ihre eigene Art, mit Wut oder Hass umzugehen. Sie erzählte mir, dass Sie seit Kurzem öfter aus für sie nicht nachvollziehbarem Grund telefonisch belästigt werde. Ihr Mann ging jedes Mal ans Telefon und begab sich auf dieselbe Ebene wie der Anrufer, indem er ihn anschrie und mit obszönen Worten beschimpfte. Das schreckte den Anrufer aber nicht ab, sodass der Telefonterror so lang weiterging, bis einige Tage später meine Patientin den Hörer abhob.

Sie sagte in einem ruhigen, von Herzen kommenden Ton: „Der Frieden sei mit dir.“ Diese Worte wiederholte sie so oft, bis der Anrufer schließlich auflegte. Es folgten danach noch zwei weitere Anrufe, die meine Patientin immer wieder mit den Worten „Der Friede sein mit dir“ kommentierte. Danach wurde sie nie mehr von diesem Anrufer belästigt. Was hat die Dame gemacht? Sie hat sich nicht auf dieselbe Ebene wie der Anrufer begeben, sondern ist davon abgewichen. Was glauben Sie, warum Palästinenser und Israelis schon Jahrzehnte ihre Raketen hin- und herschießen? Weil sich beide auf derselben Ebene bewegen und Gleiches mit Gleichem vergelten. Mein Appell an Sie: Machen Sie etwas anderes und verbannen Sie Wut, Hass und Vorwürfe aus Ihrem Leben. Benutzen Sie die dadurch frei gewordene Energie zum Lachen, Freude empfinden, Liebe geben und zum Planen und Erreichen Ihrer Ziele. Bevor Sie das **Werkzeug 7: Gefühle auflösen durch Verzeihen** anwenden, empfehle ich Ihnen die folgende Vorgehensweise:

1. Als Erstes dürfen Sie mit einem **Werkzeug Ihrer Wahl** die Erinnerungen verändern, die in Ihnen den Hass oder die Wut auf eine Person ausgelöst haben.
2. Durch die nun veränderten Gefühle erhalten Sie die Möglichkeit, auch zu ganz vergrabenen, positiven Bildern Zugang zu bekommen. Suchen Sie sich bitte ein Bild aus Ihrer Vergangenheit, auf dem Sie mit der Person etwas Positives erlebt haben. Sind Sie hier hartnäckig. Es gibt in jedem Leben positive Ereignisse, auch wenn diese seltener gewesen sind als die negativen.
3. Das positive Bild verwenden Sie bitte für das **Werkzeug 4: Schneller Austausch von zwei Bildern und deren Gefühlen,** indem Sie das alte Bild, das Sie von der Person im Kopf haben durch das positive ersetzen.
4. Jetzt benutzen Sie das **Werkzeug 7: Gefühle auflösen durch Verzeihen,** welches ich Ihnen hier der Vollständigkeit halber in Kurzversion vorstelle.

Kurzbeschreibung

Werkzeug 7: Gefühle auflösen durch Verzeihen

1. Überlegen Sie, ob Sie einmal etwas getan haben, was Sie vielleicht später bereut haben, oder ob Sie irgendwann in einer Situation waren, in der Sie Ihren Fehler nicht zugeben konnten.
2. Betrachten Sie bitte jetzt die Person, die Sie ungerecht behandelt hat, vom Berg aus und beurteilen Sie, ob die Person wirklich aus tiefstem Herzen glücklich ist. Bestimmt stellen Sie fest, dass diese Person viele Probleme hat.

3. Beginnen Sie nun, diese Person jünger werden zu lassen, während Sie sich auf Ihr jetziges Alter heranwachsen sehen. Überlegen Sie, was dieser Person alles widerfahren sein könnte, dass sie als Erwachsener so unzufrieden wurde und diese Unzufriedenheit auf andere Menschen überträgt.
4. Sehen Sie am Ende die Person als kleines, unbeholfenes Baby, neben dem Sie als erwachsene Person stehen. Sie hätten jetzt die Macht, mit diesem Kind alles zu tun, was Sie wollen. Doch Sie entschließen sich, den Kreis endgültig zu unterbrechen, weil Sie etwas aus Ihrer Vergangenheit gelernt haben.
5. Geben Sie dem Kind das, was ihm gefehlt hat, oder das, was Sie selbst zu einem früheren Zeitpunkt gebraucht und gewünscht hätten.
6. Beobachten Sie, wie das Kind dabei heranwächst, bis es schließlich wieder erwachsen ist. Es kann jetzt lachen, weil Sie ihm geholfen haben. Auch Sie können es nun mit anderen Augen sehen.
7. Sehen Sie, wie die Person auf Sie zugeht und um Verzeihung bittet. Und jetzt haben Sie die wunderbare Möglichkeit, ein für allemal damit abzuschließen und die Entschuldigung anzunehmen. Wie Sie das machen, ist Ihnen überlassen. Geben Sie die Hand, nehmen Sie die Person in den Arm oder trinken Sie zusammen aus dem Glas der Vergebung.

Jetzt haben wir auch dieses Werkzeug ein weiteres Mal durchgearbeitet und ich hoffe, dass es Ihnen dadurch ein wenig leichter von der Hand geht. Ab in den Rucksack damit und weiter geht es mit der Kurzbeschreibung der Expedition Schatzsuche.

Kurzbeschreibung
Schatzsuche

1. Auf Ihren Berg der Freiheit steigen (**Berganker auslösen** und dabei sagen: „Ich gehe auf meinen Berg der Freiheit.“)
2. Fragen Sie sich: „Bin ich bereit und stark genug, meine Bilder aus der Vergangenheit aufzuarbeiten?“ **Ist die Antwort nein, akzeptieren Sie dieses**. Probieren Sie es dann noch mal an einem andern Tag, oder holen Sie sich professionelle Hilfe.

3. **Ist die Antwort ja, Wandern Sie** nun von Ihrem Basislager aus **auf dem Bergweg** bis **zum letzten Ereignis,** welches in Ihnen das schlechte Gefühl ausgelöst hat. Bleiben Sie auf dem Berg stehen und blicken Sie ins Tal auf das Bild oder den Film in Ihrem Lebensweg.
4. **Lassen Sie** dabei leicht **das Gefühl in** Ihrem **Körper hochkommen.**
5. Mit dem Gefühl im Körper **laufen Sie,** ohne ins Tal zu schauen, so lange **Richtung Vergangenheit,** bis das Gefühl verschwunden ist. (Grenze Mutterleib, nicht Sperma ☺)
6. **Drehen Sie sich um** und **schauen Sie** vom Berg aus **auf das Ereignis** auf Ihrem Lebensweg, welches in Ihnen zum ersten Mal die negativen Gefühle ausgelöst hat.
7. Wenn das **Bild** oder der **Film nicht gleich sichtbar** werden, fragen Sie Ihren inneren Helfer: „ist der Zeitpunkt richtig und bin ich bereit und gefestigt genug, das Ereignis alleine anzuschauen und aufzulösen?“ Bei einem nein **beenden Sie die Schatzsuche,** in dem Sie zum Basislager zurücklaufen und Ihren Hier-und-Jetzt-Anker drücken. Begeben Sie sich dann in die Hände eines erfahrenen Coach oder Therapeuten.
8. Wenn Ihr innerer Helfer nichts dagegen hat, dass Sie Ihre Erinnerung anschauen und auflösen, fragen Sie Ihn bitte, was Sie tun müssen, um das Bild oder den Film sichtbar zu machen. Verwenden Sie dann die Ideen Ihres inneren Helfers, um Ihre Erinnerung sichtbar zu machen. Wenn auch das **nicht funktioniert, beenden Sie die Schatzsuche** in dem Sie zum Basislager zurücklaufen und Ihren Hier-und-Jetzt-Anker drücken. Begeben Sie sich dann in die Hände eines erfahrenen Coach oder Therapeuten.
9. Wenn Sie eine Erinnerung gefunden haben, nehmen Sie das **Bild oder den Film** aus dem Lebensweg und lassen Sie es/ihn **zwei Meter** über diesem **schweben**.
10. **Bewerten** Sie kurz das Bild anhand Ihrer **Gefühle** und benutzen Sie dann die Werkzeuge aus Ihrem Rucksack, um die Gefühle des Bildes zu verändern. Probieren Sie einfach Ihre Werkzeuge durch, Sie werden selbst spüren, welche Ihnen am besten helfen. Sollte Ihnen die Bedienung eines Werkzeugs aus irgendwelchen Gründen nicht mehr einfallen, gehen Sie einfach zurück in Ihr Basislager und drücken Sie den Hier-und-Jetzt-Anker. Öffnen Sie dann Ihre Augen und lesen Sie die Beschreibungen aus **Kapitel 13: Die Ausrüstung**

für Ihre Expedition noch einmal genau durch. Wenn Sie sich sicher sind, stecken Sie das gewählte Werkzeug in Ihren Rucksack und ab geht es wieder ins Basislager zurück zu dem Ereignis, das Sie verändern wollen.

11. **Schauen Sie sich** nach dem Einsatz Ihrer Werkzeuge **kurz auf Ihrem Berg um** und betrachten Sie dann abermals Ihr Bild oder Ihren Film. **Bewerten Sie Ihre Gefühle erneut**. Wenn der Film komplett verschwunden ist, ersetzen Sie die Stelle durch ein positives Bild / einen positiven Film von sich.
12. **Fragen Sie** sich jetzt, was Sie aus dem Ereignis Positives gelernt haben. Schreiben Sie die **Lernerfahrung** gegebenenfalls mit Leuchtstift auf Ihr Bild oder Ihren Film.
13. **Fragen Sie** sich nun, ob Sie sich aufgrund dieses Ereignisses einen **negativen Glaubenssatz** gebildet haben. Wenn ja, **suchen Sie sich** einen gegenteiligen **positiven Glaubenssatz,** der Ihre Ziele unterstützt. Schreiben Sie Ihren neuen Glaubenssatz gegebenenfalls mit Leuchtstift auf Ihr Bild oder Ihren Film.
14. **Fragen Sie** sich, ob sich aus dieser Erinnerung eine **unpassende Gewohnheit** entwickelt hat. Wenn ja, beobachten Sie sich auf dem Bild oder in dem Film, wie Sie eine **Gewohnheit ausüben, die** Ihre **Ziele unterstützt.**

11\. Geben Sie das **Bild oder den Film** jetzt **zurück in** Ihren **Lebensweg** und **verändern Sie auf Ihrem gesamten Lebensweg alle Ereignisse,** die mit diesem Bild/Film und mit dem Gefühl in Verbindung stehen. (Selten kommt es vor, dass sich ein Ereignis nicht mit verändert. Das ist aber kein Problem, laufen Sie einfach anschließend über dieses Ereignis und verändern Sie es in gewohnter Weise mit Ihren Werkzeugen.)

15. Wandern Sie auf dem Bergweg in Ihre Zukunft. **Steigen Sie vom Berg herunter** und stellen Sie sich mitten **auf** Ihren **Lebensweg. Genießen Sie** jetzt **assoziiert** Ihre **neue Gewohnheit** und all das, was sich durch die Veränderung Ihres Erlebnisses in Ihrer **Zukunft positiv verändern wird.**
16. **Gehen Sie** auf Ihren **Berg** der Freiheit und **genießen Sie** den **Ausblick auf Ihre Zukunft.** Schauen Sie sich alles an, was Sie eben kreiert haben.
17. Machen Sie sich bewusst, dass Sie wieder vom Berg der Freiheit heruntersteigen in Ihre Realität und **drücken Sie** Ihren **Tranceauflösungsanker.** Sagen Sie dabei: „Ich öffne ganz leicht meine Augen, bin hellwach und munter im Hier und Jetzt angekommen.“

So nun wissen Sie auch, wie Ihre eigene Schatzsuche aussehen wird. Bitte verinnerlichen Sie sich diesen Ablauf so, dass er Ihnen in Fleisch und Blut übergeht. Am besten lernen Sie ihn auswendig, auch wenn Sie das an Ihre Schulzeit erinnern mag. Glauben Sie mir, den Ablauf einer Schatzsuche im Gehirn verankert zu haben, wird Ihnen im Leben mehr bringen als der Geburts- und Sterbetag von Goethe oder Schiller.
Nun können Sie Ihre Schatzsuche beginnen. Ich wünsche Ihnen viel Erfolg und warte wie immer im Buch auf Sie.

Da sind Sie ja wieder. Ich hoffe, Ihre Expedition war erfolgreich. Mithilfe der Schatzsuche bearbeiten Sie bitte alle aktuellen dominanten Gefühle. Entscheiden Sie selbst, ob Sie gleich noch einmal auf Schatzsuche gehen oder ob Sie ein paar Stunden oder einen Tag Pause machen. Am Ende sollten alle Bilder und Filme aus Ihrer Vergangenheit, die Ihnen unangenehme Gefühle bereitet haben, bearbeitet sein.

Ihr Abenteuer

Wenn Sie mithilfe Ihrer Schatzsuche störenden Gefühle beseitigt haben, ist es Zeit für ein Abenteuer. Nur so können Sie sichergehen, dass alle negativen Momente Ihrer Vergangenheit – und seien sie auch noch so winzig – in Ihrem Leben keine Rolle mehr spielen. Zu diesem Zweck laufen Sie vom Basislager aus Richtung Vergangenheit bis an den Punkt, an dem Sie noch im Mutterleib waren. Von dort aus wandern Sie dann wieder ganz langsam den Bergweg entlang Richtung Basislager.

Dabei schauen Sie ins Tal auf Ihren Lebensweg und achten auf Bilder, Filme, dunkle Stellen, Kurven, Knicke, Ihre Gefühle, Geräusche, Gerüche und Ihren Geschmack. Immer wenn Sie bemerken, dass etwas nicht so ist, wie es Ihrem Gefühl nach sein sollte, bleiben Sie bitte stehen.
Ergründen Sie das Bild oder den Film in Ihrem Lebensweg mit all den Möglichkeiten, die ich schon bei der Schatzsuche erwähnt habe (Nebel – Wind, Dunkelheit – Sonne usw.) Dann verändern Sie das Bild oder den Film mit einem der sechs Werkzeuge, die ich in diesem Kapitel in Kurzform wiederholt habe, oder mithilfe der letzten zwei Werkzeuge, die wir uns jetzt noch einmal ins Gedächtnis rufen.

Kurzbeschreibung

Werkzeug 6: Gefühle auflösen durch Erkenntnis, Einsicht und Verstehen

Bei diesem Werkzeug geht es darum, dass Sie Antworten auf Ihre Fragen der Vergangenheit finden. Dafür holen Sie sich Hilfe auf Ihren Berg in Form eines virtuellen Helfers. Dabei ist es egal, ob es sich um eine nahe stehende Person, einen Schauspieler, einen Engel, ein Licht oder etwas anderes handelt. Wenn Sie Ihren virtuellen Helfer bei sich haben, legen Sie sich bequem zurück auf Ihre Bergwiese und stellen Sie ihm die Fragen, auf die Sie gerne eine Antwort hätten. Meistens bekommen Sie eine Antwort, auch wenn es einige Minuten dauern kann. Erkundigen Sie sich bei Ihrem virtuellen Helfer, was das Positive an diesem Ereignis gewesen ist. Am Ende fragen Sie ihn, was Sie tun müssen, um mit dem Thema für immer abschließen zu können. Schauen Sie dann vom Berg der Freiheit aus ins Tal auf Ihr Bild oder Ihren Film. Beobachten Sie, wie Sie genau das tun, was Ihnen Ihr virtueller Helfer vorgeschlagen hat.

Kurzbeschreibung

Werkzeug 8: Das tun, was man damals gerne getan hätte

Bei diesem Werkzeug schauen Sie sich das zu bearbeitende Bild oder den Film vom Berg aus an und fragen sich, was Sie mit Ihrem heutigen Wissen damals gerne getan hätten, wenn Sie die Möglichkeit, die Kraft und die Idee gehabt hätten. Danach sehen Sie vom Berg aus zu, wie Sie im Bild oder Film genau das tun, was früher nicht möglich war. Nun haben wir uns alle Hilfsmittel noch einmal ins Gedächtnis gerufen. Somit haben Sie alle Werkzeuge zur Veränderung Ihrer Gefühle in Ihrem Rucksack. Vielleicht erfinden Sie selbst noch ein Werkzeug, das Ihnen hilft, Gefühle von alten

Erinnerungen zu verändern. Denken Sie immer daran: Egal, womit Sie bei einem Bild oder Film Ihres Lebens die Gefühle abwandeln, wenn es wirkt, machen Sie weiter. Am Ende dieses Kapitels gebe ich Ihnen noch die Kurzbeschreibung für Ihr Abenteuer.

Kurzbeschreibung
Abenteuer

1. Steigen Sie auf Ihren Berg der Freiheit (**Berganker auslösen** und dabei sagen: „Ich gehe auf meinen Berg der Freiheit.")
2. Fragen Sie sich: „Bin ich bereit und stark genug, meine Bilder aus der Vergangenheit aufzuarbeiten?" **Ist die Antwort nein, akzeptieren Sie dieses**. Probieren Sie es dann noch mal an einem andern Tag, oder holen Sie sich professionelle Hilfe.
3. **Ist die Antwort ja, Wandern** Sie von Ihrem Basislager aus **den Bergweg entlang Richtung Vergangenheit** bis an den Punkt, an dem Sie noch im Mutterleib gewesen sind.
4. **Wandern Sie** ganz **langsam** den Bergweg entlang Richtung Basislager. Dabei **schauen Sie** ins Tal **auf Ihren Lebensweg** und achten auf Bilder, Filme, dunkle Stellen, Kurven, Knicke, Ihre Gefühle, Geräusche, Gerüche und Ihren Geschmack.
5. Immer **wenn Ihnen etwas auffällt, bleiben Sie stehen** und betrachten das Bild oder den Film, der sich in Ihrem Lebensweg befindet. **Durchlaufen Sie** dann mit jeder neuen Entdeckung die **jetzt folgenden Schritte.**
6. Nehmen Sie das **Bild oder den Film** aus dem Lebensweg und lassen Sie es/ihn **zwei Meter** über diesem **schweben**. Bewerten Sie die Gefühle, die es/er in Ihnen hervorruft.
7. **Wählen Sie ein Werkzeug** aus Ihrem Rucksack und beginnen Sie, Ihren Schatz damit zu bearbeiten
8. **Schauen Sie sich** nach dem Einsatz Ihrer Werkzeuge **kurz auf Ihrem Berg um**, betrachten Sie noch einmal Ihr Bild oder Ihren Film und **bewerten Sie Ihre Gefühle erneut**. Wenn der Film oder das Bild komplett verschwunden ist, ersetzen Sie die Stelle mit einem positiven Bild/Film von sich.

9. **Fragen Sie** sich jetzt, was Sie aus dem Ereignis Positives gelernt haben. Schreiben Sie die **Lernerfahrung** gegebenenfalls mit Leuchtstift auf Ihr Bild oder Ihren Film.
10. **Fragen Sie** sich nun, ob Sie einen **negativen Glaubenssatz** aufgrund dieses Ereignisses gebildet haben. Wenn ja, **suchen Sie sich** einen gegenteiligen **positiven Glaubenssatz,** der Ihre Ziele unterstützt. Schreiben Sie Ihren neuen Glaubenssatz gegebenenfalls mit Leuchtstift auf Ihr Bild oder Ihren Film.
11. **Fragen Sie** sich, ob sich aus dieser Erinnerung eine **unpassende Gewohnheit** entwickelt hat. Wenn ja, beobachten Sie sich auf dem Bild oder in dem Film, wie Sie eine **Gewohnheit ausüben, die** Ihre **Ziele unterstützt.**
12. Geben Sie das **Bild oder den Film** jetzt **zurück in** Ihren **Lebensweg** und **verändern Sie auf Ihrem gesamten Lebensweg alle Ereignisse,** die mit diesem Bild/Film und mit dem Gefühl in Verbindung stehen. (Selten kommt es vor, dass sich ein Ereignis nicht mit verändert. Das ist aber kein Problem, laufen Sie einfach anschließend über dieses Ereignis und bearbeiten Sie es in gewohnter Weise mit Ihren Werkzeugen.)
13. Wandern Sie auf dem Bergweg in Ihre Zukunft. **Steigen Sie vom Berg herunter** und stellen Sie sich mitten auf Ihren **Lebensweg. Genießen Sie** jetzt **assoziiert** Ihre **neue Gewohnheit** und all das, was sich durch die Veränderung Ihres Erlebnisses in Ihrer **Zukunft positiv verändern wird.**
14. **Gehen Sie** auf Ihren **Berg** der Freiheit und **genießen Sie** den **Ausblick auf Ihre Zukunft.** Schauen Sie sich alles an, was Sie eben kreiert haben.
15. Machen Sie sich jetzt bewusst, dass Sie wieder vom Berg der Freiheit heruntersteigen in Ihre Realität, **drücken Sie** Ihren **Hier-und-Jetzt-Anker** und sagen Sie dabei: „Ich öffne ganz leicht meine Augen, bin hellwach und munter im Hier und Jetzt angekommen."

So arbeiten Sie sich bitte Stück für Stück durch Ihre Vergangenheit und beginnen bei jedem neuen Abenteuer an dem Punkt Ihrer Vergangenheit, an dem Sie Ihr letztes Abenteuer beendet haben. Lassen Sie sich dabei ruhig Zeit, denn Sie haben Ihre Vergangenheit ja auch nicht an einem Tag erschaffen. Wenn Sie schließlich am Basislager angekommen sind, dürfen Sie sich selbst gratulieren, denn Sie haben Ihre gesamte Vergangenheit optimiert. Sie sollten jetzt in der Lage sein, alle Stationen Ihrer Vergangenheit offen anzuschauen, ohne dass Ihnen noch irgendetwas negative Gefühle bereitet.

Jetzt sind wir am Ende dieses Kapitels angelangt. Mit allen hier vorgestellten Expeditionen sind Sie in der Lage, Ihre komplette Vergangenheit zu verändern, was letztendlich Ihre Zukunft beeinflussen wird. Hoffentlich haben Sie es schon ausprobiert, vielleicht haben Sie es aber auch nur durchgelesen. Wenn Sie alle hier vorgestellten Expeditionen und Werkzeuge lieber hautnah erleben möchten, oder noch Hilfestellung benötigen, können Sie auch gerne eines meiner Seminare oder Workshops besuchen. Hier lernen und spüren Sie alle Anwendungen der Vergangenheitsoptimierung live. Gerne können wir uns aber auch in einem Einzelgespräch kennenlernen, um Ihre Lebensqualität durch eine Vergangenheitsoptimierung zu verbessern. Für nähere Informationen besuchen Sie bitte meine Website **www.vergangenheitsoptimierung.de**

---

kurz & bündig

- Fragen Sie sich vor jeder Expedition in die Vergangenheit: „Bin ich bereit und stark genug, meine Bilder aus der Vergangenheit aufzuarbeiten?"
- Kontrollieren Sie immer vor und nach der Anwendung eines Werkzeuges Ihre Gefühle.
- Wenn Sie bei einer Expedition nicht weiter wissen, wandern Sie ins Basislager zurück. Lösen Sie Ihren Hier-und-Jetzt-Anker aus und kommen Sie zurück in die Realität. Lesen Sie die Beschreibung noch einmal durch und beginnen Sie Ihre Expedition wieder von vorne.
- Während einer Vergangenheitsoptimierung bleiben Sie immer auf dem Berg der Freiheit.
- Nur wenn Sie sich Ihre Zukunft kreieren, dürfen Sie hinunter ins Tal auf Ihren Lebensweg.
- 70 % aller Probleme haben ihre Ursache darin, dass uns jemand verletzt, wütend oder traurig gemacht hat.
- Wenn Sie alle Expeditionen dieses Kapitels absolviert haben, können Sie Ihre ganze Vergangenheit mit positiven Gefühlen offen anschauen.

---

17. Werte - Die Hauptstellschrauben Ihres Lebens

In diesem Kapitel erfahren Sie,

- wie eine beunruhigende Entdeckung beim Rasieren aussieht,
- was ein Elefant und eine Slipeinlage miteinander zu tun haben,
- wie sich Ihre Werte zusammensetzen,
- wie Sie Ihre Werte in Ordnung bringen,
- was Wertekonflikte sind und wie Sie diese lösen.

In Kapitel 8 habe ich das Thema Werte schon einmal erwähnt und Ihnen versprochen, im Workshop dieses Buches näher darauf einzugehen. Die Arbeit mit Werten birgt sehr viel Veränderungspotenzial in sich. Kleine Veränderungen können große Auswirkungen auf Ihr Leben haben. Wenn man beginnt, mit seinen Werten zu arbeiten, dreht man an den Hauptstellschrauben des eigenen Lebens. Werte beeinflussen uns zum größten Teil unbewusst. Dies ist wohl auch der Grund, warum sie so eine immense Macht auf uns ausüben. Werte sind mit Gefühlen verknüpft, an diesen können Sie immer wieder erkennen, ob Sie noch auf dem richtigen Weg sind. Sie können sich den Einfluss von Werten so vorstellen: Sie haben ein Regal, auf dem die wertvollsten Gegenstände Ihres Lebens stehen.

Diese haben für Sie keine materielle Bedeutung, sondern einen ideellen Wert. Jeder Gegenstand löst in Ihnen ein besonders positives Gefühl aus. Jeden Morgen kontrollieren Sie, ob sich in Ihrem Regal noch alles an seinem Platz befindet. Wenn dem so ist, werden Sie von einem wunderbaren Glücksgefühl durchzogen. Eines Tages stellen Sie bei Ihrer morgendlichen Visite entsetzt fest, dass Ihnen ein Wertgegenstand abhanden gekommen ist. Schlagartig macht sich ein Mangelgefühl in Ihrem Körper breit. Dieses veranlasst Sie, auf die Suche nach dem verlorenen Wert zu gehen. Sie beschäftigen sich fortan nur noch damit, diesen Mangel wieder auszugleichen. Sie vernachlässigen Ihre sonstigen Lebensaufgaben, was Ihre Lebensqualität immer mehr negativ beeinflusst. Ihr Leben ist nun anstrengend und schwierig geworden. Eines Tages jedoch entdecken Sie unter Ihrem Sofa den fehlenden Wert. Ihr Gemüt hellt sich schlagartig auf. Nachdem Sie den Ausreißer im Regal platziert haben, spüren Sie, dass Sie sich wieder im Einklang mit Ihren Gefühlen befinden. Ihr Leben hat einen Sinn.

Werte sind die Wegweiser unseres Lebens, an denen wir uns täglich orientieren. Sie geben uns die Richtung vor und verhindern, dass wir plan- und sinnlos unser Leben absitzen. Ohne Werte wüssten wir nicht, was uns im Leben wichtig ist. Es würde unweigerlich die Frage auftauchen: „Für was und warum lebe ich überhaupt? Wenn Sie solch eine Frage in sich tragen, sind Sie auf der Suche. Entweder wissen Sie nicht, welche Werte Sie haben, oder Sie wissen nicht, wie Sie diese erfüllen können. Sowohl Werte als auch Ziele sind Wegweiser, die unserem Leben eine Richtung geben. Also sind Werte zwar mit Zielen vergleichbar, sie unterscheiden sich aber dadurch, dass uns Ziele bewusst sind, während Werte meist unbewusst auf uns wirken. Außerdem wollen wir ein Ziel in der Regel nur einmal erreichen (z. B. ein Haus am Meer). Ist das Ziel erfüllt, schauen wir uns nach neuen Zielen um. Ein Wert dagegen (z. B. Erfolg) ist ein Zustand, den wir dauerhaft anstreben. Werte werden Ihnen genauso wie die meisten Ihrer Verhaltensweisen nicht in die Wiege gelegt, sondern basieren auf den Erlebnissen und Erfahrungen Ihrer Vergangenheit. Die meisten Werte werden im Kindesalter durch Belohnung oder Strafe oder durch das Nachahmen unserer Vorbilder erschaffen. Im weiteren Leben werden Werte zunehmend durch Menschen bestimmt, mit denen wir beruflich oder privat Kontakt haben. Wenn Sie ein glückliches Leben führen möchten, ist es unumgänglich, dass Sie sich Ihrer Werte bewusst werden. Erst dann können Sie ergründen, was Sie tun müssen, um diese zu erfüllen. Außerdem können Sie bei Bedarf Änderungen in Ihrem Wertesystem vornehmen. Wenn Sie Ihre Werte kennen, verfügen Sie über Motivation, Entscheidungsklarheit, Selbstbestimmung, unmittelbare Handlungsenergie und Lebenssinn.

Erkenntnisse im Krankenhaus

Piep, Piep, Piep, Piep – hastig tastete ich mit meinen Händen über den Nachttisch und stieß dabei den Wecker herunter. Piep, Piep, Piep, Piep ging es auf dem Fußboden weiter, bis ich schließlich doch den Ausschalter gefunden hatte. Schnell blickte ich auf das Zifferblatt: 6.30 Uhr. Eigentlich nichts Neues, denn auf diese Uhrzeit hatte ich den Wecker ja eingestellt. Langsam setzte ich mich auf und verharrte noch einen Moment auf der Bettkante. Jetzt begann das allmorgendliche Prozedere: auf die Toilette gehen, duschen, Haare föhnen, Zähne putzen, r..a..s..i..e..r..e..n … Was war das? Als ich die Rasierklinge vom Kinn Richtung Hals zog, bemerkte ich an meinem Spiegelbild etwas Merkwürdiges. Ich rieb meine Augen, aber es gab keinen Zweifel, mein Hals war auf einer Seite dicker als auf der anderen. Verwundert, aber auch erschrocken betrachtete ich mich in allen nur denkbaren Posen im Spiegel. Aber egal, wie ich mich auch hinstellte, mein Hals wurde nicht mehr dünner. An diesem Tag ließ mich der Gedanke an meinen Hals nicht mehr los. Immer, wenn ich an einem Spiegel vorbeikam, begann ich zu kontrollieren und zu tasten.

Schließlich entschied ich mich, einen Arzt aufzusuchen. Zum ersten Mal saß ich beunruhigt in einem Wartezimmer. Normalerweise war es lediglich eine Grippe oder ein kleiner Schmerz, der mich dorthin führte, aber einen dicken Hals hatte ich sonst bildlich gesprochen nur, wenn mich etwas ärgerte. Nachdem mich der Arzt begrüßt hatte, begann er durch Tasten, Ultraschall und Co. herauszufinden, was meinen Hals so verformt hatte. Gespannt wartete ich dabei auf die Aussage „Alles in Ordnung, Herr Vandeven." Leider hoffte ich vergebens darauf. Mein Hausarzt offenbarte mir stattdessen, dass es meine Schilddrüse war, die sich vergrößert hatte. Er versuchte mich zwar mit den Worten „Das gibt es öfter" zu beruhigen, aber Krebs gibt es ja auch öfter und das war sehr beunruhigend. Zur weiteren Untersuchung stellte mir mein Arzt eine Überweisung zum Facharzt aus, bei dem ich aber erst drei Wochen später einen Termin bekam. Zum ersten Mal in meinem Leben war ich gesundheitstechnisch etwas in Sorge, denn ich wusste weder, warum meine Schilddrüse so groß war, geschweige denn, wie ich sie wieder auf normale Größe bringen konnte.

Sie können sich wahrscheinlich denken, was ich jetzt gemacht habe: Internet, Google, vergrößerte Schilddrüse eingeben. Ergebnis: Heißer Knoten, kalter Knoten, Geschwüre, Krebs … Ich fand alles, was ich nicht wissen wollte. Viele Informationen sausten durch meinen Kopf, aber eine endgültige Gewissheit konnte mir nur die Untersuchung beim Radiologen geben. Sehnsüchtig, aber auch mit gemischten Gefühlen erwartete ich den Termin beim Facharzt. Zuerst musste ich einen Fragebogen ausfüllen. „Haben Sie öfter Herzrasen und einen erhöhten Blutdruck?", las ich. Ich benötigte einen Moment, um gedanklich die letzten Wochen durchzugehen. Ja, ich hatte öfter Herzrasen, ganz besonders merkte ich dies nachts im Bett, wenn mir mein Trommelfell den Rhythmus des Herzes in fortissimo übertrug. Den Blutdruck hatte ich mir noch nie selbst gemessen, aber Herzrasen beinhaltete bestimmt auch einen erhöhten Blutdruck. Ich machte ein Kreuz bei dieser Frage und las weiter: „Haben Sie in der letzten Zeit abgenommen?" – „Ja, verdammt", flüsterte ich und mir wurde bewusst, welche Macht so eine kleine Schilddrüse hatte. Auch die Frage: „Leiden Sie an Unruhe und Nervosität?“ passte wie die Faust aufs Auge, denn ich fühlte mich in letzter Zeit oft gehetzt und rastlos. Nachdem ich Schritt für Schritt den Fragebogen beantwortet hatte, hörte ich auch schon den Aufruf: „Herr Vandeven, bitte in Zimmer drei.“ Es folgten ein Gespräch mit dem Facharzt und einige Tests, bei denen ich unter anderem ein leicht radioaktives Mittel gespritzt bekam. Am Ende wurde ich zum Abschlussgespräch gebeten. Dabei erklärte mir der Arzt, dass ich einen warmen Knoten in meiner Schilddrüse hätte, der in der Regel nicht bösartig sei. Letzte Gewissheit könne aber nur eine Operation geben. Außerdem erläuterte mir der Radiologe, dass aufgrund der Vergrößerung meiner Schilddrüse mehr Hormone in die Blutbahn gelangten und somit alle Körpervorgänge beschleunigt würden. Er würde mir zu einer Operation raten, vor allem auch deshalb, weil ich im Fragebogen angekreuzt hätte, dass mir die Schilddrüse schon Schluckbeschwerden bereiten würde.

Nach einem kurzen Händedruck verließ ich schließlich die Praxis und fühlte dabei, wie sich meine Anspannung in Erleichterung verwandelte. „Gott sei Dank, nichts Bösartiges“, dachte ich, während ich auf dem Parkplatz mein Auto suchte. Auf der Heimfahrt wandelte sich die anfängliche Erleichterung wieder in Anspannung um. Der Gedanke an eine Operation, bei der mir der Hals aufgeschnitten wurde, war ja auch nicht sonderlich prickelnd. Ich war gerade noch in Gedanken und – schwups – lag ich zwei Monate später mit grünem Häubchen auf dem Kopf und einem weißen Hemdchen am Leib im Krankenhausbett. Zuvor hatte ich mir noch zwei hautenge Thrombosestrümpfe über beide Beine gezogen. Die Krönung aber war die Einweg-Netz-Unterhose mit einer Slipeinlage, die auch für einen Elefanten bei Inkontinenz gereicht hätte. Nie mehr habe ich mich so erotisch gefühlt wie in diesem Moment.

Tröstlich war nur, dass meine beiden Bettnachbarn das gleiche Schicksal traf. Zu dritt hätten wir mit unseren Outfits locker in einer Travestieshow die Hauptrollen übernehmen können. So lagen wir alle mit dem gleichen Schicksal im Bett und machten uns über unser Aussehen lustig. Doch mit jeder Minute, die der Operationstermin näher rückte, wurde es stiller im Raum. Der Gedanke, dass mir gleich die Lichter ausgeknipst würden, beunruhigte mich doch sehr. Auch die Vorstellung, die Kontrolle über sich, seine Gedanken und seinen Körper zu verlieren, war nicht sehr aufbauend. Ich wartete immer noch darauf, dass die Beruhigungstablette endlich die Verantwortung für ihre Arbeit übernahm und damit begann, mich ruhig zu machen. Doch konnte einen in diesem Ausnahmezustand überhaupt etwas beruhigen? Das Formular, welches ich kurz vor der OP unterschreiben musste, bestimmt nicht. Stimmbandlähmung, Thrombose mit Todesfolge, Luftröhrenverletzungen waren nur drei Möglichkeiten einer ganzen Palette an Risiken, die auf dieser Liste stand. Lieber hätte ich mit meiner

Unterschrift eine Lebensversicherung abgeschlossen, als damit einzuwilligen, dass mir alle Risiken bekannt sind. Zwei Frauen in OP-Kleidung betraten den Raum. Mit einem routinemäßigen Lächeln gaben sie mir zu verstehen, dass ich der Nächste auf ihrer Liste war. Während mich die zwei Damen über den Gang rollten und sich dabei über Kochrezepte austauschten, überlegte ich kurz, ob ich einfach vom Bett springen sollte. Doch bevor ich den Gedanken zu Ende führen konnte, wurde ich samt Bett in einer Schleuse geparkt. Ich blickte mich um und sah, dass die Tür zum OP einen Spalt offen stand. Irgendetwas war nicht nach

Plan gelaufen, denn im OP ging es noch heiß her. Ärzte beugten sich über einen leblos erscheinenden Körper und Assistenzärzte reichten OP-Besteck weiter. „Wie beruhigend“, dachte ich zynisch und bemerkte dabei, dass meine Füße immer kälter wurden. Ich kam mir vor wie im Kühlhaus einer Großschlächterei. Boden und Wände waren gefliest und die Schränke ringsherum bestanden aus glänzendem Edelstahl. „Was ist, wenn ich nicht mehr aus der Narkose aufwache?“ war ein Gedanke, der sich plötzlich in meinem Gehirn breit machte. „Würde ich Frau und Kinder noch einmal sehen?“, schoss es mir durch den Kopf. Je länger ich im Kühlhaus lag, umso heftiger wurden meine Zweifel an der Richtigkeit dieser Operation. Auf einmal betrat eine Frau den Raum. Nach einer kurzen Begrüßung pflanzte sie mir Saugnäpfe auf die Brust und schob mir eine Nadel in die Vene. Jetzt ging alles ganz schnell. Der letzte Gedanke, der mir vor der Operation durch den Kopf schoss, war: „Aus welchem Grund ist dir das Ding im Hals überhaupt gewachsen?“

Ein lauter Huster durchbrach die Stille. Ich bemerkte schnell, dass ich es war, der gehustet hatte. Langsam ließ ich meine Augen durch den Raum schweifen, die dabei aber immer wieder zufielen. Ich sah, wie eine rote Flüssigkeit in einem durchsichtigen Schlauch von meinem Hals Richtung Bettkante lief. Die Flüssigkeit sammelte sich unten in einem kleinen Behälter, der am Ende des Schlauches hing. Ich fühlte mich müde, aber schmerzfrei, scheinbar wirkten sowohl das Schmerzmittel als auch das Narkosemittel noch. Mein erster Gedanke war der, mit dem ich zuvor in die Narkose gegangen war: „Aus welchem Grund ist das Ding in meinem Hals überhaupt gewachsen?“ Allmählich ließ die Wirkung der Schmerzmittel nach und ich kam wieder im richtigen Leben an. Hin und wieder testete ich meine Stimme und war erfreut, dass die Ärzte scheinbar gute Arbeit geleistet hatten. Je wacher ich wurde, umso mehr Schmerzen empfand ich an meinem Hals. Außerdem kam mein Denken wieder in Gang, sodass ich mich selbst fragte: „Habe ich mit meinen Gedanken dazu beigetragen, dass meine Schilddrüse gewachsen ist?“ Ich wusste ja, dass Körper und Geist untrennbar waren und sich wechselseitig beeinflussten – und wie hatte meine Gedankenwelt in den letzten Wochen ausgesehen? Ich ließ die vergangenen Monate Revue passieren. Sie waren geprägt gewesen von Stress, vielen Neuerungen und Anspannungen. Ich stellte auch fest, dass ich das Volleyballspielen, Schwimmen und meine tägliche halbe Stunde Trance komplett gestrichen hatte.

Das Interessante daran war, dass mir diese Veränderung gar nicht bewusst gewesen war. Sie hatte sich vielmehr langsam eingeschlichen. Nicht, dass ich in der letzten Zeit meine Arbeit nicht genossen hätte, aber ich denke, dass ich zu sehr darauf fixiert war. Je mehr ich darüber nachdachte, umso mehr war ich überzeugt davon, dass ich zuerst in meinen Gedanken ruhe- und rastlos geworden war und dann mein Körper nachfolgte. Die Schilddrüse steuert über die Ausschüttung von Hormonen viele Körperfunktionen. Je mehr Hormone sie in unseren Körper sendet, umso schneller werden unsere Körperabläufe. Das führt zu Gewichtsabnahme, Herzrasen, Bluthochdruck und innerer Unruhe. Das alles sind aber auch Stresssymptome, die wir durch unsere Lebensweise auslösen können. Indem ich mich zu sehr auf meine Arbeit fixiert und alle ausgleichenden Freizeitaktivitäten ignoriert hatte, forcierte ich genau die eben erwähnten Veränderungen der Körperabläufe. Ich hatte mich selbst gedanklich aus dem Gleichgewicht gebracht und meinem Körper damit eine neue Richtung vorgegeben.

Meine Schilddrüse erleichterte mir jetzt diesen neuen Weg, indem sie durch ihr Wachstum mehr Hormone produzierte. So passte sich mein Körper meiner inneren Einstellung an und brachte beides in mein neu gewähltes, nicht unbedingt positives Gleichgewicht. Denn dieses neue Gleichgewicht bedeutete Herzrasen, Bluthochdruck und innere Unruhe und war nicht das Ziel, welches ich erreichen wollte. Mir fiel spontan der Spruch ein: „Der Schuster trägt die schlechtesten Schuhe.“ Denn das, was ich meinen Patienten und Klienten täglich vermittelte, blieb bei mir selbst auf der Strecke. Aber was war es wirklich, was mich in der letzten Zeit so durchs Leben trieb? Nur mit der Antwort auf diese Frage konnte ich in meinem zukünftigen Leben etwas verändern. Wenn ich mir darüber nicht klar werden würde, würde ich wieder in den alten Trott verfallen. Mein nächster Denkzettel würde dann aber bestimmt nicht mehr so glimpflich ablaufen. Burnout, Schlaganfall oder Herzinfarkt kamen mir da in den Sinn. Das Unglaubliche an der Sache war für mich, dass ich meinen Beruf ja über alles liebte. Wie konnte mich denn etwas, was ich aus tiefstem Herzen liebte, krank machen?

Wichtige Erkenntnis auf dem Berg der Freiheit

Ich hatte im Krankenhaus sehr viel Zeit zum Überlegen. Ich glaube, das ist auch der Grund, warum der Körper uns eine Krankheit schickt. Er möchte uns sagen: „Nimm dir endlich Zeit und überdenke das, was du tust." So lag ich im Krankenbett und machte mir Gedanken. Ich saß in der Cafeteria und dachte nach. Ich stand im Gang und grübelte. Ich saß auf der Toilette und wartete auf eine Eingebung. Je mehr ich mich in die Sache hineinsteigerte, desto weniger Antworten bekam ich. Also entschloss ich mich, auf meinen Berg der Freiheit zu gehen und in der Trance mein Unterbewusstsein zu befragen. „Liebes Unterbewusstsein“, sagte ich, „was macht mich in meinem Leben so ruhe- und rastlos?“ Es wurde still in meinem Kopf ... Lange Zeit passierte gar nichts … und dann… plötzlich… Geld… „Wie bitte, Geld? Was hatte das jetzt mit Geld zu tun?“ Ich hatte doch beim Thema Geld schon alles geklärt. Früher sah ich Geld als etwas Negatives an, aber jetzt liebte ich es und hatte es auch in meine Wertliste aufgenommen. Seitdem hatte ich kein Problem mehr damit! … Oder doch? … Plötzlich fiel mir ein Satz ein, den ich mal gelesen hatte: „Geld ist kein eigenständiger Wert, sondern nur Mittel zum Zweck.“ „Einen Wert kann man nicht anfassen“ war noch ein Satz, der mir in den Sinn kam. Geld konnte man aber anfassen, also war es scheinbar kein richtiger Wert. Geld war nur ein Gegenstand, dessen Besitz irgendein Gefühl in mir auslöste. Ich schloss ein weiteres Mal die Augen, ging auf meinen Berg der Freiheit und fragte mein Unterbewusstsein: „Was gibt mir Geld?“ Spontan fielen mir die beiden Begriffe Sicherheit und Freiheit ein.

Schnell kontrollierte ich, ob ich Sicherheit und Freiheit anfassen konnte. Natürlich musste ich feststellen, dass es unmöglich war, Sicherheit oder Freiheit in die Hand zu nehmen. Aber man konnte etwas anderes damit machen, man konnte sich sicher und frei fühlen. Meine Zahnräder ratterten in meinem Kopf und ich kam mir vor wie Wickie, der umhüllt von tausend Sternen laut ausrief: „Ich hab’s!“ Genau, einen Wert erkenne ich daran, dass er mir ein Gefühl übermittelt. Die Stärke des Gefühls ist quasi die Maßeinheit, an der ich sehen kann, wie nah oder wie fern ich meinen Werten bin. Wenn ich aber Geld als Wert habe, wie will ich dann feststellen, wann ich angekommen bin? Wann sagt mir mein Gefühl, dass es genug ist? Bei 100 Euro? 1000 Euro? 10.000 Euro? 100.000 Euro 1.000.000 Euro? Ich glaube nie, oder? Ich bekam zwar immer ein Glücksgefühl, wenn auf meinem Konto Geld eintrudelte, aber dieses hielt nur sehr kurz an. Schnell begab ich mich wieder auf die Suche nach mehr Geld.

Vielleicht ist das der Grund, warum die meisten Menschen immer mehr besitzen wollen und unzufrieden sind, auch wenn sie Millionen auf dem Konto haben. Vielleicht ist das der Grund für Korruption, dubiose Aktiengeschäfte und Chefs, die über Leichen gehen, um an noch mehr Geld zu kommen. Mir fiel es wie Schuppen von den Augen: Mein Wettrennen hatte an dem Tag begonnen, an dem ich Geld in meine Werteliste aufgenommen hatte. Ich arbeitete Tag und Nacht, ließ meine Hobbys komplett sausen und bemerkte dabei gar nicht, dass es das Geld war, dem ich hinterherrannte. Obwohl ich sehr glücklich war mit dem, was ich tat, ging ich doch ruhe- und rastlos durch die Welt. Ich wollte das Gefühl, das sich beim Verdienen von Geld in mir ausbreitete, so oft wie möglich spüren. Bei jedem dieser kurzen Hypes sagte mir dann meine Werteliste: „Ja, so ist es richtig, mach weiter so.“

Sie haben ja sicher schon mitbekommen, dass ich nicht sehr gläubig bin. Ich nahm trotzdem meine mittlerweile volle Sekretflasche in die Hand, stand auf, ging zum Fenster und schickte ein „Danke für die Info“ Richtung Himmel.
Nach meinem Krankenhausaufenthalt nahm ich zuhause einige Veränderungen vor. Zuerst entfernte ich Geld von meiner Werteliste und setzte an diese Stelle finanzielle Freiheit. Dann schloss ich die Augen und stellte mir vor, wie finanzielle Freiheit aussah und sich anfühlte. Ich stellte fest, dass ich schon in finanzieller Freiheit lebte. Natürlich hatte ich Schulden auf meinem Haus, aber trotzdem musste ich mich beim Essen nicht einschränken. Ich konnte zweimal im Jahr mit dem Wohnwagen in den Urlaub fahren und hatte alles um mich, was mich glücklich machte.

Ich liebte es, mit einem Glas Rotwein im Garten zu sitzen und dabei die Natur zu genießen. Ich hatte das große Glück, regelmäßig mit meiner Frau und meinen Kindern frühstücken, Mittag und Abend essen zu können. Ich war dankbar für jedes Lächeln und die Gesundheit meiner Kinder. Ich ließ das Gefühl finanzieller Freiheit immer stärker in meinem Körper werden und richtete dabei meinen Blick nicht direkt auf das Geld, sondern auf das, was ich davon hatte. Ich dachte: „Wenn mein Leben so weitergeht, dann werde ich bis ins hohe Alter finanziell frei und glücklich sein.“
Seit dieser Umstellung lebe ich wesentlich entspannter. Ich fühle mich nicht mehr gehetzt, weil ich weiß, dass ich meinen Wert täglich erfüllen kann.

Ich habe aufgehört, nach etwas zu suchen, was ich nie finden kann, und zwar den Punkt, an dem ich sagen würde: „Ich habe genug Geld.“ Ich glaube, dass meine Schilddrüsenerkrankung eine sehr wichtige Botschaft an mich gewesen ist. Sie hat mir die Zeit geschenkt, mein Leben wieder einmal zu überdenken und die Weichen neu zu stellen. Ich hoffe, Sie erkennen, welchen immensen Einfluss Werte auf unser Leben haben können. Der Satz: „Ändere deine Werte und du änderst dein Leben“ ist in dem Zusammenhang sehr passend. In den nächsten Formaten wollen wir Folgendes tun: Zuerst ergründen wir Ihre zehn wichtigsten Werte. Nachdem Sie Ihre Werte ermittelt haben, bringen Sie diese in eine Reihenfolge und erstellen damit Ihre Wertehierarchie. Anschließend erkläre ich Ihnen, in welchem Zusammenhang Werte Probleme bereiten und wie Sie diese beseitigen können.

Format 7

Ergründung Ihrer Werte

1. Legen Sie sich bequem zurück, schließen Sie Ihre Augen und drücken Sie Ihren Berg-der-Freiheit-Anker.
2. Legen Sie sich auf Ihre Bergwiese und fragen Sie sich selbst: „Was ist mir am wichtigsten in meinem Leben?“ In der Regel sind Werte Hauptwörter, die man nicht anfassen kann. Hier ein paar Beispiele: Liebe, Sicherheit, Abenteuer, Erfolg, Gesundheit, persönliches Wachstum, Zufriedenheit, Freiheit, Leidenschaft, Helfen, Kreativität, Weiterbildung, Lebensfreude, Flexibilität, Humor, Spaß, Frieden, Treue usw. Wenn Sie jedoch einen nicht eindeutigen Wert finden, den Sie anfassen können wie z. B. Geld, Familie, Haus, Freunde usw. ist das völlig in Ordnung. Nehmen Sie ihn trotzdem in Ihre Liste auf. Wir kümmern uns dann später darum.
3. Wenn Sie einen Wert gefunden haben, drücken Sie Ihren Hier-und-Jetzt-Anker, öffnen Sie Ihre Augen und schreiben Sie ihn in die nachfolgende Tabelle. WICHTIG: Es geht hier noch nicht um eine Reihenfolge, sondern nur darum, zu sammeln.
4. Ergründen Sie mit diesem Schema Ihre zehn wichtigsten Werte.

Meine zehn wichtigsten Werte:

1. ______________________________
2. ______________________________
3. ______________________________
4. ______________________________
5. ______________________________

6. ______________________________

7. ______________________________

8. ______________________________

9. ______________________________

10. ______________________________

Nun haben Sie die zehn wichtigsten Werte für Ihr Leben ausfindig gemacht. Jetzt ist es interessant herauszufinden, in welcher Reihenfolge diese Werte in Ihrem Leben erfüllt werden müssen, damit Sie glücklich sind.

Format 8

Ihre Wertehierarchie

Zum besseren Verständnis dieses Formates benutzen wir als Beispiel folgende Werteliste:

1. Freiheit,
2. Liebe,
3. Ehrlichkeit,
4. Zuverlässigkeit,
5. Zufriedenheit.

1. Suchen Sie sich bitte für dieses Format einen Helfer.
2. Geben Sie ihm die Liste mit Ihren zehn wichtigsten Werten in die Hand.
3. Legen Sie sich entspannt zurück, während Ihr Helfer Folgendes macht.

4. Ihr Helfer fragt Sie: „Was ist dir wichtiger: Freiheit oder Liebe?“ (Er vergleicht Ihre ersten beiden Werte.)
5. Sie entscheiden jetzt, welcher Wert Ihnen wichtiger ist. Überlegen Sie dabei bitte nicht lange, sondern handeln Sie nach Ihrem Bauchgefühl. Wir nehmen als Beispiel an, dass Freiheit für Sie bedeutsamer wäre als Liebe.
6. Mit dem Wert, der Ihnen wichtiger ist, macht jetzt Ihr Helfer weiter und fragt: „Was ist dir wichtiger im Leben: Freiheit oder Ehrlichkeit?“ (Abgleich mit dem dritten Wert Ihrer Liste.)
7. Wieder entscheiden Sie aus dem Bauch heraus, was Ihnen wichtiger ist. Nehmen wir an, für Sie wäre Freiheit bedeutsamer als Ehrlichkeit.
8. Und wieder macht Ihr Helfer mit dem Wert weiter, der Ihnen laut letzter Frage am wichtigsten erscheint: „Was ist dir wichtiger im Leben: Freiheit oder Zuverlässigkeit?“ (Abgleich mit dem vierten Wert dieser Liste.)
9. Nehmen wir an, dass Ihnen der Wert Zuverlässigkeit wichtiger erscheint als Freiheit, dann sagen Sie zu Ihrem Helfer: „Zuverlässigkeit“.
10. Dieser macht jetzt mit dem Gewinner der letzten Frage weiter, also nicht mehr mit Freiheit, sondern mit dem Wert Zuverlässigkeit. Die Frage lautet nun: „Was ist dir wichtiger: Zuverlässigkeit oder Zufriedenheit?“ (Abgleich mit dem fünften Wert dieser Liste.)
11. So geht Ihr Helfer alle zehn Werte durch und macht immer mit dem Wert weiter, der Ihnen wichtiger ist.
12. Der Wert, der am Ende übrig bleibt, ist Ihnen am wichtigsten im Leben. Ihr Helfer soll diesen Wert an die erste Stelle der Wertehierarchie schreiben. Außerdem wird der Wert aus der Liste „Meine zehn wichtigsten Werte“ aus Format 19 gestrichen.
13. Nun beginnt Ihr Helfer, die neun übrig gebliebenen Werte nach dem gleichen System – von oben anfangend – mit Ihnen abzugleichen. Am Ende des zweiten Durchgangs schreiben Sie den übrig gebliebenen Wert an die zweite Stelle Ihrer Liste.
14. Erneut streicht Ihr Helfer diesen Wert aus der Liste von Format 19 und macht mit den nächsten acht Werten im gleichen Schema weiter. Das Ganze geht so lange weiter, bis alle zehn Werte in der unteren Wertehierarchie („Meine Wertehierarchie“) stehen und alle Werte der oberen Liste („Meine zehn wichtigsten Werte“) gestrichen sind.

Meine Wertehierarchie:

1. ______________________________

2. ______________________________

3. ______________________________

4. ______________________________

5. ______________________________

6. ______________________________

7. ______________________________

8. ______________________________

9. ______________________________

10. ______________________________

Schauen Sie Ihre Wertehierarchie jetzt bitte noch einmal an. Gibt es darin Werte, die eigentlich keine echten sind, weil Sie diese anfassen können? Wenn ja, dann werden wir diese in den nächsten zwei Formaten an Ihr Leben anpassen. Wenn nicht, können Sie die nächsten zwei Formate einfach überspringen. Es gibt zwei Methoden, mit denen Sie nicht eindeutige Werte an Ihre Hierarchie anpassen können.

Format 9

Werte frisieren

1. Gehen Sie auf Ihren Berg der Freiheit und fragen Sie Ihren inneren Helfer: „Was gibt mir der Wert XY?“ (Hier setzen Sie bitte Ihren nicht eindeutigen Wert ein.) Mein Wert Geld brachte mir z. B. Sicherheit und finanzielle Freiheit.

2. Die Antworten setzen Sie jetzt an die Stelle des nicht eindeutigen Wertes. Sollte Ihre Antwort schon in Ihrer Liste vorhanden sein, entscheiden Sie selbst, an welche Stelle Sie die neuen Werte setzen möchten.

Wenn beim Hinterfragen eines nicht eindeutigen Wertes mehrere echte Werte zum Vorschein kommen, kann man diese auch mit dem nicht eindeutigen Wert verknüpfen. In meiner Liste fand sich der Wert Familie, der eigentlich kein echter Wert ist. Trotzdem sagte mir mein Gefühl, dass ich das Wort Familie nicht aus meiner Liste streichen wollte. Also habe ich meinen inneren Helfer gefragt: „Was gibt mir meine Familie?“ Ich bekam als Antwort: „Geborgenheit, Liebe, Rückhalt und Spaß.“ Damit hätte ich schon alleine eine ganze Werteliste auffüllen können. Ich überlegte mir, wie ich es anstellen konnte, dass mir beim Gedanken an meine Familie bewusst wurde, welche Werte dahinter stehen. Aus dieser Frage entstand das Format 10.

Format 10

Werte verknüpfen

1. Gehen Sie auf Ihren Berg der Freiheit und fragen Sie Ihren inneren Helfer: „Was gibt mir der Wert XY?" (Hier bitte Ihren Wert einsetzen.)
2. Wenn Sie eine Antwort bekommen haben, laufen Sie bitte auf Ihrem Bergweg ein Stück in die Zukunft. Blicken Sie hinunter ins Tal auf Ihren Lebensweg. Sehen Sie, wie Sie Ihren nicht eindeutigen Wert leben. (In meinem Fall sah ich mich inmitten meiner Familie.)
3. Gehen Sie dann vom Berg herunter auf Ihren Zukunftsweg und machen Sie sich dabei alle Werte bewusst, die hinter dem nicht eindeutigen Wert stehen. Nehmen Sie diese Werte mit allen Sinnen wahr, aber vor allem fühlen Sie diese. (Beim Beispiel Familie sah ich Situationen, in denen ich mich geborgen und geliebt fühlte. Ich stellte mir vor, wie mir meine Familie Rückhalt gab und wie ich mit ihr Spaß hatte. Die Gefühle, die die Werte in mir auslösten, ließ ich ganz deutlich in meinem Körper erscheinen.)
4. Gehen Sie noch einmal auf den Berg der Freiheit und schauen Sie nun auf das eben Erlebte. Sie sollten jetzt ein Bild oder einen kleinen Film sehen, der alle Werte beinhaltet, die den nicht echten Wert stützen.
5. Schreiben Sie nun zum Abschluss noch einen Titel mit Leuchtstift in Ihr Bild oder Ihren Film. (In meinem Fall: Meine Familie gibt mir Geborgenheit, Liebe, Rückhalt und Spaß.)
6. Lösen Sie nun Ihren Hier-und-Jetzt-Anker aus und verlassen Sie Ihren Berg der Freiheit.

Ihr Unterbewusstsein weiß jetzt, wofür Ihr Wert steht und kann in Zukunft anhand Ihrer Gefühle besser erkennen, wann Sie im Einklang mit dem Wert sind. Es kann vorkommen, dass ein hinterfragter Scheinwert Werte hervorbringt, die schon in Ihrer Liste aufgeführt sind. Bei mir war es der Wert Liebe. Arbeiten Sie dann trotzdem dieses Format wie beschrieben durch und lassen Sie den schon vorhandenen Wert unberührt.

Jetzt haben Sie die zehn wichtigsten Werte Ihres Lebens in geordneter Reihenfolge vor sich liegen. Das sind die momentanen Spielregeln für Ihr Leben, die Sie in Ihrer Vergangenheit unbewusst festgelegt haben. Als Erstes wird Ihr Unterbewusstsein versuchen, Ihren obersten Wert zu erfüllen. Dann erst wenden Sie sich dem Wert Nummer zwei zu. Ist dieser erfüllt, geht es weiter mit Wert Nummer drei usw. Noch einmal zum besseren Verständnis: Werte sind keine Eintagsfliegen wie z. B. das Ziel, sich eine neue Kaffeemaschine zu kaufen.

Werte sind gefühlsmäßige Dauerzustände, die Sie ständig zu halten versuchen. Je besser Ihnen das gelingt, umso wohler fühlen Sie sich in Ihrem Leben. Trotzdem ist Ihre Wertehierarchie eine Liste, die Sie in Ihrer Vergangenheit erschaffen haben, ohne darüber nachzudenken. Die Konsequenz daraus ist, dass Sie nicht automatisch im Leben glücklich sind, nur weil Ihre Werte erfüllt sind. „Hallo! Geht's noch! Der Satz widerspricht sich doch wohl!" Vielleicht haben Sie sich das eben gedacht, aber er war schon richtig so. Anhand von Beispielen möchte ich Ihnen zeigen, warum Werte auch negative Auswirkungen haben können.

Werte an der falschen Position

Steht z. B. für jemanden der Wert Ordnung oder Sauberkeit an oberster Stelle, fühlt sich diese Person nur wohl, wenn zuhause alles geputzt ist und sich die Gegenstände genau an ihrem Platz befinden. Allein kann ein solcher Mensch seinen Wert oft noch erfüllen, indem er ständig aufräumt und putzt. Kommen aber irgendwann ein Partner und Kinder dazu, wird es schwierig, dem Wert gerecht zu werden. Fast immer tauchen hier Probleme in der Familie auf. Der Wert kann schwer erfüllt werden und das bringt dessen Besitzer fast zur Verzweiflung. Überforderung, Streit und schlechte Gefühle sind nur ein paar Auswirkungen, die der Wert mit sich bringt. Vielleicht kennen Sie ja auch solche Menschen, bei denen sich das ganze Leben hauptsächlich um Putzen, Saugen und Ordnung dreht. Hier können Sie davon ausgehen, dass der Wert Ordnung sehr weit oben in der Wertehierarchie angesiedelt ist. Solche Menschen befinden sich ein Leben lang in einem Konflikt und wissen selbst nicht warum. Ordnung oder Sauberkeit gehört meines Erachtens nicht an die erste Stelle einer Wertehierarchie. Es gibt wesentlich angenehmere Werte wie z. B. Leidenschaft, Ruhe, Entspannung, die mehr Lebensqualität beinhalten. Bei vielen Menschen wird die Wertehierarchie auch von Hilfsbereitschaft angeführt. Dies ist ein Wert, der sicherlich in unserer Gesellschaft eine große Bedeutung hat, nicht aber für seinen Besitzer. Die Betroffenen schauen nur danach, was andere Menschen benötigen, um glücklich zu sein und vergessen ganz ihre eigenen Ansprüche. Sie opfern bedingungslos ihr Leben, z. B. für die Pflege von Familienangehörigen, als Helfer in Vereinen oder einfach, um andere glücklich zu machen. Sie haben immer ein offenes Ohr für die Probleme anderer, wissen aber selbst nicht, was sie eigentlich möchten. Sie sind dann glücklich, wenn andere glücklich sind, und bemerken nicht, wie sehr dieser Wert an ihrer seelischen und körperlichen Gesundheit nagt. Hilfsbereitschaft sollte nie an der ersten Stelle einer Wertehierarchie stehen, sonst grenzt das an Selbstzerstörung. Davor sollten Werte wie Gesundheit, Entspannung oder Zeit für sich selbst platziert sein. Oft leiden diese Menschen an Depressionen, Burnout oder sonstigen Stresskrankheiten, weil sie nie gelernt haben, Nein zu sagen. Wie auch, wenn ihr höchster Wert Hilfsbereitschaft ist.

Wertekonflikte

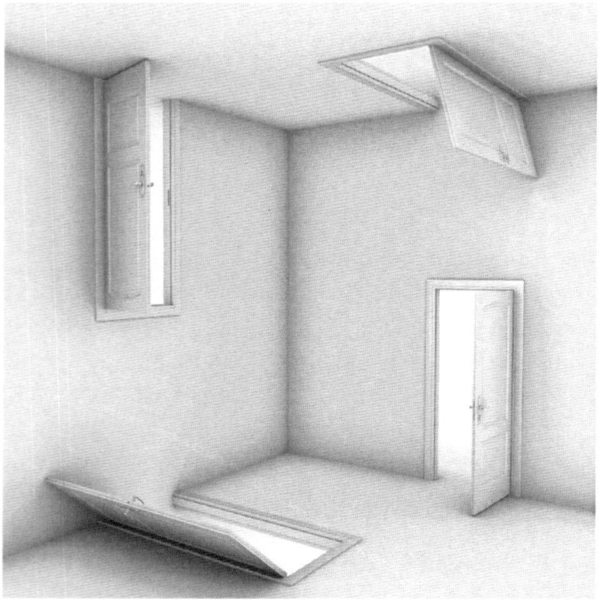

In Kapitel 8 habe ich es schon einmal kurz erwähnt, dass Werte auch Probleme bereiten können, wenn sich zwei Werte kontrovers gegenüberstehen. Bei mir waren es Familie und Erfolg, die nicht miteinander harmonierten. Hier noch ein paar Beispiele von Werten, die sich gegenseitig im Weg stehen können: Sicherheit und Abenteuer, Freiheit und Familie, Gesundheit und Genuss, Arbeit und Entspannung, Hobby und Familie usw. Wertekonflikte entstehen immer dann, wenn die Erfüllung eines Wertes die Erfüllung eines anderen Wertes behindert. Ein Verkäufer, bei dem Ehrlichkeit an der ersten Position seiner Wertehierarchie steht, wird immer ein ungutes Gefühl bekommen, wenn er ein Produkt verkauft, von dem er selbst nicht überzeugt ist. Ehrlichkeit konkurriert hier mit dem Wert, einen festen Arbeitsplatz zu haben. Wenn man einen Wertekonflikt in sich trägt, steht man quasi unter Dauerstress. Denn, wenn man versucht, einen Wert zu erfüllen, meldet sich sofort ein negatives Gefühl, das einem sagt: „Das darfst du nicht, weil …“ Menschen, die einen Wertekonflikt in sich tragen, können sich im Grunde nie gut fühlen, denn egal, in welche Richtung sie auch gehen, es fühlt sich immer schlecht an.

Fehlende Werte

Nicht immer sind Werte falsch angeordnet oder konkurrieren miteinander. Oft tauchen bestimmte Werte überhaupt nicht in einer Wertehierarchie auf. In meiner Werteliste fehlte anfangs das Geld, weil dieses durch meine Erziehung im Unterbewusstsein negativ besetzt war. In der heutigen Zeit ist es aber nicht mehr möglich, ohne Geld zu existieren. Darum dürfen wir Geld lieben und es auch in unsere Werteliste aufnehmen. Natürlich nur in Form von finanzieller Freiheit, sonst könnte es eventuell wieder neue Probleme verursachen. Wenn Geld z. B. auf dem ersten Platz einer Werteliste steht, würde man für Geld alles tun. Und wollen Sie als kranker Millionär mit gekauften Freunden Ihren Lebensabend verbringen? Alle drei Werteprobleme kann man natürlich auflösen. Ich stelle Ihnen deshalb noch zwei Formate vor, mit denen Sie Werte in Ihrer Liste verschieben, neue Werte einsetzen und Wertekonflikte lösen können. Sind Sie sich bitte bewusst, dass Sie hier an den stärksten Stellschrauben Ihres Lebens drehen. Hier können kleine Veränderungen Ihr ganzes Leben verändern. Fragen Sie sich deshalb vor jeder Veränderung, die Sie in Ihrer Wertehierarchie vornehmen, ob es irgendwelche Einwände gibt, die gegen die Veränderung sprechen. Ich erwähne das aber speziell im Format noch einmal. Gegebenenfalls können Sie jede Veränderung auch wieder rückgängig machen.

Format 11

Werte verschieben oder einfügen

1. Schauen Sie sich Ihre Wertehierarchie an. Ergründen Sie, ob es Werte gibt, bei denen Sie die Position ändern möchten, oder ob Sie einen noch nicht vorhandenen Wert einfügen wollen. Nehmen wir an, finanzielle Freiheit steht bei Ihnen an der zehnten Stelle Ihrer Werteliste. Sie hätten es aber gerne auf Platz drei, weil sie mehr Geld verdienen möchten. Um dies zu erreichen, verwenden wir wieder die Liste der Untereigenschaften. Wenn Sie eine Person haben, die Ihre Un-

tereigenschaften erfragt und Ihre Antworten notiert, wird es noch einfacher für Sie.

2. Schließen Sie die Augen und stellen Sie sich vor, wie finanzielle Freiheit aussieht. Denken Sie einfach daran, wie Sie in finanzieller Freiheit leben und schauen Sie, was Ihnen spontan für ein Bild einfällt. Sehen Sie, wie Sie stets Geld verdienen und immer Geld besitzen.
3. Wenn Sie das Bild visualisiert haben, erfassen Sie bitte in der unteren Liste die Untereigenschaften des Bildes.

Untereigenschaften des Bildes für den Wert finanzielle Freiheit (oder für den Wert, den Sie in der Werteliste weiter nach oben bringen wollen):

Ist Ihr Bild….

bewegt oder still (Film oder Bild)? ________________________________

hell oder dunkel? ________________________________

schwarz-weiß oder farbig? ________________________________

auf der Oberfläche: rau, glatt, glänzend oder matt?________________________

klein oder groß? ________________________________

scharf oder unscharf?________________________________

begrenzt z. B. durch einen Rahmen oder hat es keine Begrenzung? _____________

rund, viereckig usw.? ________________________________

weit weg oder in Ihrer Nähe? ________________________________

2D oder 3D (flach oder räumlich)? ________________________________

dissoziiert oder sehen Sie es durch Ihre Augen (assoziiert)? _______________

Beinhaltet Ihr Bild auch Geräusche? Wenn ja…

ist die Tonlage hoch oder tief? ________________________________

von wo kommen die Geräusche? ________________________________

sind die Geräusche schnell oder langsam? ________________________________

4. Nun wissen Sie, wie das Bild aussieht, dass finanzielle Freiheit (oder für den Wert, den Sie in der Werteliste weiter nach oben bringen wollen) in Ihrem Inneren repräsentiert. Nachdem dieser Wert an der dritten Position Ihrer Werteliste erscheinen soll, suchen Sie sich jetzt den Wert, der an der zweiten Position Ihrer Werteliste steht.
5. Schließen Sie nun Ihre Augen und machen Sie sich ein Bild von diesem Wert.
6. Tragen Sie die Untereigenschaften des Bildes in die folgende Tabelle ein.

Ist Ihr Bild….

bewegt oder still (Film oder Bild)? ________________________________

hell oder dunkel? ________________________________

schwarz-weiß oder farbig? ________________________________

auf der Oberfläche: rau, glatt, glänzend oder matt?________________________________

klein oder groß? ________________________________

scharf oder unscharf?________________________________

begrenzt z. B. durch einen Rahmen oder hat es keine Begrenzung? ________________

rund, viereckig usw.? ________________________________

weit weg oder in Ihrer Nähe? ________________________________

2D oder 3D (flach oder räumlich)? ________________________________

dissoziiert oder sehen Sie es durch Ihre Augen (assoziiert)? ________________

Beinhaltet Ihr Bild auch Geräusche? Wenn ja…

ist die Tonlage hoch oder tief?________________________________

von wo kommen die Geräusche? ________________________________

sind die Geräusche schnell oder langsam? ____________________________

7. Sie haben nun zwei Listen. In der ersten haben Sie die Bildmerkmale für den Wert finanzielle Freiheit notiert und in der zweiten die Bildmerkmale für den Wert, der in Ihrer Hierarchie an Position zwei steht. Vergleichen Sie jetzt beide Listen miteinander. Die Eigenschaften, die auf beiden Listen gleich sind, streichen Sie bitte durch.
8. Nachdem Sie alle Gemeinsamkeiten gestrichen haben, bleiben die verschiedenen Untereigenschaften übrig. Diese verwendet Ihr Gehirn, um Ihre Werte nach Wichtigkeit zu sortieren.
9. Schließen Sie jetzt Ihre Augen, lösen Sie Ihren Berg-der-Freiheit-Anker aus und legen Sie sich auf Ihre Bergwiese. Fragen Sie nun Ihren inneren Helfer: „Gibt es irgendwelche Einwände, wenn ich diese Veränderung in meiner Wertliste vornehme?“ Hören Sie danach auf die Antwort Ihres inneren Helfers, die sich in Gefühlen, Bildern oder Worten zeigt. Sollte es Einwände geben, versuchen Sie erst, diese zu beseitigen. Verwenden Sie dafür die Formate, die Sie in diesem Buch kennengelernt haben. Anschließend können Sie mit der Veränderung Ihrer Wertehierarchie fortfahren.
10. Wenn es keine Einwände gibt, beginnen Sie, die Untereigenschaften des Wertes, der an zweiter Position Ihrer Hierarchie steht, auf den Wert finanzielle Freiheit zu übertragen. Wenn der Wert finanzielle Freiheit z. B. dunkler ist als der Wert, der sich auf Position zwei Ihrer Liste befindet, dann machen Sie ihn so hell wie den Wert auf Position zwei.
11. Verändern Sie so alle Untereigenschaften des Wertes finanzielle Freiheit, sodass er am Ende dieselben Untereigenschaften hat wie Ihr Wert auf Position zwei.
12. Nun ändern Sie bitte auch Ihre Wertehierarchie in schriftlicher Form ab, indem Sie den Wert finanzielle Freiheit an die dritte Position setzen.

Dadurch, dass Sie die Untereigenschaften des Wertes finanzielle Freiheit verändert haben, erkennt Ihr Gehirn, dass Ihnen dieser Wert wichtig geworden ist. In Zukunft wird Sie Ihr Gehirn unbewusst dabei unterstützen, finanzielle Freiheit zu erlangen. Ihnen werden vielleicht Dinge auffallen, die Sie zuvor nicht gesehen haben. Oder Sie werden etwas anpacken, wovor Sie vor Kurzem noch Angst gehabt haben. Mit dieser Technik können Sie Ihre ganze Werteliste nach Belieben verändern. Auch wenn ein Wert noch gar nicht in Ihrer Hierarchie vorhanden ist, können Sie ihn mithilfe dieses Formates einfügen. Der eingefügte Wert ordnet sich immer unter dem Wert ein, den Sie zuvor als Abgleich genommen haben. Wollen Sie Ihren ersten Wert etwas zurücksetzen, dann tauschen Sie einfach die Untereigenschaften mit dem Wert, an dessen Stelle Sie ihn haben möchten.

Format 12

Wertekonflikte auflösen

Dieses Format wird im NLP auch „Visual Squash“ genannt. Es wird angewendet, wenn sich zwei Teile im Weg stehen.

1. Schauen Sie sich Ihre Wertehierarchie an und ergründen Sie, ob es Konflikte zwischen zwei Werten gibt.
2. Setzen Sie sich bequem hin und drehen Sie Ihre Handflächen nach oben.
3. Stellen Sie sich nun vor, dass Sie zwei Werte in sich tragen, die sich gegenseitig behindern, und Sie stehen zwischendrin.
4. Denken Sie an einen dieser beiden Werte und schauen Sie, wo er sich in Ihrem Körper befindet. Fühlen Sie den Wert in Ihrem Körper und machen Sie sich ein Bild von ihm.
5. Beginnen Sie jetzt, den Wert in Form von Bild und Gefühl aus Ihrem Körper heraus in eine von Ihren beiden Händen fließen zu lassen. Stellen Sie sich dann vor, wie er in Ihrer Hand liegt.
6. Denken Sie bitte an Ihren anderen Wert. Ergründen Sie nun, wo er sich in Ihrem Körper befindet. Fühlen Sie ihn und machen Sie sich ein Bild von ihm.
7. Lassen Sie ihn aus Ihrem Körper heraus in Ihre andere Hand fließen.

8. Richten Sie nun Ihre Aufmerksamkeit auf beide Werte und stellen Sie beiden die Frage: „Was ist der Nutzen, den du für mich erreichen willst?“
9. Stellen Sie beiden Werten die Frage so lange, bis Sie bemerken, dass beide Werte im Grunde dasselbe wollen.

Beispiel 1 für einen Wertekonflikt: Abenteuer und Sicherheit
Abenteuer: Freiheit, Lebensfreude, erfülltes Leben
Sicherheit: Überleben, gesund alt werden, erfülltes Leben

Beispiel 2 für einen Wertekonflikt: Familie und Beruf
Familie: Geborgenheit, Liebe, gute Gefühle
Erfolg: Anerkennung, Wertschätzung, gute Gefühle

10. Lassen Sie nun beiden Werten klar werden, dass sie dasselbe Ziel verfolgen und deshalb mehr erreichen können, wenn beide Teile zusammenarbeiten.
11. Lösen Sie jetzt den Konflikt auf, indem sich beide Werte einverstanden erklären, in Zukunft zusammenzuarbeiten. Dabei bewegen sich meistens die beiden Hände automatisch aufeinander zu. Wenn nicht, helfen Sie ein wenig nach.
12. Bringen Sie beide Hände zusammen und erschaffen Sie sich so ein neues visuelles Bild, in dem beide Teile integriert sind. Achten Sie dabei auf Ihre Gefühle und spüren Sie die Freude und Erleichterung in Ihrem ganzen Körper.

Durch die Anwendung dieses Formats bekommt man schnell mehr Lebensqualität. Man blockiert sich nicht mehr selbst und kann zu 100 % hinter seinen Werten stehen, ohne sich dabei schlecht zu fühlen.

kurz & bündig

- Werte sind mit Gefühlen verknüpft, die Ihnen immer wieder zeigen, ob Sie noch auf dem richtigen Weg sind.
- Werte sind die Wegweiser unseres Lebens, an denen wir uns täglich orientieren. Sie geben uns die Richtung im Leben vor und verhindern, dass wir plan- und sinnlos unser Leben absitzen.
- Um ein glückliches Leben zu führen, ist es unumgänglich, dass Sie sich Ihrer Werte bewusst werden.
- Wenn Sie Ihre Werte kennen, verfügen Sie über Motivation, Entscheidungsklarheit, Selbstbestimmung, unmittelbare Handlungsenergie und Lebenssinn.
- Werte sind keine Eintagsfliegen, sondern gefühlsmäßige Dauerzustände, die wir ständig zu halten versuchen.
- Eine Krankheit ist oft eine Botschaft, die uns sagen möchte: „Nimm dir endlich Zeit und überdenke das, was du tust.“
- Wertekonflikte entstehen immer dann, wenn das Erfüllen eines Wertes die Erfüllung eines anderen Wertes behindert.
- Wertekonflikte führen zu dauerhaftem psychischem Stress.
- Durch die Veränderung der Untereigenschaften von visualisierten Werten kann man seine Wertehierarchie beliebig verändern.

18. Abschied nehmen

Am Ostersonntag saß ich früh mit meinen beiden Söhnen (6 und 8 Jahre) vor dem Fernseher. Nachdem das tapfere Schneiderlein die Riesen getötet hatte, folgte im Anschluss die Kinderserie „Willi will's wissen“. In dieser Sendung erklärt Willi Weitzel Alltagsdinge so, dass es jedes Kind versteht. Ich schaue diese Sendung oft mit meinen Kindern und bin immer wieder überrascht, was ich über die einfachsten Sachen noch nicht weiß. Jene Folge war jedoch ein wenig anders als sonst, es ging um das Thema Sterben. Schon als ich den Vorspann sah, überlegte ich kurz, ob ich weiterzappen sollte. Doch dann dachte ich: „Früher oder später werden sich meine Kinder mit dem Tod auseinandersetzen müssen.“ Mein Vater hatte meinen Kindern das Thema schon einmal in einer Art Crashkurs näher gebracht. Er war mit ihnen bei Dämmerung über den Friedhof gelaufen, hatte auf ein frisch ausgehobenes Grab gedeutet und gesagt: „Wenn wir gestorben sind, werden wir hier hineingelegt und mit Erde begraben.“ Diese „Aufklärungsstunde“ hatte sich zufällig ergeben und hatte bei meinen beiden Söhnen etwas Entsetzen ausgelöst. Es waren einige Gespräche mit meinen Kindern nötig, um die Dramatik aus den Worten meines Vaters zu nehmen.

Ja, und jetzt war schon wieder ein Punkt erreicht, an dem es um den Tod ging. Ich hoffte insgeheim, dass die Aufklärungsstunde nicht ganz so krass ausfallen würde wie die meines Vaters. Es wurde still in unserem Wohnzimmer, als Willi mit seinem Fernsehteam einen im Sarg liegenden Mann im Leichenhaus besuchte. „Das ist Johann, er ist vor zwei Tagen gestorben", sagte er. Er berührte mit seiner Hand die Hand des toten Johann und kommentierte dies mit den Worten: „Johann ist schon ganz kalt." Mir liefen dabei auch Schauer über den Rücken. Ich warf kurz einen Blick auf die Gesichter meiner Kinder, die wie gebannt auf den Bildschirm starrten.

Anschließend besuchte Willi einen alten Mann, der im Sterben lag. Die Familie und ein Pfarrer waren anwesend, als Willi ihn fragte: „Wie fühlst du dich denn jetzt und hast du Angst vor dem Tod?" Der alte Mann erwiderte: „Nein, Angst habe ich nicht, ich hatte doch eine schöne Zeit auf der Erde." Dabei lief ihm eine Träne über die Wange. Ich blickte zur Seite und sah, dass mein ältester Sohn ebenfalls feuchte Augen bekam und auch ich war sehr ergriffen von diesem Moment. Später sprach Willi noch mit einem Pfarrer über Glauben und das Leben nach dem Tod. Anschließend sah man, wie Johanns Sarg ins Grab hinuntergelassen wurde. Zum Abschluss interviewte Willi noch die Gäste beim Leichenschmaus. Nach der Sendung herrschte in meiner Familie eine nachdenkliche Stimmung. Erst jetzt bemerkte ich, wie verkrampft ich die ganze Zeit vor dem Fernseher gesessen hatte. „War das gut?", fragte ich mich selbst. Ja, meine Kinder müssen wissen, dass unser Leben irgendwann zu Ende ist, und zwar bevor Sie völlig unvorbereitet damit konfrontiert werden. Langsam löste sich meine Verkrampfung und meine Kinder bekamen wieder etwas mehr Farbe in ihren Gesichtern. „Müssen wir alle sterben?", fragte mich mein jüngerer Sohn mit leiser Stimme.

Ich ließ mir ein wenig Zeit, um die richtigen Worte zu finden und erwiderte: „Ja, jede Pflanze und jedes Lebewesen muss nach einem langen, schönen Leben einmal sterben." Nachdenkliche Gesichter und kurze Stille waren die Reaktionen auf meine Antwort. „Werden auch du und Mama einmal nicht mehr da sein?", wollte mein ältester Sohn wissen. Ich spürte einen Kloß in meinem Hals und versuchte schnell, die richtige Antwort auf diese Frage zu finden. Mit der Aussage: „Ja, aber das hat noch ganz lange Zeit" versuchte ich, meinen Kindern die Angst vor dem Tod zu nehmen. Schnell zappte ich im Fernsehprogramm weiter. Spongebob Schwammkopf war jetzt genau der Richtige, der diesen emotionalen Zustand unterbrechen konnte. Kurze Zeit später lachten meine Kinder schon wieder über den in einer Ananas lebenden, gelben Schwamm. Ich war mir aber sicher, dass das Thema Tod noch Nachwirkungen zeigen würde. Als ich am selben Abend vor dem Fernseher saß, hörte ich neben dem Film, in dem Judas gerade Jesus verriet, noch ein anderes Geräusch. Ich drückte die Stummtaste der Fernbedienung und nahm ein leises Schluchzen wahr, das aus dem Kinderzimmer meines älteren Sohnes kam. Schnell sprang ich vom Sofa auf, lief die Treppe hoch und öffnete behutsam die Kinderzimmertür. Langsam schlich ich zum Bett meines Sohnes, setzte mich auf die Bettkante und legte die Hand auf seinen Kopf. „Warum weinst du?", fragte ich mit ruhiger Stimme. Nach einem kurzen Seufzer erwiderte mein Sohn: „Ich will nicht, dass du und Mama sterben müsst!" Ich hatte mir schon gedacht, dass ihn dieses Thema noch beschäftigte und sagte zu ihm: „Weißt du, es ist wichtig zu wissen, dass jedes Leben irgendwann zu Ende geht. Wenn wir uns das ab und zu bewusst machen, merken wir erst, wie unsinnig es ist, die Zeit auf der Erde mit unnötigen Dingen zu vergeuden."

Die Tränen meines Sohnes gerieten jetzt ein wenig ins Stocken und er fragte: „Was sind das für Dinge?" Nach kurzem Überlegen führte ich aus: „Wenn man z. B. darüber nachdenkt, dass man etwas nicht kann, sich über eine andere Person ärgert oder wütend und neidisch ist. Aufmerksam hörte mir mein Sohn zu und wollte dann wissen: „Und was soll man tun, damit man sein Leben nicht vergeudet?" Ich legte meine Hand auf seinen Bauch und sprach: „Wenn du immer deinem Bauchgefühl folgst, wirst du niemals den Eindruck haben, dass du dein Leben vergeudest." Bei diesem Satz kitzelte ich mit meinem Finger seinen Bauch, was gleich darauf ein Lächeln auf sein Gesicht zauberte. „Willst du noch ein Geheimnis hören?", fuhr ich fort und spürte dabei eine noch nie gefühlte magische Energie zwischen meinem Sohn und mir. „Es wird immer wieder Menschen geben, die meinen, dass sie die Gefühle, die du hier drin hast, besser kennen als du selbst. Sie halten sich für Superhelden und versuchen, mit ihren scheinbaren Superkräften deine Gefühle im Bauch zu manipulieren." Heftig bearbeitete ich bei diesem Satz mit meiner Hand seinen Bauch, worauf er laut zu lachen anfing.

„Das Geheimnis dabei ist aber", sprach ich weiter, „dass du viel stärker bist als all die angeblichen Superhelden. Du allein hast nämlich die Macht, dich hier drin immer gut zu fühlen, weil du etwas weißt, was viele nicht wissen." Mit großen Augen lauschte mein Sohn meinen Worten und fragte dann: „Und was weiß ich, was viele nicht wissen?" Ich bohrte meine Finger in seinen Bauchnabel und sagte: „Dass deine Gefühle von innen kommen und nur von dir und nicht von anderen Menschen erzeugt werden."

Lassen auch Sie sich von niemandem schlechte Gefühle machen, sondern denken Sie immer daran, dass Sie der Erzeuger Ihrer eigenen Gefühle sind. Werden Sie sich bewusst, dass alles vergänglich ist und nutzen Sie die Ihnen geschenkte Zeit, um etwas.

wirklich Wunderbares daraus zu machen. In diesem Sinne hoffe ich, dass ich Ihnen mit diesem Buch helfen konnte, Ihr Leben in die von Ihnen gewünschte Richtung zu lenken. Wenn Sie noch tiefer in die Welt der Veränderung eintauchen möchten, würde ich mich freuen, Sie einmal persönlich in einem meiner Vorträge, Workshops zur Selbstfindung, Seminare, oder in einem Coaching kennenzulernen. Vielleicht habe Sie Lust bekommen selber als Therapeut oder Coach zu arbeiten. Hierfür biete ich Ihnen eine zertifizierte Ausbildung zum Therapeut oder Coach für Vergangenheitsoptimierung. Informationen über Ausbildungen, Seminare, Workshops und Vorträge, finden Sie auf der Website **www.vergangenheitsoptimierung.de**

Ich möchte dieses Buch mit einem Zitat von Konfuzius beenden:

„Wer ständig glücklich sein möchte, muss sich oft verändern."

Ich bedanke mich dafür, dass Sie mir und meinen Gedanken Ihre kostbare Zeit geschenkt haben und wünschen Ihnen, dass alle Ihre Träume in Erfüllung gehen.